Urheberrechtliche Bewertung der Streamingfilmportale

SCHRIFTENREIHE ZUM
URHEBER- UND KUNSTRECHT

Herausgegeben von Thomas Hoeren

BAND 14

PL ACADEMIC RESEARCH

Nico Brunotte

Urheberrechtliche Bewertung der Streamingfilmportale

Unter besonderer Berücksichtigung der Schrankenbestimmung zu ephemeren Vervielfältigungen und des digitalen Werkgenusses

PL ACADEMIC RESEARCH

Bibliografische Information der Deutschen Nationalbibliothek
Die Deutsche Nationalbibliothek verzeichnet diese Publikation in der Deutschen Nationalbibliografie; detaillierte bibliografische Daten sind im Internet über http://dnb.d-nb.de abrufbar.

Zugl.: Hannover, Univ., Diss., 2014

D 89
ISSN 1860-076X
ISBN 978-3-631-64575-8 (Print)
E-ISBN 978-3-653-03778-4 (E-Book)
DOI 10.3726/978-3-653-03778-4

PL Academic Research ist ein Imprint der Peter Lang GmbH.

Peter Lang – Frankfurt am Main · Bern · Bruxelles · New York · Oxford · Warszawa · Wien

Diese Publikation wurde begutachtet.

www.peterlang.com

Vorwort

Diese Dissertation wurde im April 2012 bei der juristischen Fakultät der Leibniz Universität Hannover eingereicht. Spätere Veröffentlichungen konnten leider nicht mehr berücksichtigt werden.

Zunächst bedanke ich mich bei meinem Erstgutachter Prof. Dr. Nikolaus Forgó und meinem Zweitgutachter Prof. Dr. Axel Metzger.

Insbesondere bedanke ich mich bei meinen Eltern für die vielfältige Unterstützung auf meinem Weg sowie bei meinem Bruder und seiner Frau für das Interesse an dem Fortgang dieser Arbeit. Katharina gebührt besonderer Dank für die Motivation und die Unterstützung bei der Beendigung dieses Vorhabens.

Cambridge, im Mai 2014 — Nico Brunotte

Inhaltsverzeichnis

Abkürzungsverzeichnis

Abs.	Absatz
Alt.	Alternative
Anm.	Anmerkung
Art.	Artikel
Aufl.	Auflage
Bd.	Band
BeckRS	Beck-Rechtsprechung
Begr.	Begründer
BGB	Bürgerliches Gesetzbuch
BGH	Bundesgerichtshof
BITKOM	Bundesverband Informationswirtschaft, Telekommunikation und neue Medien e. V.
BReg	Bundesregierung
BT-Drs.	Bundestags-Drucksache
BVerfG	Bundesverfassungsgericht
bzgl.	bezüglich
bzw.	beziehungsweise
ca.	circa
CD-ROM	Compact Disc Read-Only Memory
CR	Computer und Recht
d. h.	das heißt
diesbzgl.	diesbezüglich
DivX	Digital Video Express
DNS	Domain Name System
DPI	Deep Packet Inspection
DRAM	Dynamic Random Access Memory

DRL	Datenbank-Richtlinie: Richtlinie 96/9/EG des Europäischen Parlaments und des Rates vom 11. März 1996 über den rechtlichen Schutz von Datenbanken
DRM	Digital Rights Management
DVD	Digital Versatile Disc
e. V.	eingetragener Verein
EC	European Community
E-Commerce	Electronic Commerce
ECRL	E-Commerce-Richtlinie: Richtlinie 2000/31/EG des Europäischen Parlaments und des Rates vom 08. Juni 2000 über bestimmte rechtliche Aspekte der Dienste der Informationsgesellschaft, insbesondere des elektronischen Geschäftsverkehrs, im Binnenmarkt
EDV	Elektronische Datenverarbeitung
EG	Europäische Gemeinschaft
EGV	Vertrag zur Gründung der Europäischen Gemeinschaft
etc.	et cetera
EU	Europäische Union
EuGH	Gerichtshof der Europäischen Gemeinschaft
EUV	Vertrag über die Europäische Union
EuZW	Europäische Zeitschrift für Wirtschaftsrecht
f.	folgende, für
FAZ	Frankfurter Allgemeine Zeitung
ff.	fortfolgende
Fn.	Fußnote
FS	Festschrift
gem.	gemäß
GG	Grundgesetz
ggf.	gegebenenfalls
grds.	grundsätzlich
GRUR	Gewerblicher Rechtsschutz und Urheberrecht

GRUR Ausl	Gewerblicher Rechtsschutz und Urheberrecht, Auslands- und Internationaler Teil
GRUR Int	Gewerblicher Rechtsschutz und Urheberrecht, Internationaler Teil
GRUR-Prax	Gewerblicher Rechtsschutz und Urheberrecht, Praxis im Immaterialgüter- und Wettbewerbsrecht
GRUR-RR	Gewerblicher Rechtsschutz und Urheberrecht, Rechtsprechungs-Report
GVU	Gesellschaft zur Verfolgung von Urheberrechtsverletzungen
HRL	Harmonisierungsrichtlinie: Richtlinie 2001/29/EG des Europäischen Parlaments und des Rates vom 22. Mai 2001 zur Harmonisierung bestimmter Aspekte des Urheberrechts und der verwandten Schutzrechte in der Informationsgesellschaft
Hrsg.	Herausgeber
Hs.	Halbsatz
HTML	Hypertext Markup Language
i. S. d.	im Sinne des
IIC	International Review of Intellectual Property and Competition Law
IP	Internet Protocol
ITRB	Der IT-Rechts-Berater
JW	Juristische Wochenschrift
JZ	Juristenzeitung
K&R	Kommunikation und Recht
LG	Landgericht
m. E.	meines Erachtens
m. w. N.	mit weiteren Nachweisen
MDStV	Mediendienste-Staatsvertrag
MMR	Multimedia und Recht
MP3	MPEG-1 Audio Layer 3

NJOZ	Neue Juristische Online-Zeitschrift
NJW	Neue Juristische Wochenschrift
NJW-RR	Neue Juristische Wochenschrift, Rechtsprechungs-Report Zivilrecht
Nr.	Nummer
NVwZ	Neue Zeitschrift für Verwaltungsrecht
o. Ä.	oder Ähnliches
o. g.	oben genannt
OLG	Oberlandesgericht
P2P	Peer-to-Peer
PC	Personal Computer
PHP	Hypertext Preprocessor
RAM	Random Access Memory
RBÜ	Revidierte Berner Übereinkunft zum Schutz von Werken der Literatur und Kunst
Rdnr.	Randnummer
RL	Richtlinie
s.	siehe
S.	Seite
sog.	sogenannt
SRL	Software-Richtlinie: Richtlinie 91/250/EWG des Rates vom 14. Mai 1991 über den Rechtsschutz von Computerprogrammen
StGB	Strafgesetzbuch
TDG	Teledienstegesetz
TMG	Telemediengesetz
TRIPS	Agreement on Trade-Related Aspects of Intellectual Property Rights, Übereinkommen über handelsbezogene Aspekte der Rechte des geistigen Eigentums
TV	Television
u.	und

u. a.	unter anderem, und andere
UFITA	Archiv für Urheber-, Film-, Funk-, und Theaterrecht
	Ab 2000: Archiv für Urheber- und Medienrecht
UrhG	Gesetz über Urheberrecht und verwandte Schutzrechte
UrhR	Urheberrecht
URL	Unifom Rescoure Locator
Urt.	Urteil
v.	von, vom
v. a.	vor allem
VG	Verwaltungsgericht
vgl.	vergleiche
WIPO	World Intellectual Property Organization
WiWo	Wirtschaftswoche
WWW	World Wide Web
z. B.	zum Beispiel
z. T.	zum Teil
ZEV	Zeitschrift für Erbrecht und Vermögensnachfolge
Ziff.	Ziffer
zit.	zitiert
ZPO	Zivilprozessordnung
ZRP	Zeitschrift für Rechtspolitik
ZugErschwG	Gesetz zur Erschwerung des Zugangs zu kinderpornographischen Inhalten in Kommunikationsnetzen
ZUM	Zeitschrift für Urheber- und Medienrecht
ZUM-RD	Zeitschrift für Urheber- und Medienrecht, Rechtsprechungsdienst

Literaturverzeichnis

Akester, Patrícia, The Impact of Digital Rights Management on Freedom of Expression – the First Empirical Assessment, IIC 2010, 31-58.

Albanese, Jay S., Combating piracy – Intellectual property theft and fraud, New Brunswick 2007.

Alby, Tom/Karzauninkat, Stefan, Suchmaschinenoptimierung – Professionelles Website-Marketing für besseres Ranking, 2. Aufl., München 2007.

Apple, Entwicklungen im iTunes Store, 06.01.2009, abrufbar unter: http://www.apple.com/de/pr/library/2009/01/06Changes-Coming-to-the-iTunes-Store.html (zuletzt abgerufen am: 06.04.2012).

Auer, Marietta, Neues zu Umfang und Grenzen der richtlinienkonformen Auslegung, NJW 2007, 1106-1109.

Austerberry, David, The Technology of Video and Audio Streaming, 2. Aufl., Amsterdam 2005.

Bachmaier, Rainer, Sprechen Sie Warez?, PC Welt vom 23.12.2009, abrufbar unter: http://www.pcwelt.de/news/Nuked-Leetspeak-Dump-Server-Sprechen-Sie-Warez-228691.html (zuletzt abgerufen am: 06.04.2012).

Bäcker, Kerstin, Starkes Recht und schwache Durchsetzung, ZUM 2008, 391-396.

Baronikians, Patrick, Kopienversand durch Bibliotheken – rechtliche Beurteilung und Vorschläge zur Regelung, ZUM 1999, 126-134.

Bayreuther, Frank, Beschränkungen des Urheberrechts nach der neuen EU-Urheberrechtsrichtlinie, ZUM 2001, 828-839.

Bechtold, Stefan, Der Schutz des Anbieters von Information – Urheberrecht und Gewerblicher Rechtsschutz im Internet, ZUM 1997, 427-450.

Bechtold, Stefan, Vom Urheber- zum Informationsrecht – Implikationen des Digital Rights Management, München 2002.

Becker, Jürgen, Das Urheberrecht vor einem 3. Korb: Ausgewählte Handlungsfelder, ZUM 2008, 361-363.

Becker, Leonhard, Apple feiert seine zweite Apple-TV-Generation, Heise Online vom 21.12.2010, abrufbar unter: http://www.heise.de/mac-and-i/meldung/Apple-feiert-seine-zweite-Apple-TV-Generation-1157510.html (zuletzt abgerufen am: 06.04.2012).

Bedner, Mark, "Deep Packet Inspection" – Technologie und rechtliche Initiativen, CR 2010, 339-345.

Bedner, Mark, Rechtmäßigkeit der "Deep Packet Inspection", Kassel 2009.

Bernhöft, Mirko, Die urheberrechtliche Zulässigkeit der digitalen Aufzeichnung einer Sendung, Frankfurt am Main 2009.

Biebeler, Ralf, Codecfibel, Berlin 2007.

Biermann, Kai, Tipp aus der Szene führte Ermittler zu kino.to, Zeit Online vom 09.06.2011, abrufbar unter: http://www.zeit.de/digital/internet/2011-06/kino-stream-ermittlung (zuletzt abgerufen am: 06.04.2012).

Billhardt, Sonja, Kino.to statt Kino, Focus Online vom 16.03.2009, abrufbar unter: http://www.focus.de/digital/internet/tid-13838/raubkopierer-kino-to-statt-kino_aid_380416.html (zuletzt abgerufen am: 06.04.2012).

BITKOM, Umsatz mit Musik-Downloads jetzt über 150 Millionen Euro, 20.02.2011, abrufbar unter: http://www.bitkom.org/de/presse/8477_66952.aspx (zuletzt abgerufen am: 06.04.2012).

de Boor, Hans Otto, Vom Wesen des Urheberrechts, Marburg 1933.

Borges, Georg (Hrsg.), Rechtsfragen der Internet-Auktion, Baden-Baden 2007.

Bornkamm, Joachim, Der Dreistufentest als urheberrechtliche Schrankenbestimmung, in: Ahrens, Hans-Jürgen/Erdmann, Willi (Hrsg.), Festschrift für Willi Erdmann, Köln 2002, S. 29-48.

Bösken, Michael, Streaming Video & Web TV, Hamburg 2007.

Breyer, Patrick, Verkehrssicherungspflichten von Internetdiensten im Lichte der Grundrechte, MMR 2009, 14-19.

Brinkel, Guido, Filesharing – Verantwortlichkeit in Peer-to-Peer-Tauschplattformen, Tübingen 2006.

Bund, Kerstin, Pauschal genießen, Zeit Online vom 21.06.2009, abrufbar unter: http://www.zeit.de/2009/26/Kulturflatrate (zuletzt abgerufen am: 06.04.2012).

Bundesverband Musikindustrie, Positionspapier zur Kulturflatrate, 25.01.2010, abrufbar unter: http://www.musikindustrie.de/aktuell_einzel/back/84/news/positionspapier-zur-kulturflatrate/ (zuletzt abgerufen am: 06.04.2012).

Busch, Thomas, Zur urheberrechtlichen Einordnung der Nutzung von Streamingangeboten, GRUR 2011, 496-503.

Büscher, Mareile/Müller, Judith, Urheberrechtliche Fragestellungen des Audio-Video-Streamings, GRUR 2009, 558-560.

Calliess, Christian/Ruffert, Matthias (Hrsg.), EUV/EGV – Kommentar, 3. Aufl., München 2007.

Czychowski, Christian, Karlsruhe locuta, causa finita: Elektronische Pressespiegel nunmehr erlaubt?!, NJW 2003, 118-120.

Czychowski, Christian/Nordemann, Jan Bernd, Die Entwicklung der unter- und obergerichtlichen Rechtsprechung zum Urheberrecht in den Jahren 2008 und 2009 (Teil 1), GRUR-RR 2010, 177-182.

Determann, Lothar, Kommunikationsfreiheit im Internet – Freiheitsrechte und gesetzliche Beschränkungen, Baden-Baden 1999.

Dietz, Adolf, Möglichkeiten der Harmonisierung des Urheberrechts in Europa, GRUR Int 1978, 101-109.

Dittrich, Simon Edwin/Spitz, Malte, Schöne neue kreative Welt: So viel Content und kaum Geld – Warum die Kulturflatrate diskutiert werden muss, in: Heinrich-Böll-Stiftung (Hrsg.), Copy.Right.Now!, Berlin 2010, S. 112-116.

Dördrechter, Nikolai, Piraterie in der Filmindustrie – Eine Analyse der Gründe für Filmpiraterie und deren Auswirkungen auf das Konsumverhalten, Wiesbaden 2007.

Dreier, Thomas, Die Umsetzung der Urheberrechtsrichtlinie 2001/29/EG in deutsches Recht, ZUM 2002, 28-43.

Dreier, Thomas, Urheberrecht auf dem Weg zur Informationsgesellschaft – Anpassung des Urheberrechts an die Bedürfnisse der Informationsgesellschaft, GRUR 1997, 859-866.

Dreier, Thomas/Schulze, Gernot (Hrsg.), Urheberrechtsgesetz – Kommentar, 3. Aufl., München 2008.

Dreyer, Gunda/Kotthoff, Jost/Meckel, Astrid (Hrsg.), Urheberrecht – Kommentar, 2. Aufl., Heidelberg 2009.

Dutfield, Graham/Suthersanen, Uma, Global Intellectual Property Law, Cheltenham 2008.

Ehricke, Ulrich, Die richtlinienkonforme Auslegung nationalen Rechts vor Ende der Umsetzungsfrist einer Richtlinie, EuZW 1999, 553-559.

Enders, Theodor, Digital Rights Management Systeme (DRMS) als besondere Herausforderung an das Urheberrecht, ZUM 2004, 593-605.

Engels, Thomas, Die verfassungsrechtlichen Grundlagen der Privatkopie, Aachen 2006.

Ensthaler, Jürgen, Gewerblicher Rechtsschutz und Urheberrecht, 2. Aufl., Berlin 2003.

Ensthaler, Jürgen/Weidert, Stefan/Bosch, Wolfgang (Hrsg.), Handbuch Urheberrecht und Internet, 2. Aufl., Frankfurt am Main 2010.

Epping, Volker, Grundrechte, 4. Aufl., Heidelberg 2010.

Epping, Volker/Hillgruber, Christian (Hrsg.), Grundgesetz – Kommentar, München 2009.

Ernst, Stefan/Vassilaki, Irini/Wiebe, Andreas, Hyperlinks – Rechtsschutz, Haftung, Gestaltung, Köln 2002.

Fangerow, Kathleen/Schulz, Daniela, Die Nutzung von Angeboten auf www.kino.to – Eine urheberrechtliche Analyse des Film-Streamings im Internet, GRUR 2010, 677-682.

Fechner, Frank, Medienrecht, 11. Aufl., Tübingen 2010.

Federrath, Hannes, Zur Kontrollierbarkeit des Internet, ZUM 1999, 177-180.

Findeisen, Frank, Die Auslegung urheberrechtlicher Schrankenbestimmungen, Baden-Baden 2005.

Fischer, Joerg K., Medienrecht und Medienmärkte, Berlin, Heidelberg 2008.

Fisher, William W., Promises to Keep – Technology, Law, and the Future of Entertainment, Stanford 2004.

Flechsig, Norbert, Der Zweite Korb zur Verbesserung der Urheber- und Leistungsschutzrechte, ZRP 2006, 145-149.

Flechsig, Norbert, Grundlagen des Europäischen Urheberrechts, ZUM 2002, 1-21.

Flechsig, Norbert, Rechtmäßige private Vervielfältigung und gesetzliche Nutzungsgrenzen – Zur Frage, in welchem Umfang privat hergestellte Vervielfältigungsstücke einer außerprivaten Nutzung zugeführt werden dürfen und zur Beweislast im Urheberverletzungsprozeß, GRUR 1993, 532-538.

Forgó, Nikolaus, Eine Kurzeinführung in die Grundsätze des deutschen und europäischen Urheberrechts, in: Forgó, Nikolaus (Hrsg.), Urheberrecht in digitalisierter Wissenschaft und Lehre, Hannover 2006, S. 13-19.

Frech, Philipp, Zivilrechtliche Haftung von Internet-Providern bei Rechtsverletzungen durch ihre Kunden – Eine rechtsvergleichende Untersuchung des schweizerischen, des amerikanischen und des deutschen Rechts unter besonderer Berücksichtigung des Urheber- und Markenrechts, Zürich 2009.

Freiwald, Sven, Die private Vervielfältigung im digitalen Kontext am Beispiel des Filesharing, Baden-Baden 2004.

Frey, Dieter, Netzsperren: Werden Access-Provider die neuen Gatekeeper des Rechts?, MMR 2009, 221-222.

Frey, Dieter/Rudolph, Matthias, Zugangserschwerungsgesetz: Schnellschuss mit Risiken und Nebenwirkungen, CR 2009, 644-651.

Fringuelli, Pietro, Internet-TV, Frankfurt am Main 2004.

Fromm/Nordemann, hrsg. v. Nordemann, Wilhelm/Nordemann, Axel/Nordemann, Jan Bernd, Urheberrecht – Kommentar, 10. Aufl., Stuttgart 2008.

Frotz, Gerhard, Zum Vervielfältigungsrecht des Urhebers und zu den konventionskonformen nationalen Beschränkungen, in: Dittrich, Robert (Hrsg.),

Festschrift 50 Jahre Urheberrechtsgesetz – Ein Beitrag zur Fortentwicklung des UrhG, Wien 1986, S. 119-139.

Futurezone, Kino.to umgeht Netzsperre mit Alternativdomain, 19.05.2011, abrufbar unter: http://futurezone.at/netzpolitik/3201-kino-to-umgeht-netzsperre-mit-alternativdomain.php (zuletzt abgerufen am: 06.04.2012).

Geiger, Christophe, Die Schranken des Urheberrechts als Instrumente der Innovationsförderung – Freie Gedanken zur Ausschließlichkeit im Urheberrecht, GRUR Int 2008, 459-468.

Gelke, Erik, "Kino.to"-Uploader erklärt Geschäftsmodell der Streaming-Seite, Institut für Urheber- und Medienrecht vom 10.06.2011, abrufbar unter: http://www.urheberrecht.org/news/4304/ (zuletzt abgerufen am: 06.04.2012).

González, Alexander, Der digitale Film im Urheberrecht – Urheberrechtliche Aspekte der Computeranimation und der digitalen Filmnachbearbeitung, Baden-Baden 2002.

Götz, Volkmar, Europäische Gesetzgebung durch Richtlinien – Zusammenwirken von Gemeinschaft und Staat, NJW 1992, 1849-1856.

de Grahl, Julian, Die Durchsetzung von Urheberrechten im digitalen Zeitalter – Analyse und Rechtspolitik, Frankfurt am Main 2008.

Grassmuck, Volker, Ein Plädoyer für durchsetzbare Schrankenbestimmungen für Privatkopie, Zitat und Filesharing, ZUM 2005, 104-109.

Grimm, Jacob/Grimm, Wilhelm, Deutsches Wörterbuch – Band 5, München 1991.

Grimm, Jacob/Grimm, Wilhelm, Deutsches Wörterbuch – Band 13, München 1991.

Guggemos, Werner-Christian, Digital Rights Management im praktischen Einsatz, ZUM 2004, 183-188.

Günther, Bernhard, Piraten im Reich der Daten, in: Medosch, Armin/Röttgers, Janko (Hrsg.), Netzpiraten, Hannover 2001, S. 11-27.

GVU, 2. Urteil im Fall kino.to, 07.12.2011, abrufbar unter: http://www.gvu-online.de/25_182_2_Urteil_im_Fall_kino_to_Martin_S_aus_Leipzig_zu_drei_Jahren_Haft_verurteilt.htm (zuletzt abgerufen am: 06.04.2012).

GVU, 3 Jahre und 5 Monate Haft für "Serverbeschaffer" von kino.to, 22.12.2011, abrufbar unter: http://www.gvu-online.de/25_186_3_Jahre_und_5_Monate_Haft_fuer_Serverbeschaffer_von_kino_to_Richter_Winderlich_stellt_in_Urteilsbegruendung_klar_Nutzen_von_illegalen_Streams_ist_rechtsverletzende_Verbreitung_und_Vervielfaeltigung.htm (zuletzt abgerufen am: 06.04.2012).

GVU, Bevorzugte Technologien für illegale Nutzung von Filmen und TV-Serien: vor allem Streaming, häufig Sharehoster, BitTorrent im Vergleich wenig, 30.08.2011, abrufbar unter: http://www.gvu-online.de/25_172_Pressemitteilung.htm (zuletzt abgerufen am: 06.04.2012).

GVU, BVMI, Börsenverein und GVU stellen gemeinsame Studie zur Digitalen Content-Nutzung vor, 30.08.2011, abrufbar unter: http://www.gvu-online.de/25_173_BVMI_Boersenverein_und_GVU_stellen_gemeinsame_Studie_zur_Digitalen_Content_Nutzung_vor.htm (zuletzt abgerufen am: 06.04.2012).

GVU, DACH-Branchenforum 2009 – Informationen, hitzige Diskussionen und technische Lösungsansätze zur "heißen Kartoffel" Anti-Piraterie-Maßnahmen – Knapp 130 Teilnehmer folgten der Einladung der Veranstalter GVU, VAP und SAFE, 19.11.2009, abrufbar unter: http://www.gvu.de/25_135_DACH_Branchenforum_2009_Informationen_hitzige_Diskussionen_und_technische_Loesungsansaetze_zur_heissen_Kartoffel_Anti_Piraterie_Massnahmen_Knapp_130_Teilnehmer_folgten_der_Einladung_der_Veranstalter_GVU_VAP_und_SAFE.htm (zuletzt abgerufen am: 06.04.2012).

GVU, Erste Anklage im Fall kino.to am Landgericht Leipzig erhoben, 22.10.2011, abrufbar unter: http://www.gvu-online.de/25_176_Pressemitteilung.htm (zuletzt abgerufen am: 06.04.2012).

GVU, FAQ Internet – Ist das Ansehen von Filmen über Streaming-Portale, wie kino.to illegal?, abrufbar unter: http://www.gvu.de/97_FAQ_Internet.htm (zuletzt abgerufen am: 06.04.2012).

GVU, GVU stellt Strafantrag gegen Kinoabfilmer in Bremen – 14 Polizisten beobachteten illegalen Mitschnitt von "Die Superbullen", 21.01.2011, abrufbar unter: http://www.gvu-online.de/25_162_Pressemitteilung.htm (zuletzt abgerufen am: 06.04.2012).

GVU, Internationale Durchsuchungsaktion gegen das System kino.to, 08.06.2011, abrufbar unter: http://www.gvu-online.de/25_169_Pressemitteilung.htm (zuletzt abgerufen am: 06.04.2012).

GVU, Jahresbericht, Berlin 2008.

GVU, Jahresbericht, Berlin 2009.

Haberstumpf, Helmut, Der Schutz elektronischer Datenbanken nach dem Urheberrechtsgesetz, GRUR 2003, 14-31.

Hansen, Gerd, Warum Urheberrecht? – Die Rechtfertigung des Urheberrechts unter besonderer Berücksichtigung des Nutzerschutzes, Baden-Baden 2009.

Hartmann, Alexander, Unterlassungsansprüche im Internet – Störerhaftung für nutzergenerierte Inhalte, München 2009.
Haug, Volker, Internetrecht, 2. Aufl., Stuttgart 2010.
Hauröder, Thorsten, Urheberrechtliche Bewertung der peer-to-peer-Netze – Unter besonderer Berücksichtigung sog. Musiktauschbörsen, Berlin 2009.
Heinz, Stefan, Urheberrechtliche Gleichbehandlung von alten und neuen Medien – Verletzungsrisiko, Reaktionen und Überreaktionen, München 2006.
Herzberg, Rolf D., Kritik der teleologischen Gesetzesauslegung, NJW 1990, 2525-2530.
Herzog, Marco, Rechtliche Probleme einer Inhaltsbeschränkung im Internet, Frankfurt am Main 2000.
Heyna, Arne/Briede, Marc/Schmidt, Ulrich, Datenformate im Medienbereich, München 2003.
Hoeren, Thomas, Der Zweite Korb – Eine Übersicht zu den geplanten Änderungen im Urheberrechtsgesetz, MMR 2007, 615-620.
Hoeren, Thomas, Internetrecht, Münster 2010.
Hoeren, Thomas, Urheberrecht an Hochschulen – eine erste Einführung, in: Forgó, Nikolaus (Hrsg.), Urheberrecht in digitalisierter Wissenschaft und Lehre, Hannover 2006, S. 33-65.
Hoeren, Thomas/Gräbig, Johannes, Entwicklung des Internet- und Multimediarechts im Jahr 2009, MMR-Beil. 2010, 1-48.
Hoeren, Thomas/Sieber, Ulrich (Hrsg.), Handbuch Multimedia-Recht – Rechtsfragen des elektronischen Geschäftsverkehrs, 21. Aufl., München 2009.
Hoffmann, Helmut, Die Entwicklung des Internet-Rechts bis Mitte 2009, NJW 2009, 2649-2655.
Hohagen, Gisbert, Die Freiheit der Vervielfältigung zum eigenen Gebrauch, München 2004.
Höhne, Sven, Digital Rights Management Systeme aus Verbrauchersicht – Eine urheberrechtliche Untersuchung der Folgen des Einsatzes von Digital Rights Management Systemen, Norderstedt 2007.
Hölscher, Ina, Die Ausnahmebestimmungen für den eigenen Gebrauch im deutschen und französischen Urheberrecht, Berlin 2001.
Homann, Hans-Jürgen, Praxishandbuch Filmrecht – Ein Leitfaden für Film-, Fernseh- und Medienschaffende, 2. Aufl., Berlin 2004.
Hucko, Elmar, Zweiter Korb – Das neue Urheberrecht in der Informationsgesellschaft, Wien 2007.
Hullen, Nils, Illegale-Streaming-Filmportale im Internet, ITRB 2008, 230-232.
Hummel, Andreas, Videotheken sterben aus, n-tv vom 12.02.2011, abrufbar unter: http://www.n-tv.de/panorama/Videotheken-sterben-aus-article2594906.html (zuletzt abgerufen am: 06.04.2012).

Institut für Strategieentwicklung, Digitale Mentalität, Witten 2004.

Jacob, Bruce/Ng, Spencer W./Wang, David T./Rodriguez, Samuel, Memory systems – Cache, DRAM, disk, Amsterdam 2008.

Jaeger, Till/Metzger, Axel, Open Source Software – Rechtliche Rahmenbedingungen der Freien Software, 2. Aufl., München 2006.

Jani, Ole, Was sind offensichtlich rechtswidrig hergestellte Vorlagen? – Erste Überlegungen zur Neufassung von § 53 Abs. 1 Satz 1 UrhG, ZUM 2003, 842-855.

Jarass, Hans D./Pieroth, Bodo, Grundgesetz für die Bundesrepublik Deutschland – Kommentar, 10. Aufl., München 2009.

Jehoram, Herman Cohen, Einige Grundsätze zu den Ausnahmen im Urheberrecht, GRUR Int 2001, 807-810.

Kälin, Urs Peter, Die Vergütung für Kabelweitersendungen in der Schweiz, GRUR Int 1984, 267-274.

Karavas, Vagias, Digitale Grundrechte – Elemente einer Verfassung des Informationsflusses im Internet, Baden-Baden 2007.

Katzenberger, Paul, Die rechtliche Stellung des Filmproduzenten im internationalen Vergleich, ZUM 2003, 712-719.

Katzenberger, Paul, Elektronische Pressespiegel aus der Sicht des urheberrechtlichen Konventionsrechts, GRUR Int 2004, 739-745.

Katzenberger, Paul, TRIPS und das Urheberrecht, GRUR Int 1995, 447-468.

Kindt, Anne, Grundrechtsschutz für Raubkopierer und Musikpiraten?, MMR 2009, 147-153.

Klickermann, Paul H., Urheberschutz bei zentralen Datenspeichern, MMR 2007, 7-11.

Klopp, Tina, Studie über Kino.to-Nutzer bleibt unter Verschluss, Zeit Online vom 18.07.2011, abrufbar unter: http://www.zeit.de/digital/internet/2011-07/gfk-studie-downloads (zuletzt abgerufen am: 06.04.2012).

Knapp, Karel, Schranken des Verfügungsrechts auf dem Gebiet der Immaterialgüterrechte, GRUR Int 1983, 347-351.

Knoke, Felix, Netzwelt-Ticker: P2P? Veraltet! Paramount zielt jetzt auf Cyberlocker, Spiegel Online vom 29.06.2010, abrufbar unter: http://www.spiegel.de/netzwelt/web/0,1518,703519,00.html (zuletzt abgerufen am: 06.04.2012).

Koch, Frank A., Der Content bleibt im Netz – gesicherte Werkverwertung durch Streaming-Verfahren, GRUR 2010, 574-578.

Kreile, Johannes/Höfinger, Daniela, Der Produzent als Urheber – Forderungen an einen Korb 2 der Bundesregierung, ZUM 2003, 719-733.

Kreile, Reinhold/Becker, Jürgen, Neuordnung des Urheberrechts in der Europäischen Union, GRUR Int 1994, 901-911.

Krempl, Stefan, Diskussion: Pro und Contra einer Kulturflatrate, Heise Online vom 27.08.2009, abrufbar unter: http://www.heise.de/ct/meldung/Diskussion-Pro-und-Contra-einer-Kulturflatrate-753361.html (zuletzt abgerufen am: 06.04.2012).

Kress, Daniel, Die private Vervielfältigung im Urheberrecht, Hamburg 2004.

Kreutzer, Till, Das Modell des deutschen Urheberrechts und Regelungsalternativen – Konzeptionelle Überlegungen zu Werkbegriff, Zuordnung, Umfang und Dauer des Urheberrechts als Reaktion auf den urheberrechtlichen Funktionswandel, Baden-Baden 2008.

Kreutzer, Till, Napster, Gnutella & Co.: Rechtsfragen zu Filesharing-Netzen aus der Sicht des deutschen Urheberrechts de lege lata und de lege ferenda – Teil 1, GRUR 2001, 193-204.

Kreutzer, Till/Weitzmann, John-Hendrik, Video-Nutzung bei YouTube, kino.to und Co., iRights.info vom 25.12.2009, abrufbar unter: http://www.irights.info/index.php?q=node/847&page=9999 (zuletzt abgerufen am: 06.04.2012).

Kröger, Detlef, Informationsfreiheit und Urheberrecht, München 2002.

Krömer, Jan/Sen, Evrim, No copy – Die Welt der digitalen Raubkopie, Berlin 2006.

Kühl, Kristian, Strafgesetzbuch – Kommentar, 26. Aufl., München 2007.

Kunz-Hallstein, Hans Peter/Loschelder, Michael, Konsultation der Europäischen Kommission zur angemessenen Vergütung für die private Vervielfältigung, GRUR 2008, 499-500.

Lahmann, Nils, Rechtlicher und technischer Schutz von Werken im Urheberrechtsgesetz – Eine Untersuchung des Urheberrechtes in der Informationsgesellschaft, Hamburg 2005.

Lang, Alexander, Filesharing und Strafrecht, Berlin 2009.

Lanhoff, Helge/Oberndörfer, Pascal/Jani, Ole, Der "Zweite Korb" der Urheberrechtsreform, ZUM 2007, 593-603.

Larenz, Karl/Canaris, Claus-Wilhelm, Methodenlehre der Rechtswissenschaft, 3. Aufl., Berlin 1995.

Lauber, Anne/Schwipps, Karsten, Das Gesetz zur Regelung des Urheberrechts in der Informationsgesellschaft, GRUR 2004, 293-300.

Lehmann, Michael, Die Krise des Urheberrechts in der digitalen Welt, in: Hilty, Reto M./Nordemann, Wilhelm/Drexl, Josef (Hrsg.), Schutz von Kreativität und Wettbewerb, München 2009, S. 168-173.

Leinemann, Felix, Die Sozialbindung des "geistigen Eigentums" – Zu den Grundlagen der Schranken des Urheberrechts zugunsten der Allgemeinheit, Baden-Baden 1998.

Leisegang, Daniel, Kulturflatrate: Der neue Sozialvertrag – Die Zukunft des Urheberrechts, Blätter für deutsche und internationale Politik 1/2011, abrufbar unter: http://www.blaetter.de/archiv/jahrgaenge/2011/januar/kulturflat rate-der-neue-sozialvertrag (zuletzt abgerufen am: 06.04.2012).

Lenz, Christofer/Würtenberger, Thomas, Digitale Privatkopie und Eigentumsschutz des Urhebers, NVwZ 2010, 168-171.

Lessig, Lawrence, Code und andere Gesetze des Cyberspace, Berlin 2001.

Lettl, Tobias, Urheberrecht, München 2008.

Leube, Sabine C., Die Rolle des Staates im Internet – Eine Untersuchung der Möglichkeit, Zulässigkeit und Notwendigkeit staatlicher Regulierung, München 2004.

Leupold, Andreas, Bereithalten von Musikwerken zum Abruf in digitalen Netzen, ZUM 2000, 379-390.

Leutheusser-Schnarrenberger, Sabine, Berliner Rede zum Urheberrecht – Berlin-Brandenburgische Akademie der Wissenschaften, 14.06.2010, abrufbar unter: http://www.irights.info/blog/arbeit2.0/2010/06/14/berliner-rede-zum-urheberrecht-von-sabine-leutheusser-schnarrenberger/ (zuletzt abgerufen am: 06.04.2012).

von Lewinski, Silke, Multimedia und Urheberrecht Berichte aus dem In- und Ausland – Das europäische Grünbuch über das Urheberrecht und neue Technologien, GRUR Int 1995, 831-837.

Liepe, Andreas, Die Vervielfältigung zum privaten Gebrauch im deutschen und US-amerikanischen Urheberrecht unter besonderer Berücksichtigung der privaten Vervielfältigung kopiergeschützter Audio-CDs, Jena 2006.

Loefs, Robert/Verweyen, Urs, "One more Night" – Überlegungen zum abgeleiteten fremdenrechtlichen Filmherstellerschutz, ZUM 2007, 706-712.

Loewenheim, Ulrich (Hrsg.), Handbuch des Urheberrechts, 2. Aufl., München 2010.

Loewenheim, Ulrich, Die Privatkopie, in: Fechner, Frank (Hrsg.), Die Privatkopie, Ilmenau 2007, S. 8-26.

Loewenheim, Ulrich, Urheberrechtliche Probleme bei Multimediaanwendungen, GRUR 1996, 830-836.

Maracke, Catharina, Die Entstehung des Urheberrechtsgesetzes von 1965, Berlin 2003.

Marberth-Kubicki, Annette, Der Beginn der Internet-Zensur – Zugangssperren durch Access-Provider, NJW 2009, 1792-1796.

Marx, Iris, Möglichkeiten zum Schutz von musikalischen und filmischen Werken vor privaten digitalen Raubkopien nach dem deutschen und US-amerikanischen Urheberrecht, Berlin 2005.

Masouyé, Claude/Walter, Michel, Kommentar zur Berner Übereinkunft zum Schutz von Werken der Literatur und Kunst, Genf 1981.

McCandless, David, Warez World, in: Medosch, Armin/Röttgers, Janko (Hrsg.), Netzpiraten, Hannover 2001, S. 28-39.

Meschede, Thomas, Der Schutz digitaler Musik- und Filmwerke vor privater Vervielfältigung nach den zwei Gesetzen zur Regelung des Urheberrechts in der Informationsgesellschaft, Frankfurt am Main 2007.

Mestmäcker/Schulze, hrsg. v. Hertin, Paul W./Schulze, Marcel/Walter, Michael, Kommentar zum deutschen Urheberrecht – Unter Berücksichtigung des internationalen Rechts und des Gemeinschaftsrechts in den Mitgliedsstaaten der EU, Neuwied 1962.

Metzner, Michael, Die Auswirkungen der Urheberrechtsnovelle 2003 auf Online-Übermittlung und -zugriff im Urheberrecht, Baden-Baden 2010.

Meusers, Richard, Kino.to scheint quicklebendig, Spiegel Online vom 12.07.2011, abrufbar unter: http://www.spiegel.de/netzwelt/web/0,1518, 773835,00.html (zuletzt abgerufen am: 06.04.2012).

Mitsdörffer, Sven/Gutfleisch, Ulf, "Geo-Sperren" – wenn Videoportale ausländische Nutzer aussperren – Eine urheberrechtliche Betrachtung, MMR 2009, 731-735.

Möhring/Nicolini, hrsg. v. Nicolini, Käte/Ahlberg, Hartwig, Urheberrechtsgesetz – Kommentar, 2. Aufl., München 2000.

Moorstedt, Michael, Warum Film- und Musikindustrie im Regen stehen, Süddeutsche.de vom 04.07.2011, abrufbar unter: http://www.sueddeutsche.de/digital/tauschen-und-streamen-ueber-cloud-dienste-warum-film-und-musikindustrie-im-regen-stehen-1.1115794 (zuletzt abgerufen am: 06.04.2012).

Möschel, Wernhard/Bechtold, Stefan, Copyright-Management im Netz, MMR 1998, 571-576.

MünchKomm-StGB, hrsg. v. Miebach, Klaus/Joecks, Wolfgang, Münchener Kommentar zum Strafgesetzbuch, Bd. 2/2, München 2005.

MünchKomm-ZPO, hrsg. v. Rauscher, Thomas/Wax, Peter/Wenzel, Joachim, Münchener Kommentar zur Zivilprozeßordnung, 3. Aufl., Bd. 3, München 2008.

Neumann, Linus, Österreichischer Provider UPC soll Streaming-Plattform sperren, netzpolitik.org vom 17.05.2011, abrufbar unter: http://www.netzpolitik.org/2011/osterreichischer-provider-upc-muss-streaming-plattform-sperren/ (zuletzt abgerufen am: 06.04.2012).

Niederalt, Stephanie, Das Urheberrecht vor einem 3. Korb: Ausgewählte Handlungsfelder – Diskussionsbericht zu der gleich lautenden Arbeitssitzung des Instituts für Urheber- und Medienrecht am 7. März 2008, ZUM 2008, 397-402.

Nielen, Michael, Interessenausgleich in der Informationsgesellschaft – Die Anpassung der urheberrechtlichen Schrankenregelungen im digitalen Bereich, Frankfurt am Main 2009.

Nippe, Wolfgang, Einzelne Vervielfältigungsstücke – Der Kampf mit den Zahlen, GRUR Int 1995, 202-204.

Nolte, Georg, Das Urheberrecht in der Informationsgesellschaft, CR 2006, 254-260.

Nordemann, Wilhelm/Vinck, Kai/Hertin, Paul W., Internationales Urheberrecht und Leistungsschutzrecht der deutschsprachigen Länder unter Berücksichtigung auch der Staaten der Europäischen Gemeinschaft – Kommentar, Düsseldorf 1977.

Nümann, Peter/Mayer, Markus A., Rechtfertigung und Kritik von Massenabmahnungen gegen Urheberrechtsverletzungen in Filesharing-Netzwerken, ZUM 2010, 321-331.

Nützel, Jürgen, Digital Rights Management (DRM), in: Fechner, Frank (Hrsg.), Die Privatkopie, Ilmenau 2007, S. 28-49.

von Olenhuse, Albrecht Götz, Digitale Information- und Wissensgesellschaft und das Urheberrecht, ZRP 2003, 232-235.

Ott, Stephan, Die urheberrechtliche Zulässigkeit des Framing nach der BGH-Entscheidung im Fall "Paperboy", ZUM 2004, 357-367.

Ott, Stephan, Haftung für Embedded Videos von YouTube und anderen Videoplattformen im Internet, ZUM 2008, 556-564.

Paul, Tobias, Primärrechtliche Regelungen zur Verantwortlichkeit von Internetprovidern aus strafrechtlicher Sicht, Baden-Baden 2005.

Pawlowski, Hans-Martin, Methodenlehre für Juristen – Theorie der Norm und des Gesetzes, 3. Aufl., Heidelberg 1999.

Pentheroudakis, Chryssoula, Urheberrechtlicher Wandel und die kollektive Wahrnehmung in der Informationsgesellschaft – Grundlagen, Wesen und Perspektiven der kollektiven Wahrnehmung mit rechtsvergleichenden

Beiträgen zu ausgewählten EU-Urheberrechtssystemen, Baden-Baden 2009.

Peukert, Alexander, Der Schutzbereich des Urheberrechts und das Werk als öffentliches Gut, in: Hilty, Reto M./Peukert, Alexander (Hrsg.), Interessenausgleich im Urheberrecht – Insbesondere: Die urheberrechtliche Relevanz des privaten Werkgenusses, Baden-Baden 2004, S. 11-46.

Pfeifer, Karl-Nikolaus, Territorialität und Dienstleistungsfreiheit: Der Fall "Karen Murphy" vor dem EuGH, GRUR-Prax 2011, 435-438.

Plag, Florian/Riempp, Roland, Interaktives Video im Internet mit Flash – Konzeption und Produktion von Videos für das WWW, Berlin, Heidelberg 2007.

Pleister, Christian/Ruttig, Markus, Neues Urheberrecht – neuer Kopierschutz – Anwendungsbereich und Durchsetzbarkeit des § 95a UrhG, MMR 2003, 763-767.

Poeppel, Jan, Die Neuordnung der urheberrechtlichen Schranken im digitalen Umfeld, Göttingen 2005.

Poll, Günter, Die Harmonisierung des europäischen Filmurheberrechts aus deutscher Sicht, GRUR Int 2003, 290-301.

Poll, Günter, Neue internetbasierte Nutzungsformen, GRUR 2007, 476-483.

Poll, Günter/Braun, Thorsten, Privatkopien ohne Ende oder Ende der Privatkopie? – § 53 Abs. 1 UrhG im Lichte des "Dreistufentests", ZUM 2004, 266-279.

Ponte, Lucille, Coming Attractions: Opportunities and Challenges in Thwarting Global Movie Piracy, in: Bird, Robert C./Jain, Subhash C. (Hrsg.), The Global Challenge of Intellectual Property Rights, Cheltenham 2008, S. 57-78.

Precht, Manfred/Meier, Nikolaus/Tremel, Dieter, EDV-Grundwissen – Eine Einführung in Theorie und Praxis der modernen EDV, 7. Aufl., München 2004.

Puschke, Jens/Singelnstein, Tobias, Verfassungsrechtliche Vorgaben für heimliche Informationsbeschaffungsmaßnahmen, NJW 2005, 3534-3538.

Radmann, Friedrich, Kino.ko - Filmegucken kann Sünde sein – Zur Rechtswidrigkeit der Nutzung von (offensichtlich) illegalen Streaming-Filmportalen, ZUM 2010, 387-392.

Rehart, Nikolaus Konstantin, Sperren oder Löschen? Oder beides? – Das nächste Kapitel, MMR-Aktuell 2010, 303415.

Rehbinder, Manfred, Die urheberrechtlichen Verwertungsrechte nach der Einführung des Vermietrechts, ZUM 1996, 349-355.

Rehbinder, Manfred/Hubmann, Heinrich, Urheberrecht, 16. Aufl., München 2010.

Reich, Michael Mark, Die ökonomische Analyse des Urheberrechts in der Informationsgesellschaft, München 2006.

Reimer, Dietrich/Ulmer, Eugen, Die Reform der materiellrechtlichen Bestimmungen der Berner Übereinkunft, GRUR Int 1967, 431-454.

Reinbacher, Tobias, Strafbarkeit der Privatkopie von offensichtlich rechtswidrig hergestellten oder öffentlich zugänglich gemachten Vorlagen, GRUR 2008, 394-401.

Reinbothe, Jörg, Die EG-Richtlinie zum Urheberrecht in der Informationsgesellschaft, GRUR Int 2001, 733-745.

Reinbothe, Jörg, Die Umsetzung der EU-Urheberrechtsrichtlinie in deutsches Recht, ZUM 2002, 43-52.

Reißmann, Ole, Ermittler verhaften mutmaßliche Betreiber von Raubkopie-Seite, Spiegel Online vom 08.06.2011, abrufbar unter: http://www.spiegel.de/netzwelt/netzpolitik/0,1518,767375,00.html (zuletzt abgerufen am: 06.04.2012).

Reißmann, Ole, Mehr als drei Jahre Haft für kino.to-Helfer, Spiegel Online vom 22.12.2011, abrufbar unter: http://www.spiegel.de/netzwelt/web/0,1518, 805366,00.html (zuletzt abgerufen am: 06.04.2012).

Reißmann, Ole, Wie das System kino.to funktionierte, Spiegel Online vom 09.06.2011, abrufbar unter: http://www.spiegel.de/netzwelt/netzpolitik/ 0,1518,767560,00.html (zuletzt abgerufen am: 06.04.2012).

Renner, Tim, Die Kulturflatrate als dritter Weg, iRights.info vom 12.11.2010, abrufbar unter: http://www.irights.info/?q=content/die-kulturflatrate-als-dritter-weg (zuletzt abgerufen am: 06.04.2012).

Richter, Meike, Zahnpasta kann nicht zurück in Tube, taz.de vom 04.08.2009, abrufbar unter: http://www.taz.de/1/netz/artikel/1/zahnpasta-kann-nicht-zurueck-in-die-tube/ (zuletzt abgerufen am: 24.02.2011).

Riesenhuber, Karl, Der Einfluss der RBÜ auf die Auslegung des deutschen Urheberrechtsgesetzes, ZUM 2003, 333-342.

Röhl, Christoph/Bosch, Andreas, Musiktauschbörsen im Internet – Eine Analyse der aktuellen tatsächlichen und rechtlichen Entwicklungen, NJOZ 2008, 1197-1215.

Rösler, Hannes, Pauschalvergütung für digitale Medieninhalte – Reflexionen der U.S.-amerikanischen Rechtswissenschaft zum Urheberrecht im digitalen Zeitalter, GRUR Int 2005, 991-997.

Roßnagel, Alexander/Jandt, Silke/Schnabel, Christoph, Kulturflatrate – Ein verfassungsrechtlich zulässiges alternatives Modell zur Künstlervergütung?, MMR 2010, 8-12.

Roßnagel, Alexander/Jandt, Silke/Schnabel, Christoph/Yliniva-Hoffmann, Anne, Die Zulässigkeit einer Kulturflatrate nach nationalem und europäischem Recht – Kurzgutachten im Auftrag von Bundestagsfraktion BÜNDNIS 90/DIE GRÜNEN und Fraktion der Grünen/Freie Europäische Allianz im Europäischen Parlament, Saarbrücken, Kassel 2009.

Runge, Philipp, Die Vereinbarkeit einer Content-Flatrate für Musik mit dem Drei-Stufen-Test, GRUR Int 2007, 130-137.

Santangelo, Chiara, Der urheberrechtliche Schutz digitaler Werke – Eine vergleichende Untersuchung der Schutz- und Sanktionsmaßnahmen im deutschen, italienischen und englischen Recht, Berlin 2011.

Sasse, Helge/Waldhausen, Hans, Musikverwertung im Internet und deren vertragliche Gestaltung – MP3, Streaming, Webcast, On-demand-Service etc., ZUM 2000, 837-849.

Schack, Haimo, Rechtsprobleme der Online-Übermittlung, GRUR 2007, 639-645.

Schack, Haimo, Urheber- und Urhebervertragsrecht, 5. Aufl., Tübingen 2010.

Schapiro, Leo, Die neuen Musiktauschbörsen unter "Freunden", ZUM 2008, 273-282.

Schenk, Heike, Die digitale Privatkopie, Berlin 2006.

Schildt, Gerhard H./Kahn, Daniela/Kruegel, Christopher/Moerz, Christian, Einführung in die Technische Informatik, 2. Aufl., Wien 2005.

Schippan, Martin, Nun endgültig verabschiedet: Das digitale Urheberrecht – Korb 1, ZUM 2003, 678-681.

Schippan, Martin, Rechtsfragen bei der Implementierung von Digital Rights Management-Systemen, ZUM 2004, 188-198.

Schippan, Martin, Urheberrecht goes digital – Das Gesetz zur Regelung des Urheberrechts in der Informationsgesellschaft, ZUM 2003, 378-390.

Schmid, Matthias/Wirth, Thomas/Seifert, Fedor, Urheberrechtsgesetz – Kommentar, 2. Aufl., Baden-Baden 2009.

Schmidt, Holger, Kino.to macht als „Kinox.to" weiter, FAZ.net vom 12.07.2011, abrufbar unter: http://www.faz.net/artikel/C31306/filmportal-kino-to-macht-als-kinox-to-weiter-30462201.html (zuletzt abgerufen am: 06.04.2012).

Schmidt-Bleibtreu, Bruno/Hofmann, Hans/Hopfauf, Axel (Hrsg.), Kommentar zum Grundgesetz, 11. Aufl., Köln 2008.

Schnabel, Christoph, Böse Zensur, guter Filter? – Urheberrechtliche Filterpflichten für Access-Provider, MMR 2008, 281-286.

Schnabel, Christoph, Das Zugangserschwerungsgesetz – Zum Access-Blocking als ultima ratio des Jugendschutzes, JZ 2009, 996-1001.

Schneider, Adrian, Schlag gegen kino.to: Wer hat was zu befürchten?, Telemedicus vom 08.06.2011, abrufbar unter: http://www.telemedicus.info/article/2023-Schlag-gegen-kino.to-Wer-hat-was-zu-befuerchten.html (zuletzt abgerufen am: 06.04.2012).

Schneider, Adrian, Telemedicus-Wochenrückblick Woche 23: EU-Domains, Hooligans, Jugendschutz, iRights.info vom 07.06.2010, abrufbar unter: http://www.irights.info/?q=node/1523 (zuletzt abgerufen am: 06.04.2012).

Schrey, Joachim/Frevert, Tobias, Muss die Bundesnetzagentur die Netzneutralität verteidigen? Eine Standortbestimmung zur Zulässigkeit des Bandbreitenmanagements, MMR 2010, 596-599.

Schricker/Loewenheim, hrsg. v. Schricker, Gerhard, Urheberrecht – Kommentar, 4. Aufl., München 2010.

Schulz, Daniela, Der Bedeutungswandel des Urheberrechts durch Digital Rights Management – Paradigmenwechsel im deutschen Urheberrecht?, GRUR 2006, 470-477.

Schulze, Gernot, Die Schranken des Urheberrechts: Einzelfallgesetzgebung oder System?, in: Riesenhuber, Karl (Hrsg.), Systembildung im Europäischen Urheberrecht, Berlin 2007, S. 181-210.

Schulze, Gernot, Wann beginnt eine urheberrechtlich relevante Nutzung?, ZUM 2000, 126-137.

Senftleben, Martin, Copyright, Limitations and the Three-Step Test – An Analysis of the Three-Step Test in International and EC Copyright Law, The Hague 2004.

Senftleben, Martin, Grundprobleme des urheberrechtlichen Dreistufentests, GRUR Int 2004, 200-211.

Senftleben, Martin, Privates digitales Kopieren im Spiegel des Dreistufentests, CR 2003, 914-919.

Sieber, Ulrich, Kontrollmöglichkeiten zur Verhinderung rechtswidriger Inhalte in Computernetzen (I), CR 1997, 581-598.

Sieber, Ulrich, Kontrollmöglichkeiten zur Verhinderung rechtswidriger Inhalte in Computernetzen (II) – Zur Umsetzung von § 5 TDG am Beispiel der Newsgroups des Internet, CR 1997, 653-669.

Sieber, Ulrich, Sperrverpflichtungen gegen Kinderpornografie im Internet, JZ 2009, 653-662.

Sieber, Ulrich/Nolde, Malaika, Sperrverfügungen im Internet – Nationale Rechtsdurchsetzung im globalen Cyberspace?, Berlin 2008.

Spies, Axel, USA: Kampf um die Netzneutralität, MMR 2006, XXI-XXIII.

Spindler, Gerald, Der Handel mit Gebrauchtsoftware – Erschöpfungsgrundsatz quo vadis?, CR 2008, 69-77.

Spindler, Gerald, Europäisches Urheberrecht in der Informationsgesellschaft, GRUR 2002, 105-120.

Spindler, Gerald, Urheberrecht und Tauschplattformen im Internet, JZ 2002, 60-70.

Spindler, Gerald/Schuster, Fabian (Hrsg.), Recht der elektronischen Medien – Kommentar, München 2008.

Spohn, Kolja/Hullen, Nils, Lizenzierung von Musik zur Online-Verwertung – Statt One-Stop-Shop ein Rechte-Puzzle, GRUR 2010, 1053-1058.

Stadler, Thomas, Kein erschwerter Zugang, MMR 2009, 581-582.

Stadler, Thomas, Sperrungsverfügung gegen Access-Provider, MMR 2002, 343-347.

Stapelkamp, Torsten, DVD-Produktionen gestalten erstellen nutzen, Berlin, Heidelberg 2007.

Stenzel, Igor, Haftung für Hyperlinks – Deliktische Verantwortung für Verletzungen des Persönlichkeitsrechts durch fremde, rechtswidrige Äußerungen, Baden-Baden 2006.

Stieper, Malte, Rechtfertigung, Rechtsnatur und Disponibilität der Schranken des Urheberrechts, Tübingen 2009.

Stieper, Malte, Rezeptiver Werkgenuss als rechtmäßige Nutzung – Urheberrechtliche Bewertung des Streaming vor dem Hintergrund des EuGH-Urteils in Sachen FAPL/Murphy, MMR 2012, 12-17.

Stöcker, Christian, Die geheimen Gesetze des Raubkopierer-Untergrunds, Spiegel Online vom 20.01.2012, abrufbar unter: http://www.spiegel.de/netzwelt/netzpolitik/0,1518,810342,00.html (zuletzt abgerufen am: 06.04.2012).

Stölzel, Thomas, Das Rote Tuch für Deutschlands Filmwirtschaft, WirtschaftsWoche Online vom 10.02.2010, abrufbar unter: http://www.wiwo.de/unternehmen-maerkte/das-rote-tuch-fuer-deutschlands-filmwirtschaft-421828/ (zuletzt abgerufen am: 06.04.2012).

Stölzel, Thomas, Erfolglose Jagd auf die deutschen Raubkopierkönige, WirtschaftsWoche Online vom 17.02.2010, abrufbar unter: http://www.wiwo.de/unternehmen-maerkte/erfolglose-jagd-auf-die-deutschen-raubkopierkoenige-421953/ (zuletzt abgerufen am: 06.04.2012).

Thielecke, Susanna/Bechtolsheim, Sebastian, Urheberrecht für die Mitwirkenden an komplexen Werken?, GRUR 2003, 754-759.

Trenkelbach, Holger, Internetfreiheit – Die Europäische Menschenrechtskonvention als "Living Instrument" vor neuen Herausforderungen?, Berlin 2005.

Treverton, Gregory F., Film Piracy, Organized Crime, and Terrorism, Santa Monica 2009.

Ullrich, Jan Nicolaus, Alles in einem – Die Einräumung eines Nutzungsrechts i.S.d. § 31 Abs. 1 UrhG für einen On-Demand-Dienst im Internet – Zugleich zum Unterschied zwischen Verwertungsrechten, Nutzungsrechten, Nutzungsarten und Nutzungen, ZUM 2010, 311-321.

Ullrich, Jan Nicolaus, Webradioportale, Embedded Videos & Co. – Inline-Linking und Framing als Grundlage urheberrechtlich relevanter (Anschluss-) Wiedergaben, ZUM 2010, 853-862.

Ulmer, Eugen, Urheber- und Verlagsrecht, 3. Aufl., Berlin 1980.

Unger, Angelika, Vom Nil in die Charts, Spiegel Online vom 17.01.2005, abrufbar unter: http://www.spiegel.de/netzwelt/web/0,1518,337139,00.html (zuletzt abgerufen am: 06.04.2012).

Vianello, Mirko, Abruf und Aufzeichnung von Video- und Audiostreams zum privaten Gebrauch, CR 2010, 728-734.

Volkmann, Christian, Der Störer im Internet – Zur Verantwortlichkeit der Internet-Provider im allgemeinen Zivil-, Wettbewerbs-, Marken- und öffentlichen Recht, München 2005.

Wadle, Elmar, Geistiges Eigentum – Bausteine zur Rechtsgeschichte, Weinheim 1996.

Walter, Michel (Hrsg.), Europäisches Urheberrecht – Kommentar, Wien 2001.

Wandtke, Artur-Axel (Hrsg.), Medienrecht – Praxishandbuch, 2. Aufl., Berlin 2011.

Wandtke, Artur-Axel (Hrsg.), Urheberrecht, 2. Aufl., Berlin 2010.

Wandtke, Artur-Axel, Copyright und virtueller Markt in der Informationsgesellschaft oder das Verschwinden des Urhebers im Nebel der Postmoderne?, GRUR 2002, 1-11.

Wandtke, Artur-Axel/Bullinger, Winfried (Hrsg.), Praxiskommentar zum Urheberrecht, 3. Aufl., München 2009.

Wehr, Christina/Ujica, Matei, „Alles muss raus!" – Datenspeicherungs- und Auskunftsplichten der Access-Provider nach dem Urteil des BVerfG zur Vorratsdatenspeicherung, MMR 2010, 667-671.

Welp, Kai, Die Auskunftspflicht von Access-Providern nach dem Urheberrechtsgesetz, München 2009.

Wenzel, Karl Egbert/Burkhardt, Emanuel H., Urheberrecht für die Praxis, 5. Aufl., Köln 2009.

Wenzl, Frauke, Musiktauschbörsen im Internet – Haftung und Rechtsschutz nach deutschem und amerikanischem Urheberrecht, Baden-Baden 2005.

Wiebe, Andreas, Anmerkung zum Urteil des BGH vom 17.07.2003 – I ZR 259/00, MMR 2003, 724-725.

Wiegand, Nicolai, Die Geräteabgabe als Lösungsmodell im Bereich der privaten Vervielfältigung von digitalen Musik- und Filmwerken aus US-amerikanischer und deutscher Sicht – Eine rechtsvergleichende Studie, Frankfurt am Main 2003.

Wiese, Heiko, Aufspüren von Pirateriefällen im Netz, ZUM 2006, 696-701.

Wilkens, Andreas, Bundesjustizministerium plant Fachanhörungen zum Urheberrecht, Heise online vom 02.06.2010, abrufbar unter: http://www.heise.de/newsticker/meldung/Bundesjustizministerium-plant-Fachanhoerungen-zum-Urheberrecht-Update-1014296.html (zuletzt abgerufen am: 06.04.2012).

Wilmer, Thomas, Überspannte Prüfpflichten für Host-Provider? Vorschlag für eine Haftungsmatrix, NJW 2008, 1845-1851.

Wimmers, Jörg/Schulz, Carsten, Wer nutzt? – Zur Abgrenzung zwischen Werknutzer und technischem Vermittler im Urheberrecht, CR 2008, 170-177.

Winckler, Lars, Filmbranche hilflos gegen Piratenseiten wie Kino.to, Welt Online vom 28.10.2010, abrufbar unter: http://www.welt.de/wirtschaft/web welt/article10597452/Filmbranche-hilflos-gegen-Piratenseiten-wie-Kino-to.html (zuletzt abgerufen am: 06.04.2012).

Winghardt, Stefan, Kopiervergütung für den PC, ZUM 2002, 349-362.

Witte, Andreas, Störerhaftung im Internet – Grundlagen und aktuelle Rechtsprechung, ITRB 2007, 87-90.

Würfel, Christine Elisabeth, Europarechtliche Möglichkeiten einer Gesamtharmonisierung des Urheberrechts, Karlsruhe 2005.

Zecher, Jan, Die Umsetzung der EU-Urheberrechtsrichtlinie in deutsches Recht, ZUM 2002, 52-54.

Zöller, Richard (Begr.), Strafprozessordnung – Kommentar, 4. Aufl., Heidelberg 2009.

Zscherpe, Kerstin, Urheberrechtsschutz digitalisierter Werke im Internet, MMR 1998, 404-411.

Zypries, Brigitte, Neues Urheberrecht: Die Früchte des Zweiten Korbs, MMR 2007, 545-546.

Erstes Kapitel: Einleitung und Problemaufriss

„Wenn der Wind der Veränderung weht, bauen die einen Windmühlen und die anderen Mauern."
Chinesisches Sprichwort[1]

A. Einführung in die Problematik

Die wachsende Bedeutung des Internets und die dortige Nutzung vielfältiger Plattformen zum Konsum urheberrechtlich geschützter Werke haben in den vergangenen Jahren zu immer neuen Fragestellungen unter Berücksichtigung des Urheberrechts geführt. Grundsätzlich wird dabei bereits infrage gestellt, ob überhaupt noch ein angemessener Schutz der Interessen der Urheber im Internet möglich erscheint.[2] Konkret hat sich diese Aussage zuletzt an der Nutzung sogenannter Streamingfilmportale erneuert, über welche der kostenlose Abruf von Filmwerken ermöglicht wird.[3]

I. Urheberrecht im Kontext zur digitalen Entwicklung

Das Urheberrecht ist als Rechtsgebiet von den Entwicklungen der Digitalisierung besonders betroffen und steht stets insofern auf dem Prüfstand, als hinterfragt wird, inwieweit das Urheberecht mit seinen Mitteln noch einen effektiven Schutz des geistigen Eigentums im Internet gewährleisten kann.[4] Anzuerkennen

1 Zum Beispiel von Staatssekretär Dr. Max Stadler im Rahmen seiner Rede zum Thema „Der Preis des Internets – Die Folgen der Digitalisierung für Medien und Gesellschaft" im Kontext zum Urheberrecht und Internet zitiert.

2 Lessig, Code und andere Gesetze des Cyberspace, 2001, S. 222.

3 GVU, Bevorzugte Technologien für illegale Nutzung von Filmen und TV-Serien: vor allem Streaming, häufig Sharehoster, BitTorrent im Vergleich wenig, 30.08.2011; Stölzel, Erfolglose Jagd auf die deutschen Raubkopierkönige, 17.02.2010; Winckler, Filmbranche hilflos gegen Piratenseiten wie Kino.to, 28.10.2010; Busch, GRUR 2011, 496; Moorstedt, Warum Film- und Musikindustrie im Regen stehen, 04.07.2011.

4 Dittrich/Spitz, in: Heinrich-Böll-Stiftung (Hrsg.), Copy.Right.Now!, 2010, S. 112 (112 f.); Lessig, Code und andere Gesetze des Cyberspace, 2001, S. 219 ff.; Lehmann, in: Hilty/Nordemann/Drexl (Hrsg.), Schutz von Kreativität und Wettbewerb, 2009, S. 168 (169).

ist, dass das Internet eine Grundlage dafür geschaffen hat, die Verletzung von Immaterialgüterrechten zu ermöglichen.[5]

Nun haben das Internet und die digitale Technologie insbesondere in den vergangenen Jahrzehnten einen starken Einfluss auf das Urheberrecht gehabt. Initiiert wurde die Vervielfältigung urheberrechtlich geschützter Werke – gleichwohl es zu diesem Zeitpunkt noch kein Urheberrecht gab – durch die Erfindung des Buchdrucks, wenn auch das geistige Eigentum dabei noch in einer anderen Qualität und Quantität in seinem Bestand gefährdet war. Vor der Erfindung des Buchdrucks war es schlichtweg zu kostenträchtig, ein Werk zu vervielfältigen. Es blieb lediglich die Möglichkeit der Abschriften. Durch die Verringerung der Vervielfältigungskosten – erst durch den Buchdruck, dann durch Fotografien und das analoge Überspielen von Tonbändern, schließlich durch die Möglichkeit digitaler Kopien – wuchs zunehmend die Gefahr der unerlaubten Vervielfältigung urheberrechtlich geschützter Werke. Diese Entwicklung scheint nun mit den Möglichkeiten des Internets einen vorläufigen Höhepunkt erreicht zu haben. Die moderne Computertechnik bietet – unter Zuhilfenahme der Datenleitungen des Internets – dem einzelnen Anwender Vervielfältigungsstücke ohne Qualitätsverlust – und dies oftmals in nur wenigen Sekunden oder Minuten, bequem vom heimischen Computer aus. Die Gefahr einer Entdeckung durch die Strafverfolgungsbehörden wird im Rahmen spezifischer technischer Möglichkeiten zum Teil ausgeschlossen, sodass es „free riders“ (bzw. Trittbrettfahrern) ermöglicht wird, unentdeckt und kostenlos urheberrechtlich geschützte Werke zu nutzen.[6]

So leicht sich also unter Umgehung des Urhebers eine Nutzung urheberrechtlicher Werke über das Internet ergibt, weisen – legal – über das Internet vertriebene Werke durch den Einsatz moderner Technologien den Urhebern eine Kontrolldichte zu, die bei physischen Medien nicht denkbar ist. Durch den Einsatz moderner DRM-Systeme kann die Nutzung des Werkes, z. B. in zeitlicher Hinsicht, auf dem Computer des Konsumenten beschränkt werden.[7] Was sich mithin zum einen als Gefahr für den Urheber ergibt, kann auf der anderen Seite diesem neue Möglichkeiten der Kontrolle des Konsumenten bieten. Inwieweit

5 Breyer, MMR 2009, 14 (18); Haug, Internetrecht, 2. Aufl. (2010), S. 2 f.

6 Lessig, Code und andere Gesetze des Cyberspace, 2001, S. 223 f.; Stieper, Rechtfertigung, Rechtsnatur und Disponibilität der Schranken des Urheberrechts, 2009, S. 76; Bernhöft, Die urheberrechtliche Zulässigkeit der digitalen Aufzeichnung einer Sendung, 2009, S. 62 ff.; Dutfield/Suthersanen, Global Intellectual Property Law, 2008, S. 234 ff.

7 Schulz, GRUR 2006, 470 (471 ff.); Günther, in: Medosch/Röttgers (Hrsg.), Netzpiraten, 2001, S. 11 (24 f.). Vgl. zu technischen Grundlagen der DRM-Systeme: Höhne, Digital Rights Management Systeme aus Verbrauchersicht, 2007, S. 17 ff.; Nützel, in: Fechner (Hrsg.), Die Privatkopie, 2007, S. 28 (29 ff.).

dies nunmehr als Gefahr für den Nutzer der Werke zu werten ist, soll an dieser Stelle nicht beurteilt werden. Fakt ist indes, dass Möglichkeiten und etwaige Gefahren im Internet stets aus verschiedenen Blickwinkeln zu beurteilen sind.

II. Austausch urheberrechtlich geschützter Werke über das Internet

Der Bezug urheberrechtlich geschützter Filmwerke über das Internet ist über vielfältige Kanäle möglich. Hier haben sich seit dem Ende der 1990er-Jahre verschiedene Plattformen entwickelt, welche die Grundlage für diesen Austausch bieten. Über diese kann bereits nach wenigen Tagen oder Wochen des Kinostarts eine digitale Kopie des Films – in unterschiedlichen Qualitätsstufen – abgerufen werden. Dabei ist jedoch ein stetiges Voranschreiten der technischen Entwicklungen zu verzeichnen, sodass es nicht verwundert, dass die Nutzer im Laufe der Jahre zu neuen Bezugsarten umschwenken. Während Ende der 1990er-Jahre noch Programme wie Napster oder Gnutella in aller Munde waren und sich auf vielen Computern befanden,[8] erfolgte im 20. Jahrhundert eine erste Abwanderung der Szene zu One-Click-Hostern (z. B. Rapidshare oder Hotfile). Diese sind inzwischen bei den Konsumenten zu beliebten Plattformen aufgestiegen, wodurch vor allem die Verfolgung der Downloader zunehmend erschwert wird. Nach Untersuchungen der „Gesellschaft zur Verfolgung von Urheberrechtsverletzungen“ (GVU) waren zum Ende des Berichtjahres 2008 etwa 170 Portalseiten zu zählen, die Links zu One-Click-Hostern angeboten haben[9] – eine Entwicklung, die dazu geführt hat, dass sich mittlerweile die deutsche Rechtsprechung mit Sharehostern wie z. B. Rapidshare auseinandersetzen musste.[10] Dies korreliert mit folgender Annahme: „Klar scheint nach Jahrzehnten des Schwarzkopierens nur eins zu sein: Solange die Nachfrage existiert, wird es auch immer ein Angebot geben. Die Frage ist lediglich, *wo* und von *wem*.“[11] Die Filmindustrie ist sich dieser Bedrohung inzwischen deutlich bewusst und mahnt in diesem Zusammenhang vor allem an, dass sich der Austausch urheberrechtlicher Werke immer mehr auf Kanäle verschiebt, die schlechter als P2P-Plattformen zu kontrollieren seien.[12]

---

8 Dördrechter, Piraterie in der Filmindustrie, 2007, S. 1.

9 GVU, Jahresbericht, 2008, S. 6.

10 Siehe z. B.: OLG Hamburg, NJOZ 2008, 4927; LG Düsseldorf, BeckRS 2008, 3206 (3206 ff.).

11 Krömer/Sen, No copy, 2006, S. 259.

12 Knoke, Netzwelt-Ticker: P2P? Veraltet! Paramount zielt jetzt auf Cyberlocker, 29.06.2010.

III. Streamingplattformen

Ein solcher Kanal ist zunehmend in Internetportalen zu sehen, über die den Nutzern Links zu Streamingangeboten zur Verfügung gestellt werden, welche das Filmangebot direkt im Fenster des Internetbrowsers, in der Regel unter Verwendung eines speziellen Plugins, abspielen.[13] Ein direkter Download einer einzelnen Datei in ein Verzeichnis der Wahl erfolgt dabei regelmäßig nicht mehr. Damit sich dem Konsumenten aber diese Möglichkeit eröffnet, muss das Filmwerk als Datei auf den Server des Streaminganbieters hochgeladen werden, dieser einen direkten Link zu dem speziellen Stream generieren und ein Streamingfilmportal diesen Link für die Konsumenten – oftmals kategorisiert, mit näheren Infos, einem Filmplakat und -trailer versehen – zur Verfügung stellen.

Diese Plattformen sind aufgrund der wachsenden Popularität in den Fokus der Arbeit der GVU geraten. Nach Schätzungen der GVU verwenden derzeit täglich 200.000 bis 400.000 Nutzer Streamingangebote im Internet. Grundsätzlich sollen der Filmbranche, so die GVU in der Wirtschaftswoche vom 17.02.2010, durch diese und weitere Angebote insgesamt jährlich 300 Millionen Euro an Einnahmen entgehen.[14] Im Rahmen der Plattform wurden Hyperlinks zu mehr als 70.000 Filmen und 350.000 Serientiteln verfügbar gemacht.[15] Laut GVU waren Ende 2008 mehr als 90 Streamingportalseiten zu beobachten,[16] die Links auf externe Streams setzten. Die Zahl der Kinobesucher sank im Jahr 2008 im Gegensatz dazu mit 129,4 Millionen Zuschauer um 28 Prozent gegenüber 2001 (177,9 Millionen).[17] Immer wieder fiel in diesem Zusammenhang der Name „kino.to“. Diese in Tonga angemeldete Domain wurde auf Servern in Russland betrieben und soll einen geschätzten Jahresumsatz von mehr als 3,5 Millionen Euro, v. a. durch Werbeeinahmen und Abofallen,[18] generiert haben. Innerhalb der Alexa-Internetstatistiken lag kino.to 2011 unter den 40 meistbesuchten Internetseiten in Deutschland.[19]

13 Vgl. dazu technische Ausführungen, S. 15 ff.

14 Stölzel, Erfolglose Jagd auf die deutschen Raubkopierkönige, 17.02.2010; Winckler, Filmbranche hilflos gegen Piratenseiten wie Kino.to, 28.10.2010; GVU, Bevorzugte Technologien für illegale Nutzung von Filmen und TV-Serien: vor allem Streaming, häufig Sharehoster, BitTorrent im Vergleich wenig, 30.08.2011.

15 Radmann, ZUM 2010, 387.

16 GVU, Jahresbericht, 2008, S. 6.

17 GVU, Jahresbericht, 2008, S. 9.

18 Damit werden Angebote im Internet bezeichnet, bei denen Verbraucher unbeabsichtigt ein Abonnement für eine kostenpflichtige Dienstleistung eingehen. Vgl. Hoffmann, NJW 2009, 2649 (2650 f.); Hoeren/Gräbig, MMR-Beil. 2010, 1 (12).

19 Radmann, ZUM 2010, 387. Laut Alexa besuchten im Durchschnitt ca. 120.000 Nutzer am Tag das Angebot von kino.to, vgl. http://www.alexa.com/siteinfo/kino.to; allerdings

Zunächst konnten Strafverfahren gegen die Betreiber von kino.to, initiiert von der GVU, zu keinem Erfolg führen, da sich die Daten beim Hostprovider als Falschangaben herausstellten.[20] Am 08. Juni 2011 konnte die Staatsanwaltschaft Dresden aber einen entscheidenden Schlag gegen die Betreiber vermelden. Bei 20 Razzien wurden Geschäftsräume und Privatwohnungen durchsucht und dabei in mehreren europäischen Ländern 13 Personen verhaftet, die laut den Behörden der Plattform zuzuordnen sind, und Computer beschlagnahmt. Die Internetseite wurde offline geschaltet.[21] Mittlerweile wurden Helfer der Plattform bereits zu Haftstrafen von mehr als drei Jahren verurteilt.[22] Bereits kurz danach wurde die Plattform „kinox.to“ online geschaltet, die mit gleichem Layout ein vergleichbares Angebot darstellt.[23] Auch nach kurzer Recherche über Suchmaschinen bieten sich dem interessierten Nutzer weitere ähnliche Plattformen im Internet an.[24] Die GVU mahnt weiterhin einen „aufgeklärten und respektvollen Umgang mit geistigem Eigentum“ an. Auf einer Podiumsdiskussion der GVU wurden zur Kontrolle dieser Portale in Deutschland Netzsperren angeregt,[25] die beispielsweise in Österreich für das Portal „kino.to“ von einem Provider eingerichtet waren.[26]

---

muss bedacht werden, dass die Ergebnisse der Statistik aus der Installation einer Symbolleiste auf dem Computer des Verwenders resultieren. Inwieweit dies daher eine repräsentative Statistik darstellt, ist jedenfalls fraglich. Grundsätzliche Ausführungen zu Alexa: Alby/Karzauninkat, Suchmaschinenoptimierung, 2. Aufl. (2007), S. 55 ff.

20 GVU, Jahresbericht, 2009, S. 26.

21 Reißmann, Ermittler verhaften mutmaßliche Betreiber von Raubkopie-Seite, 08.06.2011; Reißmann, Wie das System kino.to funktionierte, 09.06.2011; Biermann, Tipp aus der Szene führte Ermittler zu kino.to, 09.06.2011; Schneider, Schlag gegen kino.to: Wer hat was zu befürchten?, 08.06.2011; GVU, Internationale Durchsuchungsaktion gegen das System kino.to, 08.06.2011.

22 Reißmann, Mehr als drei Jahre Haft für kino.to-Helfer, 22.12.2011; GVU, Erste Anklage im Fall kino.to am Landgericht Leipzig erhoben, 22.10.2011; GVU, 3 Jahre und 5 Monate Haft für "Serverbeschaffer" von kino.to, 22.12.2011; GVU, 2. Urteil im Fall kino.to, 07.12.2011.

23 Stieper, Rechtfertigung, Rechtsnatur und Disponibilität der Schranken des Urheberrechts, 2009, S. 12; Schmidt, Kino.to macht als „Kinox.to“ weiter, 12.07.2011; Meusers, Kino.to scheint quicklebendig, 12.07.2011; Reißmann, Wie das System kino.to funktionierte, 09.06.2011.

24 Auf die Nennung weiterer Angebote soll an dieser Stelle verzichtet werden. Dem interessierten Nutzer offenbaren sich über die Verwendung einschlägiger Suchbegriffe in Internetsuchmaschinen aber eine Vielzahl weiterer Plattformen, die auch in deutscher Sprache ein vielfältiges Angebot zur Verfügung stellen.

25 GVU, DACH-Branchenforum 2009, 19.11.2009.

26 Futurezone, Kino.to umgeht Netzsperre mit Alternativdomain, 19.05.2011; Neumann, Österreichischer Provider UPC soll Streaming-Plattform sperren, 17.05.2011.

IV. Motive der Akteure

Einer spezifischen Betrachtung bedürfen daneben die Motive der konkret handelnden Akteure. Aufseiten der Betreiber der Verlinkungsplattformen stehen zunächst finanzielle Interessen im Vordergrund. Die Betreiber der Streamingplattformen schalten in der Regel auf den Seiten, welche die Streams wiedergeben, Werbung. Der Uploader erwirbt in diesem Vorgang zunächst keinerlei Vorteil – allerdings kann angenommen werden, dass hier entweder eine Identität mit dem Betreiber der Verlinkungsplattform besteht oder zumindest ein Zusammenwirken vorliegt. Dieses manifestiert sich unter anderem darin, dass viele Streamingangebote bereits als Startscreen mit dem Logo der jeweiligen Plattform versehen sind. Die Uploader der Plattform „kino.to“ sollen von den Betreibern der Plattform für ihre Dienste bezahlt worden sein. Dazu seien, so die Berichterstattung, eigene Online-Speicherdienste gegründet worden, die dem Uploader je Nutzer, der den konkreten Stream betrachtet hat, einen Geldbetrag gezahlt haben. Angeblich sollen Hunderte Uploader für die Plattform „kino.to“ in diesem Sinne tätig gewesen sein.[27] Unabhängig von einer konkreten Bezahlung ist es in der sog. Warez-Szene aber auch nicht untypisch, dass Ansehen oder Ruhm für besonders qualitative Releases einen Anreiz für einige Akteure repräsentieren.[28]

Der Konsument möchte sich den Kauf eines Kinotickets, den Kauf einer DVD oder das Entgelt für die Nutzung einer Online-Videothek sparen. Auch ist eine Zeitersparnis anzunehmen, da dem Nutzer über die Plattformen ein unmittelbarer Zugang eröffnet wird. Dies widerspricht dem Interesse der Rechteinhaber, die mit Werbekampagnen versuchen, ein Interesse aufseiten der Konsumenten für den Film zu erzeugen. Über eine vertragliche Ressourcenverknappung wird diese Nachfrage allerdings zunächst auf das Kino kanalisiert. Erst durch den Kinobesuch soll der Konsument sein Interesse an dem konkreten Film in rechtmäßiger Art und Weise befriedigen.[29] Die Nutzung über die Streamingangebote läuft diesem Konzept entgegen, wobei dem Konsumenten nicht unterstellt werden kann, dass jede Nutzung eines Streams ansonsten den Kauf einer Kinokarte oder DVD ausgelöst hätte. Sicher ist ebenso anzunehmen, dass das Internet einzelnen Konsumenten einen überbordenden Medienkonsum ermög-

---

27 Reißmann, Wie das System kino.to funktionierte, 09.06.2011; Schneider, Schlag gegen kino.to: Wer hat was zu befürchten?, 08.06.2011.

28 Dördrechter, Piraterie in der Filmindustrie, 2007, S. 50; McCandless, in: Medosch/Röttgers (Hrsg.), Netzpiraten, 2001, S. 28 (32 f.); Krömer/Sen, No copy, 2006, S. 175 ff.; Stöcker, Die geheimen Gesetze des Raubkopierer-Untergrunds, 20.01.2012.

29 Dördrechter, Piraterie in der Filmindustrie, 2007, S. 8 ff.; Wiese, ZUM 2006, 696 (696 f.).

licht, der – soweit dieser bezahlt werden müsste – so nicht bestehen würde. In der Regel erscheint es daher als etwas kurzsichtig, jeder Nutzung eines Streams einen konkret entgangenen Gewinn der Filmindustrie gegenüberzustellen.[30]

B. Digitalisierung von Medieninhalten

Insofern der Konsum digitalisierter Medieninhalte im Vordergrund steht, dient als Anknüpfungspunkt der Betrachtung daneben, in welchen Formaten diese Inhalte vorliegen und welche technischen Abläufe diesen zugrunde liegen.

I. MP3

Als Ausgangspunkt für den massenhaften Austausch urheberrechtlich geschützter Werke über das Internet ist das Komprimierungsverfahrens MPEG Audio Layer 3 des Fraunhofer Instituts für integrierte Schaltungen zu erachten. Hiermit wird eine Komprimierung von Audiodateien in einem Faktor von 1:11 erreicht. Im Rahmen des Komprimierungsverfahren werden dabei gezielt bestimmte Audioinformationen weggelassen, die für das menschliche Gehör aber ohnehin nicht wahrnehmbar wären, da diese sich auf einem nicht hörbaren Frequenzbereich verorten lassen. Komplette Musikalben können damit in eine Dateigröße von 50-90 Megabyte oder einzelne Lieder auf etwa 3 Megabyte gebracht werden.[31]

II. DivX und Xvid

Während sich das MP3-Format lediglich auf Musikwerke erstreckt, wurde die Verbreitung digitalisierter Filmwerke über das Internet durch die Software DivX gefördert.[32] Diese Anwendung ent- und dekodiert Videodateien – ähnlich wie

30 Wiese, ZUM 2006, 696 (697); Krömer/Sen, No copy, 2006, S. 180 ff.

31 Marx, Möglichkeiten zum Schutz von musikalischen und filmischen Werken vor privaten digitalen Raubkopien nach dem deutschen und US-amerikanischen Urheberrecht, 2005, S. 7 f.; Hauröder, Urheberrechtliche Bewertung der peer-to-peer-Netze, 2009, S. 5; Höhne, Digital Rights Management Systeme aus Verbrauchersicht, 2007, S. 4; Wenzl, Musiktauschbörsen im Internet, 2005, S. 55; Lang, Filesharing und Strafrecht, 2009, S. 19 f.; Bernhöft, Die urheberrechtliche Zulässigkeit der digitalen Aufzeichnung einer Sendung, 2009, S. 60; Leupold, ZUM 2000, 379 (379 ff.); Fisher, Promises to Keep, 2004, S. 15.

32 Wandtke, GRUR 2002, 1 (4); Hauröder, Urheberrechtliche Bewertung der peer-to-peer-Netze, 2009, S. 6 f.

das MP3-Format für Musikdateien – in das sogenannte MPEG-4-Format. Als Grundlage dieser Komprimierung fungiert die Tatsache, dass sich bei mehreren Bildern einer Sequenz einzelne Bildbestandteile nicht oder nur unwesentlich verändern. Mit der Komprimierungstechnologie werden nur die sich ändernden Pixel gespeichert und mithin eine Kompressionsrate von bis zu 100:1 erreicht. Inzwischen werden Filmangebote im Internet jedoch zunehmend im sogenannten Xvid-Format angeboten, welches unter das sogenannte MPEG-4-Format fällt. Dieses Format wurde von freien Programmierern unter der GPL (General Public License) veröffentlicht, stellt eine freie Implementierung der MPEG-4-Codecs dar und ist auf ein modifiziertes und optimiertes Projekt der Europäischen Union zurückzuführen.[33]

Die Dateigrößen lassen sich bei diesen Formaten unter Erhaltung einer angemessenen Ton- und Bildqualität im Rahmen der Komprimierung deutlich verringern. Komplette Spielfilme sind in Dateigrößen von 700 oder 1400 Megabyte verfügbar und beispielsweise auf ein oder zwei CD-Rohlinge zu verteilen, um sie anschließend in einem DivX- bzw. Xvid-fähigen DVD-Spieler oder auf dem Computer betrachten zu können. Inzwischen verfügen Fernsehgeräte über USB-Anschlüsse, sodass mittels mobiler Speichermedien wie USB-Sticks oder externer Festplatten Filme direkt auf dem Fernseher in den benannten Formaten abgespielt werden können. Diese Entwicklung steht darüber hinaus im Kontext zur Verfügbarkeit schnellerer Internetleitungen, da auf diese Weise nun Videodateien in Größen von bis zu 4 Gigabyte in HD-Qualität, d. h. 720p bzw. 1080p, zur Verfügung gestellt und schnell auf den Computer geladen werden können. Folge dessen ist eine Bildqualität auf dem heimischen Computer oder Fernsehgerät, die sogar weit über die Qualität des Kabelfernsehsignals hinausgehen kann. Auch mobile Endgeräte, wie Handys oder Notebooks, können entsprechende Dateiformate ohne Weiteres abspielen,[34] sodass die digitale Verfügbarkeit dem

33 Bernhöft, Die urheberrechtliche Zulässigkeit der digitalen Aufzeichnung einer Sendung, 2009, S. 60; Sieber, in: Hoeren/Sieber (Hrsg.), Handbuch Multimedia-Recht, 21. Aufl. (2009), Teil 1 Rdnr. 137; Dördrechter, Piraterie in der Filmindustrie, 2007, S. 47; Hauröder, Urheberrechtliche Bewertung der peer-to-peer-Netze, 2009, S. 7; Meschede, Der Schutz digitaler Musik- und Filmwerke vor privater Vervielfältigung nach den zwei Gesetzen zur Regelung des Urheberrechts in der Informationsgesellschaft, 2007, S. 20 f.; Heinz, Urheberrechtliche Gleichbehandlung von alten und neuen Medien, 2006, S. 17 ff.; Biebeler, Codecfibel, 2007, S. 96 ff.; Austerberry, The technology of video and audio streaming, 2. Aufl. (2005), S. 78 ff.; Lang, Filesharing und Strafrecht, 2009, S. 20; Heyna/Briede/Schmidt, Datenformate im Medienbereich, 2003, S. 196 ff.; Fringuelli, Internet-TV, 2004, S. 55 f.

34 Meschede, Der Schutz digitaler Musik- und Filmwerke vor privater Vervielfältigung nach den zwei Gesetzen zur Regelung des Urheberrechts in der Informationsgesellschaft, 2007, S. 21.

Konsumenten eine größere Endgeräteflexibilität ermöglicht als physische Medien wie DVD, Blu-ray oder die CD-ROM.

C. Übertragungstechniken und Bezugsquellen

Dem jeweiligen Nutzer bieten sich inzwischen verschiedene Bezugsquellen im Internet für urheberrechtlich geschützte Werke an. Zum einen eröffnet sich dem Nutzer die Möglichkeit, die Datei vollständig auf seinen Computer zu laden. Hier bieten sich Filesharing-Programme an, die Dateien zwischen den angemeldeten Nutzern austauschen. Darüber hinaus haben sich in den vergangenen Jahren sogenannte Sharehoster entwickelt, die von Nutzern hochgeladene Dateien zum Download bereithalten. Die per Filesharing oder Sharehoster heruntergeladenen Videodateien kann der Nutzer dann auf beliebige Speichermedien laden oder direkt am Computer abspielen. Daneben besteht aber die Möglichkeit, Videodateien direkt im Browser ohne vorheriges vollständiges Herunterladen im Rahmen diverser Streamingangebote zu betrachten. Im Folgenden sollen diese Übertragungstechniken veranschaulicht und voneinander abgegrenzt werden.

I. Filesharing

Als Grundlage aller Filesharing-Programme dient der Zusammenschluss einer großen Zahl von Nutzern zu einem Netzwerk unter Verwendung eines gemeinsamen Protokolls. Dadurch wird eine Verbindung zwischen allen Clients hergestellt, sodass diese zugleich als Nutzer und als Anbieter auftreten können. Als aktiver Nutzer können im Rahmen des Filesharing-Programms beliebige Bereiche der eigenen Festplatte freigegeben werden, die dann den anderen verbundenen Nutzern zur Verfügung gestellt werden. In den Programmen ist jeweils eine Suchmaske implementiert, mit welcher die freigegebenen Bereiche der Festplatten der verbundenen Nutzer durchsucht werden können.[35] Dies ermöglicht eine zielgerichtete Suche nach bestimmten Video- oder Audiodateien im gesamten Netzwerk. Wesentlich ist mithin, dass sich diese Dateien nicht auf einem zentralen Server des Netzwerks befinden, sondern vielmehr alle Clients ein Repertoire an Dateien zur Verfügung stellen, sodass das Prinzip Filesharing nur dann funk-

35 Wenzl, Musiktauschbörsen im Internet, 2005, S. 24; Meschede, Der Schutz digitaler Musik- und Filmwerke vor privater Vervielfältigung nach den zwei Gesetzen zur Regelung des Urheberrechts in der Informationsgesellschaft, 2007, S. 22; Dutfield/ Suthersanen, Global Intellectual Property Law, 2008, S. 246 f.; Heinz, Urheberrechtliche Gleichbehandlung von alten und neuen Medien, 2006, S. 21 ff.

tioniert, wenn wirklich viele Nutzer Bereiche ihrer Festplatte freigegeben haben.[36]

Beim Filesharing-System wird aus technischer Sicht zwischen zentralen und dezentralen Netzen differenziert. Bei zentralen Systemen verbinden sich die Nutzer über einen zentralen Server, wobei die Dateien nicht auf diesem Server gespeichert sind, sondern der Server lediglich die Suchanfragen der Nutzer unterstützt. Im Rahmen dieser Suche werden dann die freigegebenen Dateien aller verbundenen Clients überprüft und anschließend zum Download eine direkte Verbindung zwischen den beiden am Austausch beteiligten Clients hergestellt. Wird nunmehr aber dieser zentrale Server deaktiviert, ist das gesamte System nicht mehr funktionsfähig.[37] Im Hinblick auf die Durchsetzung von Ansprüchen auf Unterlassung und Schadenersatz besteht für die Anspruchssteller bei den zentralen Systemen insofern ein Vorteil, als dass jedenfalls der Betreiber des Servers dafür konkret herangezogen werden könnte. Dies jedenfalls vorbehaltlich der tatsächlich erfolgenden Identifizierung des Serverbetreibers.[38] Napster stellte lange Zeit das bekannteste zentrale Filesharing-System dar und wird als Urform der zentralen Netze gehandelt. Versuche, Napster in ein kommerzielles System umzuwandeln, scheiterten,[39] sodass vor allem Software, basierend auf Gnutella und einem dezentralen System, von Nutzerseite eingesetzt wird.[40]

Dezentrale Systeme ermöglichen eine direkte Kommunikation der Nutzer ohne die Verwendung eines zentralen Servers, sodass die Koordination der

---

36 Marx, Möglichkeiten zum Schutz von musikalischen und filmischen Werken vor privaten digitalen Raubkopien nach dem deutschen und US-amerikanischen Urheberrecht, 2005, S. 6 f.; Meschede, Der Schutz digitaler Musik- und Filmwerke vor privater Vervielfältigung nach den zwei Gesetzen zur Regelung des Urheberrechts in der Informationsgesellschaft, 2007, S. 23; Röhl/Bosch, NJOZ 2008, 1197 (1199); Lahmann, Rechtlicher und technischer Schutz von Werken im Urheberrechtsgesetz, 2005, S. 71 ff.; Lang, Filesharing und Strafrecht, 2009, S. 31 ff.

37 Brinkel, Filesharing, 2006, S. 21 ff.; Meschede, Der Schutz digitaler Musik- und Filmwerke vor privater Vervielfältigung nach den zwei Gesetzen zur Regelung des Urheberrechts in der Informationsgesellschaft, 2007, S. 23; Kreutzer, GRUR 2001, 193 (194 f.); Krömer/Sen, No copy, 2006, S. 79 ff.; Wenzl, Musiktauschbörsen im Internet, 2005, S. 25; Fisher, Promises to Keep, 2004, S. 110 ff.

38 Brinkel, Filesharing, 2006, S. 22.

39 Dördrechter, Piraterie in der Filmindustrie, 2007, S. 48; Brinkel, Filesharing, 2006, S. 27; Brinkel, Filesharing, 2006, S. 39; Wenzl, Musiktauschbörsen im Internet, 2005, S. 21; Krömer/Sen, No copy, 2006, S. 84.

40 Meschede, Der Schutz digitaler Musik- und Filmwerke vor privater Vervielfältigung nach den zwei Gesetzen zur Regelung des Urheberrechts in der Informationsgesellschaft, 2007, S. 23 f.; Brinkel, Filesharing, 2006, S. 29 f.; Kreutzer, GRUR 2001, 193 (195 f.); Kindt, MMR 2009, 147.

Suchanfragen allein vom verwendeten Programm vorgenommen wird.[41] Bei diesem System genügt es, dass eine Verbindung zu einem Nutzer aufgebaut wird, um dann mit dem gesamten Netzwerk verbunden zu sein. Allerdings ist dabei, da kein zentraler Server alle Nutzer verbindet, jeweils stets ein vergleichsweise kleiner Teil von Nutzern verbunden. Dies wird als Nachteil dieser Technologie verstanden. Größter Vorteil ist bei diesem System indes, dass kein zentraler Anbieter zur Verantwortung gezogen werden kann und sich kein zentraler Server einfach abschalten lässt.[42]

II. Sharehoster

Sharehoster stellen Nutzern zunächst auf ihrem Server Speicherplatz zur Verfügung. Bekannte Anbieter dieser Dienste sind beispielsweise Rapidshare oder Uploaded. Allein bei Rapidshare werden am Tag weltweit mehr als 400.000 Dateien auf die Server geladen. Dies geschieht durch ein Upload-Formular, mit dem der Nutzer beliebige Dateien – meist bis zu einer bestimmten Dateigröße von mehreren Hundert Megabyte – kostenlos und ohne Anmeldung auf den Server des Anbieters übertragen kann. Der Sharehoster stellt die Dateien dann auf seinem Server zur Verfügung. Im Anschluss wird dem Nutzer ein Link mitgeteilt, über den die Dateien zu erreichen sind und heruntergeladen werden können. Die Dateien werden nicht auf der Internetseite des Anbieters verlinkt, sondern allein der hochladende Nutzer entscheidet, welchem Personenkreis er diesen Link mitteilt.[43]

Im Rahmen der sogenannten Nur-Lister werden die Hyperlinks zu den Sharehostern und den jeweiligen Downloadangeboten schließlich gesammelt und über Internetseiten den Nutzern zur Verfügung gestellt. Diese müssen aufgrund des Geschäftsmodells der Sharehoster den Plattformen direkt von den Uploadern mitgeteilt werden. Die Nur-Lister machen diese Links anschließend über Index- und Suchfunktionen zugänglich. Es erfolgt keine Speicherung von Inhalten, sondern es werden lediglich Datenbanken aufgebaut, die dann wiederum den Zugang zu fremdgespeicherten Inhalten bei den Sharehostern ermöglichen.[44]

---

41 Kreutzer, GRUR 2001, 193 (196); Wenzl, Musiktauschbörsen im Internet, 2005, S. 25.

42 Wenzl, Musiktauschbörsen im Internet, 2005, S. 24 f.; Brinkel, Filesharing, 2006, S. 23.

43 Röhl/Bosch, NJOZ 2008, 1197 (1199); Wilmer, NJW 2008, 1845; Breyer, MMR 2009, 14; GVU, BVMI, Börsenverein und GVU stellen gemeinsame Studie zur Digitalen Content-Nutzung vor, 30.08.2011.

44 Wilmer, NJW 2008, 1845 (1846 f.).

III. Streaming

Davon abzugrenzen ist das sogenannte Streaming, welches insbesondere keinen vorgelagerten Download – wie es der Bezug über Filesharing oder Sharehoster voraussetzt – erforderlich macht. Ausgangspunkt dafür sind die technischen Grundlagen des Streamings und die dafür jeweils erforderlichen Mitwirkungshandlungen der Beteiligten.

1. Technische Grundlagen

Mit der Begrifflichkeit des Streamings wird der gleichzeitige Empfang von Video- und Audiodaten über ein Computernetzwerk auf dem Computer des Nutzers verstanden.[45] Diese Angebote werden mittels eines kontinuierlichen Datenstroms vom Server des Anbieters, auf dem die Datei abgelegt ist, an den Client, d. h. den Computer des Konsumenten, übertragen.[46] Im Unterschied zum vorbenannten Filesharing, bei welchem der Nutzer die gewünschten Informationen im Rahmen der sog. Pull-Technologie im Einzelfall anfordert, erfolgt beim Streaming nach der einmaligen Anforderung des gewünschten Streams ein kontinuierlicher Datenstrom zwischen Server und Client. Dies wird im Gegensatz zur Pull-Technologie als sogenannte Push-Technologie bezeichnet.[47] Dieser Datenstrom erlischt erst dann, wenn der Konsument den Stream beendet oder die Verbindung zwischen Client und Server aus technischen Gründen, wie zum Beispiel einer Netzwerküberlastung oder eines Verbindungsabbruchs, unterbrochen wird. Weiteres wesentliches Abgrenzungskriterium zu den zuvor benannten Technologien ist zudem, dass die gewählte Videodatei im Rahmen des zuvor skizzierten technischen Prozederes nicht vorab vollständig vom Konsumenten auf den Computer heruntergeladen wird.[48] Vielmehr werden einzelne Teilstücke geladen, und es wird sodann – bereits nach dem Erhalt der ersten Teilstücke – mit dem Abspielen des gewählten Videoangebots begonnen. Dies jedoch nur, soweit ausreichend Daten vom Client empfangen worden sind, die – bei weiter bestehender Datenverbindung und weiterem Bezug der Teilstücke – zu einem stö-

---

45 Meschede, Der Schutz digitaler Musik- und Filmwerke vor privater Vervielfältigung nach den zwei Gesetzen zur Regelung des Urheberrechts in der Informationsgesellschaft, 2007, S. 92; Busch, GRUR 2011, 496 (497); Fringuelli, Internet-TV, 2004, S. 53 f.

46 Winghardt, ZUM 2002, 349 (350); Sieber, in: Hoeren/Sieber (Hrsg.), Handbuch Multimedia-Recht, 21. Aufl. (2009), Teil 1 Rdnr. 134 ff.

47 Biebeler, Codecfibel, 2007, S. 7; Plag/Riempp, Interaktives Video im Internet mit Flash, 2007, S. 55 ff.

48 Vianello, CR 2010, 728; Fangerow/Schulz, GRUR 2010, 677 (678); Biebeler, Codecfibel, 2007, S. 7; Plag/Riempp, Interaktives Video im Internet mit Flash, 2007, S. 55 ff.

rungsfreien Abspielen führen können. Dabei erfolgt eine Pufferung bzw. Zwischenspeicherung, sodass etwaige Störungen im Netzwerk aufgefangen werden können. Die Wiedergabe der Streams findet auf dem Computer des Clients unter Zuhilfenahme verschiedener Softwarelösungen statt. Grundsätzlich erfolgt die Wiedergabe jedoch im Rahmen des verwendeten Internetbrowsers, der dann wiederum auf Plugins der unterschiedlichen Softwarelösungen zurückgreift.[49] Während des Konsums der Videodatei auf der Seite des Clients besteht ein fortwährender Datenstrom, der die weiteren Teilstücke lädt und zum Abspielen bereithält. Bei einem sog. Progressive Download wird die Videodatei vollständig im Hintergrund auf die Festplatte des Nutzes geladen, sodass der Nutzer die Datei ggf. sichern und beliebig oft abspielen kann. Andere Streaminglösungen können hingegen jeweils nur Teile des Streams in den Arbeitsspeicher oder auf die Festplatte, mitunter auch verschlüsselt, schreiben.[50] Um die großen Datenmengen, die in der Regel bei Video- und Audiodateien gegeben sind, dennoch über das Internet übertragen zu können, wird das Material mit verschiedenen Komprimierungslösungen in eine angemessene Dateigröße gebracht.[51]

Differenziert werden muss zwischen sogenannten Live- und On-Demand-Streams. Beim On-Demand-Streaming wird der Stream vom Nutzer gestartet. Dieser kann den Stream jederzeit stoppen oder vorspulen, mithin also unabhängig von einer konkreten Sendezeit betrachten. Beim Live-Streaming werden zu einer bestimmten festen Zeit Video- und Audiodateien in Echtzeit an den Computer des Konsumenten übermittelt; der Nutzer muss – ähnlich wie beim Fernsehkonsum – zu diesem Zeitpunkt den Stream betrachten.[52] Wird der Stream zugleich über das Radio oder Fernsehen gesendet, spricht man von einem sogenannten Simulcasting. Erfolgt die Übertragung allerdings lediglich über das Internet, z. B. im Rahmen eines Internet-TVs oder Webradios, wird dies hingegen als Webcasting eingeordnet. Im Gegensatz dazu bieten Near-on-Demand Dienste eine Sendung an, die in regelmäßigen Abständen neu beginnt. Dies könnte einer On-Demand-Lösung insofern recht nahe kommen, als dass die Zeitabstände derart kurz gewählt sein können, dass bei dem Konsumenten der Eindruck entsteht, die Sendung könne jederzeit online abgerufen werden.[53]

---

49 Mitsdörffer/Gutfleisch, MMR 2009, 731.

50 Hullen, ITRB 2008, 230; Sieber, in: Hoeren/Sieber (Hrsg.), Handbuch Multimedia-Recht, 21. Aufl. (2009), Teil 1 Rdnr. 136; Mitsdörffer/Gutfleisch, MMR 2009, 731.

51 Sieber, in: Hoeren/Sieber (Hrsg.), Handbuch Multimedia-Recht, 21. Aufl. (2009), Teil 1 Rdnr. 137. Vgl. S. 7.

52 Sasse/Waldhausen, ZUM 2000, 837 (842); Büscher/Müller, GRUR 2009, 558; Ehrhardt, in: Wandtke/Bullinger, UrhG, 3. Aufl. (2009), § 20b Rdnr. 14; Koch, GRUR 2010, 574 (574 f.); Busch, GRUR 2011, 496 (498).

53 Schack, GRUR 2007, 639 (641).

Die zu betrachtenden Streamingangebote unterfallen, da sich der Stream auf den konkreten Einfluss des Nutzers hin abspielen lässt, dem sogenannten On-Demand-Streaming.[54]

2. Streamingfilmportale und Streamingplattformen

Eine Zurverfügungstellung von Filmangeboten im Rahmen des Streamings ist grundsätzlich vergleichbar mit dem Ablauf über Sharehoster. Auch beim Streaming muss zwischen den Dienstleistern differenziert werden, welche die Streams auf ihrem Server hosten und von dort aus verfügbar machen, und den Betreibern, welche lediglich Hyperlinks zu den Streams anbieten (durchaus als Äquivalent zu den Nur-Listern im Rahmen des Share-Hostings) oder ggf. die Streams direkt in ihre Internetseiten einbetten (sog. Embedded Player).[55]

Die vorliegende Arbeit wird diese Anbieter im Folgenden als Streamingplattformen und Streamingfilmportale bezeichnen. Als Streamingplattformen sollen dabei solche Anbieter verstanden werden, die auf ihrem eigenen Server die Filmwerke zum Abruf bereithalten und die vollständige technische Infrastruktur zur Verfügung stellen, die für den Konsum des Streams nötig ist. Grundsätzlich steht bei den Plattformen ohne vorherige Anmeldung oder persönliche Identifikation die Möglichkeit offen, beliebige Filmdateien auf den Server der Plattform zu laden. Dieser Vorgang wird als Upload bezeichnet. Damit dieser Prozess in Gang gesetzt werden kann, muss das Filmwerk vorab als Datei auf dem Computer des Uploaders verfügbar sein. Hier bieten sich verschiedene Bezugskanäle an: Denkbar wäre, dass sich der Uploader das Filmwerk selbst über die im Internet zur Verfügung stehenden Vertriebskanäle beschafft hat, d. h. per File-Sharing, One-Click-Hostern oder FTP-Zugängen. Darüber hinaus wäre aber ebenso das Erstellen eines Abbildes von einem physischen Medium wie einer DVD oder Blu-ray denkbar. Daneben muss die Möglichkeit in Betracht gezogen werden, dass der Uploader in einer Release-Gruppe aktiv ist und das Videomaterial bspw. durch das Abfilmen von einer Leinwand im Saal eines Kinos erstellt worden ist.

Steht nun auf dem Computer des Uploaders die Videodatei entsprechend zur Verfügung, kann diese über die Internetseite der Streamingplattform mittels eines Formulars auf den Server des Betreibers geladen werden. Der von der Streamingplattform generierte Link zum konkreten Videostream muss durch den Uploader weitergegeben werden, damit überhaupt ein Abruf durch Dritte erfolgen kann. Hier treten die Streamingfilmportale wie beispielsweise ehemals kino.to in den Fokus der Betrachtung, die das Filmangebot, ggf. unter Zuhilfe-

54 Fangerow/Schulz, GRUR 2010, 677 (678); Radmann, ZUM 2010, 387 (387 ff.).

55 Radmann, ZUM 2010, 387 (387 ff.); Fangerow/Schulz, GRUR 2010, 677 (678).

nahme von Trailern, Kurzbeschreibungen und Filmplakaten, strukturieren und aufbereiten. Zudem wird ein entsprechender Link auf das Streamingangebot eingefügt. Gegebenenfalls kann die Wiedergabe im Rahmen eines eingebetteten Players erfolgen (sog. Embedded Player). Der Konsument bleibt bei letzter Lösung im Umfeld der Webseite und muss sich nicht dem Design und der Bedienung eines externen Webangebots unterwerfen. Ebenso können die Betreiber kontextspezifisch Werbung einblenden. Die Videodatei selbst und die damit verbundene Technologie laufen aber auch bei der Wahl dieser technischen Lösung stets über den Server der Streamingplattform ab.

Der Berichterstattung zu kino.to war zu entnehmen, dass ein Zusammenwirken der Uploader und der Streamingplattformen bestand.[56] Dies zeigte sich auch bereits darin, dass die auf die Server geladenen Filme mit dem Logo des Filmportals versehen waren. Ein solches Zusammenwirken war und ist – insbesondere im Hinblick auf aktuell noch bestehende Plattformen – wahrscheinlich, da mit dem Upload selbst kein monetärer Vorteil zu erzielen ist. Dieser kann erst einer Kooperation mit dem Filmportal entspringen, die dann die Uploader für deren Einsatz beispielsweise aus den erzielten Werbeeinnahmen vergüten.

3. Wiedergabe auf Clientseite

Auf der Konsumentenseite erfolgt die Wiedergabe dann im Rahmen des Internetbrowsers unter Verwendung bestimmter Plugins verschiedener Softwarelösungen. Diese bieten unterschiedliche Konfigurationsmöglichkeiten, sodass sich die Wiedergabe im Detail durchaus unterscheiden kann und sich so dem Nutzer verschiedene Möglichkeiten zum Eingriff in die Wiedergabe des Streams eröffnen. Die auf den einschlägigen Portalen verwendeten Technologien sollen daher im Folgenden skizziert, die wesentlichen Merkmale herausgearbeitet und insofern untersucht werden, ob die technische Differenzierung bei einer späteren juristischen Bewertung aufrechtzuerhalten ist.

a. Adobe Flash

Die vormals von Macromedia und nunmehr von Adobe vertriebene Technologie namens Flash ist nicht nur auf das Anbieten von Videostreams ausgelegt. Der Nutzer solcher mit Flash erstellten Inhalte muss ein kostenfreies Plug-In auf seinem Computer installieren, welches dann über den Internetbrowser ein Betrachten der jeweiligen Inhalte ermöglicht. Ein Großteil der Streamingplattformen bietet einen Teil der Filmwerke über technische Lösungen an, die auf der Technologie von Flash beruhen. Grundsätzlich wird dabei auf die technische Grund-

56 Reißmann, Wie das System kino.to funktionierte, 09.06.2011; Gelke, "Kino.to"-Uploader erklärt Geschäftsmodell der Streaming-Seite, 10.06.2011.

lage zurückgegriffen, die dem Streaming immanent sind, d. h., es werden Datenpakete per Push-Technologie zum Client übertragen, der sodann – nach dem Erhalt einiger Pakete – mit dem Abspielen der spezifischen Filmwerke beginnen kann.[57] Adobe Flash bietet dazu Schnittstellen an, über die das Streaming von Audio- und Videoangeboten erfolgen kann. Dazu wird auf die Flash Media Server oder Red5 Sever zurückgegriffen, welche der Übertragung der Medieninhalte vom Server zum Client dienen.[58]

Wesentlich erscheint im Rahmen des Streamings daneben aber die Frage, inwieweit bei den hier zu beurteilenden Streamingplattformen tatsächlich eine Speicherung im Rahmen des Festplattencaches erfolgt.[59] Jedenfalls während des Betrachtens wird dies in der Regel im Rahmen des zuvor skizzierten technischen Vorgangs erfolgen, sodass durch die Pufferung zum Ende der Datenübertragung das gesamte Filmwerk – zumindest ephemer – im Cache des verwendeten Internetprogramms auf dem Empfangsgerät gespeichert ist.[60] Wird der Internetbrowser oder das Tab des Browsers nicht geschlossen, kann der Stream immer wieder erneut und ohne neue Datenübertragung abgespielt werden. Die Zwischenspeicherung endet in der Regel jedoch, sobald das Internetprogramm endgültig beendet wird.[61] Soll der Stream also erneut betrachtet werden, muss der technische Prozess wie beschrieben wieder von vorne beginnen. Hinsichtlich der Konfiguration des Internetbrowsers steht dem Nutzer allerdings die Möglichkeit offen, auch nach dem Schließen des Programms keine automatische Löschung des Caches vornehmen zu lassen.[62] Daneben kann auch im Betrieb des Browsers direkt auf den Cache zugegriffen werden, sodass der Nutzer die Zwischenspeicherung auffinden und an eine andere Stelle der Computerfestplatte – dann ggf. dauerhaft – kopieren kann.[63] Dabei muss bedacht werden, dass die Intention der Nutzung einer Streamingplattform gerade darin besteht, sich die Datei nicht zwingend zur eigenen Verfügungsgewalt auf dem eigenen Computer zu beschaffen. Wäre dies das Ziel des Konsumenten, wäre – auch unter Berücksichtigung der Einfachheit

57 Vgl. Ausführungen zur Funktionalität des Streamings, S. 12 ff.

58 Bösken, Streaming Video & Web TV, 2007, S. 33 f.; Plag/Riempp, Interaktives Video im Internet mit Flash, 2007, S. 175 ff.; Bösken, Streaming Video & Web TV, 2007, S. 61 ff.

59 Grundsätzliche Ausführungen zur technischen Funktionsweise eines Caches: Schildt/Kahn/Kruegel/Moerz, Einführung in die Technische Informatik, 2. Aufl. (2005), S. 169 ff.; Precht/Meier/Tremel, EDV-Grundwissen, 7. Aufl. (2004), S. 246 f.

60 Radmann, ZUM 2010, 387 (388).

61 Hullen, ITRB 2008, 230; Radmann, ZUM 2010, 387 (388).

62 So beispielsweise im Mozilla Firefox im Rahmen der Einstellungen über Deaktivierung des sog. automatischen Cache-Managements.

63 Mitsdörffer/Gutfleisch, MMR 2009, 731; Radmann, ZUM 2010, 387 (390).

des technischen Prozederes und der Qualität des Filmwerkes – ein Bezug über Filesharing oder One-Click-Hoster empfehlenswerter und ggf. weniger technisch aufwendig.

b. DivX Web Player

Ein Teil der Plattformen bietet die Filme im sogenannten DivX-Format an. Dafür ist die Installation des kostenlosen DivX Web Players der Firma DivX notwendig.[64] Die Wiedergabe des Streamingangebots erfolgt dann auch hier innerhalb der Darstellung des Internetbrowsers. Über Bedienelemente kann die Wiedergabe pausieren oder vor- und zurückgespult werden. Wie bereits der Titel der Software impliziert, greift diese auf die zuvor skizzierte Komprimierungstechnologie DivX zurück, wodurch eine angemessene Dateigröße erreicht werden kann.[65]

Die Software lässt sich in ihren wesentlichen Details vom Nutzer detailliert konfigurieren. Dabei besteht vor allem Zugriff auf die Einstellungen des Download-Caches, innerhalb derer zum einen die maximale Größe des verfügbaren Caches individuell bestimmt und weiterhin die Dauer der Speicherung eingestellt werden kann. Standardmäßig erfolgt darüber hinaus keine automatische Speicherung der Filme. Dennoch besteht im Rahmen der allgemeinen Einstellungen die Möglichkeit für den Nutzer, dass die gecachten Videodateien dauerhaft und automatisch in einem Unterverzeichnis im Programmordner abgespeichert werden. Auf diese hat dann die Konfiguration und etwaige Löschung des Caches keinerlei Einfluss mehr. Standardmäßig ist diese Option indessen nicht aktiv. Allerdings bietet die Software im Rahmen des Wiedergabeinterfaces dem Nutzer daneben manuell die Möglichkeit, die abgespielte Videodatei individuell auf dem Computer zu speichern. Die Filme werden jeweils im DivX-Format auf der Computerfestplatte abgelegt und können von dort – ohne bestehende Internetverbindung – unter Nutzung der DivX-Software beliebig abgespielt werden.[66]

c. Zusammenfassung

Beide Plugins ermöglichen ein Streaming der aufgerufenen Videodateien. Gleichwohl diese jeweils auf unterschiedlichen Technologien beruhen, führt dies im Hinblick auf die konkreten vorübergehenden Speicherungen im Rahmen des Streamings zu keinem Unterschied. Lediglich die dauerhafte Speicherung wird dem Konsumenten über die Einstellungen des DivX Web Players erleichtert. Dennoch bietet dies keinen Ansatzpunkt hinsichtlich einer Differenzierung zwischen diesen beiden Technologien in der vorzunehmenden juristischen Be-

64 Vgl. http://www.divx.com

65 Hauröder, Urheberrechtliche Bewertung der peer-to-peer-Netze, 2009, S. 7.

66 Radmann, ZUM 2010, 387 (388 f.).

wertung, da auch über das Adobe Flash ein manueller Rückgriff auf die zwischengespeicherten Videodateien erfolgen kann.

D. Bild- und Tonqualität von Filmwerken im Internet

Die verfügbar gemachten Filmwerke unterscheiden sich mitunter deutlich in der Bild- und Tonqualität. Für die Erstveröffentlichung in den skizzierten Plattformen zeichnen sich in der Regel sogenannte Release-Gruppen verantwortlich.[67]

I. Release-Gruppen

Nach Angaben der Gesellschaft zur Verfolgung von Urheberrechtsverletzungen sind im deutschsprachigen Raum etwa 150 aktive Release-Gruppen festzustellen, wobei etwa fünf Kerngruppen auszumachen sind.[68] Diese Gruppen sind im Wesentlichen für die primäre Veröffentlichung der Filmwerke im Internet verantwortlich[69] und verfolgen dabei nicht vordergründig finanzielle Interessen. Oftmals bilden Ruhm und Ansehen innerhalb der Szene, welche v. a. durch die Geschwindigkeit der Verfügbarkeit und die Qualität der Releases bestimmt werden, einen Antrieb für diese Gruppierungen.[70] Die Release-Gruppen geben sich einen einheitlichen Namen und betreiben ihre Kommunikation länderübergreifend über das Internet. Dabei werden arbeitsteilig von verschiedenen Mitgliedern die Optimierung, Beschaffung und Verbreitung der Releases betrieben.[71]

---

67 Wiese, ZUM 2006, 696 (698).

68 GVU, Jahresbericht, 2008, S. 4; GVU, Jahresbericht, 2009, S. 7; GVU, Jahresbericht, 2009, S. 9 f.

69 Zum detaillierten Ablauf des Veröffentlichungsprozesses bzw. der Verwertungskette: Dördrechter, Piraterie in der Filmindustrie, 2007, S. 57 ff.; Fisher, Promises to Keep, 2004, S. 68.

70 Dördrechter, Piraterie in der Filmindustrie, 2007, S. 50; McCandless, in: Medosch/Röttgers (Hrsg.), Netzpiraten, 2001, S. 28 (32 f.); Krömer/Sen, No copy, 2006, S. 175 ff.

71 Wiese, ZUM 2006, 696 (698 f.); Dördrechter, Piraterie in der Filmindustrie, 2007, S. 55; McCandless, in: Medosch/Röttgers (Hrsg.), Netzpiraten, 2001, S. 28 (32 f.); Krömer/Sen, No copy, 2006, S. 52 ff.; Ponte, in: Bird/Jain (Hrsg.), The Global Challenge of Intellectual Property Rights, 2008, S. 57 (60); Treverton, Film Piracy, Organized Crime, and Terrorism, 2009, S. 37 f.; Albanese, Combating piracy, 2007, S. 24 ff.

II. Bildqualität

Diese Releases werden im Internet mittels kurzer Abkürzungen in verschiedene Qualitätsstufen eingeordnet. Dabei muss bedacht werden, dass die Qualität maßgeblich vom Ausgangsmaterial abhängt. Ist ein Film weltweit noch nicht auf DVD erschienen und durch den Konsumenten lediglich im Kino zu betrachten, ist die Qualität der Releases in der Regel bereits grundsätzlich beschränkt. In Betracht kommt dann vornehmlich ein Abfilmen mit einer Videokamera von der Kinoleinwand. Diese Releases werden dann bzgl. der Bildqualität mit Cam oder TS (Telesync) klassifiziert. Je nach den Sicherheitsvorkehrungen im Kino ist die Kameraposition dabei durchaus unterschiedlich – ggf. sind einzelne Personen, die im Kino vor der aufnehmenden Person sitzen, am unteren Bildrand zu erkennen. Auch erfolgt die Aufnahme nicht immer zentriert. Im Gegensatz dazu sind aber ebenso immer wieder sehr professionelle Videoaufnahmen zu finden, die darauf schließen lassen, dass die Kamera zentral gut positioniert worden ist und daher ein Mitwirken des Kinopersonals als denkbar erscheint. Gelegentlich bietet sich im Rahmen dieser Verwertungsstufe der Rückgriff auf physische Medien an, die beispielsweise der Presse zur Verfügung gestellt worden sind.[72]

Optimale Ergebnisse bzgl. der Bildqualität sind zu erreichen, wenn der Film bereits als DVD oder Blu-ray veröffentlicht worden ist. Mittels Computersoftware kann – mitunter unter Umgehung des Kopierschutzes – ein digitales Abbild des Films erzeugt werden (Rip). Dabei sind der Qualität, zumindest bei einer Blu-ray, nur wenige Grenzen gesetzt, sodass das Filmwerk in HD-Qualität zur Verfügung gestellt werden kann (720p oder 1080p).[73] Zusätzlich werden oftmals sogenannte R5-Releases als Ausgangsmaterial herangezogen. Als R5 (Region 5) werden im Rahmen der Filmveröffentlichung vonseiten der Urheber u. a. der russische und afrikanische Markt bezeichnet. Um dort den Schwarzmarkt mit Raubkopien einzudämmen, gelangen Filme deutlich schneller auf DVD in die Märkte. Meistens werden dafür Vorlagen verwendet, die noch nicht endgültig nachbearbeitet worden sind. In der Regel lässt sich indes kein großer Qualitätsunterschied zu einer DVD feststellen. Daraus resultiert, dass den natio-

72 Krömer/Sen, No copy, 2006, S. 110 ff.; Dördrechter, Piraterie in der Filmindustrie, 2007, S. 51; Ponte, in: Bird/Jain (Hrsg.), The Global Challenge of Intellectual Property Rights, 2008, S. 57 (59 ff.); Treverton, Film Piracy, Organized Crime, and Terrorism, 2009, S. 36 ff.; Rösler, GRUR Int 2005, 991 (992); GVU, GVU stellt Strafantrag gegen Kinoabfilmer in Bremen – 14 Polizisten beobachteten illegalen Mitschnitt von "Die Superbullen", 21.01.2011.

73 de Grahl, Die Durchsetzung von Urheberrechten im digitalen Zeitalter, 2008, S. 29 f.; Krömer/Sen, No copy, 2006, S. 107; Stapelkamp, DVD-Produktionen gestalten erstellen nutzen, 2007, S. 62.

nalen Release-Gruppen zeitnah zu einem deutschen Kinostart eine angemessene Bildqualität zur Verfügung stehen kann.[74]

III. Tonqualität

Neben dem Bild ist die Qualität des Audiomaterials entscheidend. Denkbar sind hier – wiederum abhängig vom verfügbaren Ausgangsmaterial – Mikrofonaufnahmen im Kinosaal (MD = Mic Dubbed) oder das digitale Rippen einer Tonspur von einer vorliegenden DVD bzw. Blu-ray (dann oftmals im sog. AC3-Format). Daneben sind Releases mit einer sogenannten LD (Line Dubbed)-Tonqualität verfügbar – dabei wird das Audiosignal direkt vom Projektor oder Dolby-Dekoder im Kino abgezweigt. Damit ist eine Qualitätssteigerung im Vergleich zu einem MD-Ton festzustellen.[75]

IV. Weltweite Verfügbarkeit im Kino

Bestimmt wird die verfügbare Qualität maßgeblich vom jeweiligen Kinostart des konkreten Films, der teilweise nicht gleichzeitig in den einzelnen Ländern und Sprachregionen erfolgt. Filme, die in Deutschland in das Kino gelangen, sind in anderen Ländern – oftmals den USA – bereits in den Verwertungskanal der DVD- bzw. Blu-ray-Veröffentlichung gelangt. Diese zeitliche Verzögerung ist häufig einer aufwendigen Synchronisierung geschuldet.[76] Die englischsprachigen Vorlagen dienen als Ausgangsmaterial für deutsche Release-Gruppen, die sich nur noch eine deutsche Tonquelle beschaffen müssen, um diese mit einer digitalen Kopie des Videomaterials der englischen Vorlage zu kombinieren (sog. Dubben). Aktuelle Kinofilme finden sich daher schnell nach Kinostart in einer Kombination aus DVD-Bild und MD- bzw. LD-Ton in den einschlägigen

---

74 In einem Szene-Release der Gruppe „DREAMLiGHT“ des Films „Borat“ wurde der Begriff „R5“ wie folgt erklärt: „Over the past 6 months the major movie studios have been releasing retail dvds early in Russia. They do this to stop the widespread use of pirated telecines (which were once very common). Lately however there has been very few real telecines, most of the scene telecines you see are actually R5 retails. R5 retail is rushed out by the studio, they are basically competing with pirates, so there is little to no cleanup of the film after the telecine process.”

75 Bachmaier, Sprechen Sie Warez?, 23.12.2009.

76 Dördrechter, Piraterie in der Filmindustrie, 2007, S. 19 f. Generelle und detaillierte Ausführungen zu den Verwertungsstufen der Filmindustrie: Dördrechter, Piraterie in der Filmindustrie, 2007, S. 14 ff.; de Grahl, Die Durchsetzung von Urheberrechten im digitalen Zeitalter, 2008, S. 29; Ensthaler, Gewerblicher Rechtsschutz und Urheberrecht, 2. Aufl. (2003), S. 62 f.

Kanälen im Internet. Allerdings hat diese Erkenntnis inzwischen einige Verleihfirmen zu einem synchronen Filmstart von großen und bedeutenden Filmen bewogen. Vorführungen auf Festivals oder im Rahmen von Previews für Pressevertreter werden eingeschränkt oder abgeschafft.[77]

Diese Strategie führt derzeit dazu, dass Kopien der aktuellen Kinofilme durch die Release-Gruppen mit größerer Verzögerung im Internet verfügbar gemacht werden können und in den ersten Wochen nach dem offiziellen Kinostart auf ein Abfilmen der Filmwerke zurückgegriffen werden muss – dies mit den beschriebenen qualitativen Einbußen.[78] Dennoch zeigen Studien immer noch auf, dass zum Kinostart 94 Prozent aller Hollywood-Produktionen und 40 Prozent aller deutschen Kinofilme in den einschlägigen Kanälen verfügbar sind.[79] Gibt sich der deutsche Konsument sogar mit englischsprachigen Angeboten zufrieden, ist das verfügbare Angebot im Internet selbstverständlich noch größer und aktueller. Daneben sind für diese englischsprachigen Versionen Untertitel verfügbar, die bei bekannten Filmen auch in die deutsche Sprache übersetzt werden.

E. Digitale Mentalität und Herausforderungen der Informationsgesellschaft

Die Herausforderungen der Informationsgesellschaft sind wesentlich durch die skizzierten Veränderungen des Konsums kultureller Inhalte, deren Verfügbarkeit und die Tatsache beeinflusst, dass durch die Digitaltechnik verlustfreie Kopien zur Verfügung stehen.[80] So haben die skizzierten technischen Möglichkeiten bewirkt, dass sich Bezugskanäle für den Konsumenten eröffnet haben, um den Medienkonsum weltweit, kostenlos und unter Umgehung der Rechteinhaber massenhaft zu befriedigen. Etwas drastisch wird formuliert: „Das Motto lautet

77 Wiese, ZUM 2006, 696 (698).

78 Wiese, ZUM 2006, 696 (698); Krömer/Sen, No copy, 2006, S. 112.

79 de Grahl, Die Durchsetzung von Urheberrechten im digitalen Zeitalter, 2008, S. 30. Anders inzwischen der Jahresbericht 2009 der GVU, der von einer Verfügbarkeit von 43 Prozent der Kinofilme zum Start ausgeht, vgl. GVU, Jahresbericht, 2009, S. 11.

80 Heinz, Urheberrechtliche Gleichbehandlung von alten und neuen Medien, 2006, S. 415; Senftleben, Copyright, Limitations and the Three-Step Test, 2004, S. 34 f.; Krömer/Sen, No copy, 2006, S. 109 ff.; Hucko, Zweiter Korb, 2007, S. 1 f.; v. Olenhuse, ZRP 2003, 232 (233 f.); Dittrich/Spitz, in: Heinrich-Böll-Stiftung (Hrsg.), Copy.Right.Now!, 2010, S. 112 (112 f.); Leisegang, Kulturflatrate: Der neue Sozialvertrag, 1/2011; Fisher, Promises to Keep, 2004, S. 31 f.; Hartmann, Unterlassungsansprüche im Internet, 2009, S. 6.

All you can eat, Tag und Nacht, ohne daß je eine Rechnung zu begleichen wäre."[81]

Ergebnis dessen ist, dass das Selbstbestimmungsrecht der Schaffenden über ihre Werke mittlerweile stark eingeschränkt ist[82] und sich daraus eine Diskussion ergeben hat, inwieweit das Urheberrecht angemessen auf diese Entwicklung reagieren kann. Die breite Verfügbarkeit technischer Austauschplattformen korreliert nun – möchte man den zitierten Zeitungsberichten, Hinweisen der GVU und Interviewaussagen Glauben schenken – mit einem gesellschaftlichen Wandel. Es scheint, als wäre mit der Verfügbarkeit der benannten Plattformen ein Mentalitätswechsel festzustellen, der eine zunehmende Verrohung des Unrechtsbewusstseins in Bezug auf urheberrechtliche Fragestellungen mit sich bringt. Der Konsum kann aufgrund der Entmaterialisierung kultureller Werke nunmehr über die skizzierten Plattformen befriedigt werden.[83] Als der Austausch von Software lediglich über das manuelle Kopieren einer Vielzahl von Disketten möglich war, der Austausch von Filmen nur durch das Überspielen per VHS-Rekorder vorzunehmen und die Verbreitung von Musik nur mit dem Überspielen per Kassette zu erreichen war, erschien eine solche Entwicklung noch undenkbar. Die technischen Entwicklungen, die mit der Digitalisierung der Medienwelt verbunden sind, haben hier dem Konsumenten eine neue Bandbreite an Bezugsquellen eröffnet. Da diese Entmaterialisierung aber nicht nur die Verfügbarkeit und die damit einhergehende tatsächliche Ubiquität ermöglicht,[84] sondern die Qualität der verbreiteten Dateien in aller Regel erhalten bleibt, hat sich das Internet für viele Personen zu einem primär und zugleich nahezu kostenlosen Bezugskanal für Filmwerke etabliert.

Daneben wird die Bedienungsfreundlichkeit der bestehenden Plattformen stets verbessert und standardisiert, sodass der Konsum der Filmwerke ohne be-

---

81 Krömer/Sen, No copy, 2006, S. 101. Die gleichzeitig auf S. 255, abgeleitet von der bereits stattgefundenen Entwicklung für die Musikindustrie, diese Entwicklung 2006 für die Filmindustrie (m. E. zutreffend) voraussagen: „Der Konsument, der das Prinzip des kostenlosen Herunterladens am Beispiel Musik längst verinnerlicht hat, wird auch hier nicht widerstehen können." Dies mag insbesondere der Tatsache geschuldet sein, dass durch die Verfügbarkeit von Breitbandanschlüssen auch der Download von Filmwerken problemlos ermöglicht wird.

82 So von der Justizministerin Leutheusser-Schnarrenberger bei ihrem Vortrag am 14.06.2010 in der Berlin-Brandenburgischen Akademie der Wissenschaften angemerkt. Vgl. Rede im Volltext unter: Leutheusser-Schnarrenberger, Berliner Rede zum Urheberrecht, 14.06.2010.

83 Nielen, Interessenausgleich in der Informationsgesellschaft, 2009, S. 11.

84 Rehbinder/Hubmann, Urheberrecht, 16. Aufl. (2010), S. 3; Nielen, Interessenausgleich in der Informationsgesellschaft, 2009, S. 11; Lehmann, in: Hilty/Nordemann/Drexl (Hrsg.), Schutz von Kreativität und Wettbewerb, 2009, S. 168.

sondere Computerkenntnisse möglich wird. Die Komprimierungstechniken führen bei guter Bild- und Tonqualität zu Dateigrößen, die durch die schnellen Internetanschlüsse in kurzer Zeit auf den Computer des Konsumenten gelangen können. Gleichwohl sich das Prozedere bei Filesharing und Host-Providern zunächst unterschiedlich darstellt, wird im Ergebnis bei beiden Techniken die Videodatei vollständig auf den Computer des Konsumenten geladen, um sie dann der angestrebten Nutzung zuzuführen. Im Gegensatz dazu bietet Streaming insofern einen anderen Konsum, als bereits nach Auswahl des Streams die Betrachtung des Werkes beginnen kann.

Allen Nutzungsarten wohnt das Prinzip inne, dass der Konsument kostenlos – bzw. allenfalls unter Bezug eines Premium-Accounts bei einem One-Click-Hoster o. Ä. für wenige Euro im Monat – Zugang zu diesen Plattformen erhält. Die Verfügbarkeit eines Internetanschlusses ist mit den gängigen Tarifen der Access-Provider bereits für rund 20 Euro im Monat möglich, sodass ein stetiger monatlicher Bezug mit aktuellen Filmen in beliebiger Anzahl für den Gegenwert von etwa zwei Kinokarten möglich ist. Ende 2006 verfügten bereits 68 Prozent der erwachsenen Deutschen über einen Zugang zum Internet.[85] Auch wenn Personen erfasst sein sollten, die lediglich im beruflichen Rahmen Zugriff haben, ergibt sich dennoch eine enorme Zahl potenzieller Nutzer der einschlägigen Plattformen. Zumindest für einen Teil dieser kann daher mit den aktuellen Technologien der Gang in das Kino entfallen, da immer öfter aktuelle Kinofilme in akzeptabler Qualität – gelegentlich sogar vor dem offiziellen Kinostart – im Internet zu finden sind. Die breite Verfügbarkeit von Streamingfilmportalen ermöglicht daneben, dass endgeräteunabhängig und ohne das Vorhalten großer Speicherkapazitäten der Filmgenuss direkt auf dem heimischen Computer erfolgen kann. 2009 zählte die GVU sodann über diese Plattformen eine Verfügbarkeit von mehr als 150.000 Filmen.[86] Weiterhin bedingen die skizzierten technischen Möglichkeiten, dass Kopien in kürzester Zeit und ohne jeglichen Qualitätsverlust auf digitalem Weg erzeugt werden können, gleichwohl innerhalb der Streamingfilmportale gewisse, den technischen Gegebenheiten geschuldete qualitative Einbußen hinzunehmen sind. Dies grenzt die Entwicklung der vergangenen Jahre insbesondere von den traditionellen Vervielfältigungswegen und der

85 Bernhöft, Die urheberrechtliche Zulässigkeit der digitalen Aufzeichnung einer Sendung, 2009, S. 62 f. In Westeuropa verfügten im Vergleich 2003 durchschnittlich 44 Prozent der Haushalte über einen Zugriff auf das Internet, vgl. Heinz, Urheberrechtliche Gleichbehandlung von alten und neuen Medien, 2006, S. 11.

86 Winckler, Filmbranche hilflos gegen Piratenseiten wie Kino.to, 28.10.2010.

analogen Aufzeichnung auf Ton- und Bildträgern ab, wodurch sich eine erhöhte Intensität privater Nutzungsmöglichkeiten eröffnet hat.[87]

Diese technische Entwicklung geht nun Hand in Hand mit einem Mentalitätswechsel der Konsumenten. Die Studie „Digitale Mentalität“ konstatiert in diesem Zusammenhang in ihrer Einführung: „Wir befinden uns in einer Situation, in der sich ein erheblicher Teil unserer Gesellschaft wissentlich oder unwissentlich über geltendes Recht hinwegsetzt, ohne dass sich dieses Verhalten auf bestimmte Gruppen innerhalb der Gesellschaft einschränken ließe.“ Die Studie versteht unter dem Sammelbegriff der Mentalität dabei vornehmlich die Denkmuster der Menschen, in denen sich das Verhältnis zur Wirklichkeit und das kollektive Verhalten der untersuchten Personenkreise widerspiegeln. Bedeutsam erscheint dabei, dass den Konsumenten zwar das Unrecht ihres Handelns bewusst ist, sie sich davon aber nicht in ihrem Verhalten beeinflussen lassen. Nach Ansicht der Studie ist dies vor allem damit zu begründen, dass bei einem Urheberrechtsverstoß in den Weiten des Internets das Gefühl eines tatsächlichen Wegnehmens nicht gegeben sei. Die Befragten hielten jedoch das gewerbliche Raubkopieren für verfolgungswürdig – private Urheberrechtsverletzungen riefen eher weniger Bedenken hervor, sodass keine Angst vor Sanktionen festzustellen war. Diese Denkmuster lassen sich dabei indes nicht einmal auf spezifische Nutzerkreise beschränken – es ist mittlerweile nicht mehr der computeraffine und -erfahrene Konsument, der sich mit diesen Denkmustern über die jeweiligen Vertriebsplattformen kostenlos über das Internet mit Medien versorgt. Dies zum einen, da bereits keine finanziellen Mittel verfügbar sind, oder weil der Nutzer nicht bereit ist, diese für seinen Medienkonsum zu verwenden. Die skizzierte Mentalität ist inzwischen in allen Bevölkerungsgruppen zu finden,[88] was sich letztlich mit der Verfügbarkeit von Computern, Internetanschlüssen und vor allem der simplen Bedienung der benannten technologischen Plattformen begründen lassen kann. Nach der neuesten Auflage der Studie verfügen ca. 80 Prozent der Befragten über illegale Musikkopien, noch mehr als 57 Prozent sind zudem im Besitz illegaler Filmkopien.[89] Mit der aktuellsten Entwicklung wird dabei nicht einmal mehr ein Besitzverhältnis im Sinne eines Downloads hergestellt. In Zeiten von Diensten wie YouTube ist es dem unerfahrensten Nutzer möglich, das Interface eines eingebetteten Streams zu bedienen und am heimischen Computer zu benutzen. Aufgrund der grundsätzlichen Affinität für technische The-

87 Hölscher, Die Ausnahmebestimmungen für den eigenen Gebrauch im deutschen und französischen Urheberrecht, 2001, S. 135; Wimmers/Schulz, CR 2008, 170; Bechtold, Vom Urheber- zum Informationsrecht, 2002, S. 251 f.

88 Institut für Strategieentwicklung, Digitale Mentalität, 2004, S. 3 ff.; Krömer/Sen, No copy, 2006, S. 180.

89 GVU, DACH-Branchenforum 2009, 19.11.2009.

men kann mithin vor allem bei Jugendlichen eine gewisse Popularität der Nutzung der Streamingfilmportale verzeichnet werden.[90]

Bezüglich der Frage, welcher Umsatzausfall[91] der Filmindustrie tatsächlich durch die sogenannte Filmpiraterie entsteht, werden unterschiedliche Zahlen kolportiert. Während die Filmindustrie selbst im Jahre 2004 für Deutschland eine grobe Schätzung von 1 Milliarde Euro aufstellte, kommen andere Untersuchungen eher zu Summen von ca. 90 Millionen Euro für das gleiche Jahr.[92] Dem steht für das Jahr 2004 ein tatsächlicher Umsatz in Höhe von etwa 3,2 Milliarden Euro gegenüber – davon 0,9 Milliarden Euro aus dem Umsatz in den Kinos, 1,7 Milliarden Euro aus DVD- und VHS-Leih- sowie Kaufvorgängen, weitere 0,6 Milliarden Euro aus dem Pay-TV- und PPV-Geschäft.[93] In diesem Kontext sank die konkrete Zahl der Kinobesucher in Deutschland im Gesamterhebungszeitraum von 2003 auf 2008 um gut 24 Prozent. 2009 konnte jedoch wiederum ein Anstieg des Umsatzes um knapp 23 Prozent verzeichnet werden, was sich unter anderem durch die Technologie der 3D-Filme erklären lassen soll.[94] Sicher muss den vorbenannten Zahlen unterstellt werden, dass die Gründe für den Rückgang von Umsatz und Besuchern nicht nur der Verfügbarkeit kostenloser Online-Angebote geschuldet ist. Die generelle Weltwirtschaftslage oder ein gewisses steigendes Desinteresse am klassischen Hollywood-Kino bzw. dem Medienkonsum als solchem mag zusätzlich einen Einfluss auf die skizzierte Entwicklung haben.[95] Unabhängig von der exakten Bemessung des Umsatzausfalls, sollte damit trotzdem deutlich werden, dass der Filmindustrie durch die Entmaterialisierung urheberrechtlich geschützter Werke und der Nutzung der technischen Chancen durch die Konsumenten faktisch ein konkreter Schaden entsteht.[96]

---

90 Stölzel, Das Rote Tuch für Deutschlands Filmwirtschaft, 10.02.2010.

91 Die Filmindustrie spricht hingegen in der Regel von „Schaden". Dördrechter weist zu Recht daraufhin, dass damit wohl eher der Umsatzausfall gemeint ist. Nähere Ausführungen dazu unter Fußnote 402: Dördrechter, Piraterie in der Filmindustrie, 2007, S. 68. Vgl dazu auch: Krömer/Sen, No copy, 2006, S. 225 ff.

92 Dördrechter, Piraterie in der Filmindustrie, 2007, S. 68. Siehe dort weitere Ausführungen, insbesondere kritische Anmerkungen zur von der Filmindustrie kolportierten Schadenssumme. Nach Ansicht von Dördrechter bringt diese für die spezifizierte Summe keinerlei messbaren Beleg.

93 Dördrechter, Piraterie in der Filmindustrie, 2007, S. 16.

94 GVU, Jahresbericht, 2009, S. 15.

95 Fangerow/Schulz, GRUR 2010, 677 (680); Krömer/Sen, No copy, 2006, S. 232.

96 Ein Schaden bzw. eine Umsatzeinbuße wird mitunter jedenfalls für die Musikindustrie infrage gestellt. Dazu heißt es: „In welchem Maße ein eventueller Schaden durch Schwarzkopierer entsteht, wird wohl kaum geklärt werden können. Angesichts der Fehler der Industrie ist jedoch anzunehmen, daß Schwarzkopien nur ein kleiner Teil der Er-

Ungeachtet dieser Gefahren darf allerdings nicht vernachlässigt werden, dass die digitale Technologie ebenso positives Potenzial beinhaltet. So wird mit dem Internet der Zugang zu Bildung und Wissen einer breiten Bevölkerungsschicht eröffnet. Der kulturelle Austausch und die kritische Auseinandersetzung mit politischen und gesellschaftlichen Themen werden gefördert – dies zeitnah und ungefiltert. Es wäre folglich falsch, wenn etwaige Entwicklungen des Urheberrechts allein auf die skizzierten Gefahren Bezug nehmen, dabei diese Chancen aber allzu einseitig ausklammern. Es muss stets dieses Gesamtbild im Rahmen einer Debatte über das Urheberrecht berücksichtigt werden.[97] Diesen Herausforderungen der Informationsgesellschaft muss das Urheberrecht begegnen. Ebenso können die Ausführungen zu einem festzustellenden Mentalitätswechsel nicht dazu führen, dass jedem Internetnutzer pauschal die Verletzung von Urheberrechten unterstellt wird. Gerade die Diskussionen zu den Streamingfilmportalen demonstrieren, dass auf juristischer Seite Unklarheiten bzgl. der exakten Einordnung bestehen.

Die Gesellschaft zur Verfolgung von Urheberrechtsverletzungen e. V. (GVU) veröffentlichte auf ihrer Internetseite eine Verbraucherinformation zum Anbieter „kino.to“. Dort heißt es: „Die Nutzung von illegalen Streams über kino.to ist […] illegal.“[98] Das Internetportal irights.info bezieht indes differenzierter Stellung: „Dass man sich hier in einer rechtlichen Grauzone bewegt und es derzeit völlig unklar ist, ob die Nutzung überhaupt erlaubt ist, ist dabei nur ein Aspekt.“[99] Ebenso stellt die Tagespresse dieses Thema in den Fokus ihrer Berichterstattung und konstatiert: „Das Schmarotzen via Stream ist zudem völlig legal.“[100] Mitunter zeigt sich also, dass das Stimmungsbild zwar verurteilend, die juristische Bewertung indes unterschiedlich erfolgt.

klärung sein können“, vgl. Krömer/Sen, No copy, 2006, S. 252 f.; Dittrich/Spitz, in: Heinrich-Böll-Stiftung (Hrsg.), Copy.Right.Now!, 2010, S. 112 (113).

97 Vgl. Leutheusser-Schnarrenberger, Fn. 82.

98 GVU, FAQ Internet; GVU, 3 Jahre und 5 Monate Haft für "Serverbeschaffer" von kino.to, 22.12.2011.

99 Kreutzer/Weitzmann, Video-Nutzung bei YouTube, kino.to und Co., 25.12.2009.

100 Billhardt, Kino.to statt Kino, 16.03.2009.

F. Gegenstand und Gang der Untersuchung

Der Diskussion entsprechend, soll der Fokus zwar auf die Bewertung der spezifischen Vorgänge gelegt werden, die sich aufseiten des Konsumenten der Streamingfilmportale bzw. Streamingplattformen abspielen, gleichwohl aber im Rahmen des zweiten Kapitels insgesamt eine umfassende urheberrechtliche Bewertung aller Vorgänge erfolgen. Dabei werden zunächst einige Grundlagen zum Urheberrecht dargestellt und erarbeitet. Im Rahmen der Bewertung der spezifischen Nutzungsvorgänge sollen in einem ersten Schritt etwaige Eingriffe in die Ausschließlichkeitsrechte der Urheber beleuchtet und sodann in einem zweiten Schritt eine etwaige Privilegierung durch die Schrankenbestimmungen des UrhG analysiert werden. Im Mittelpunkt wird die Auslegung dieser Regelungen stehen. Im dritten Kapitel soll sodann skizziert werden, inwieweit die Verwendung von Streamingfilmportalen bzw. Streamingplattformen in rechtlicher und technischer Hinsicht verhindert werden könnte. Abschließend wird durch das vierte Kapitel eine Zusammenfassung der Ergebnisse dieser Untersuchung erfolgen.

Zweites Kapitel: Urheberrechtliche Bewertung der Nutzungsvorgänge des Streamings

Mit dem zweiten Kapitel soll nunmehr die urheberrechtliche Bewertung der Nutzungsvorgänge des Streamings erfolgen. In einem erst Schritt soll untersucht werden, in welche Rechte der Urheber bzw. Rechteinhaber konkret eingriffen wird. Darauf aufbauend ist in einem nächsten Schritt zu analysieren, inwieweit sich etwaige Eingriffe auf die Schrankenbestimmungen des Urheberrechts in den §§ 44a ff. UrhG rekurrieren können.

A. Grundlagen

I. Anwendbares Recht

Ausgangspunkt ist jedoch zunächst, inwieweit deutsches Recht vorliegend angewendet werden kann. Grundsätzlich richtet sich das anwendbare Recht nach dem Ort der spezifischen Nutzungshandlung. Diese Nutzungshandlungen laufen zwar in der Regel über Ländergrenzen hinweg, das Schutzlandprinzip führt allerdings dazu, dass allein der Handlungsort Anknüpfungspunkt für die Frage ist, innerhalb welcher Rechtsordnung sich eine etwaige Nutzung beurteilen lassen muss.[101] Es ist daher zum Beispiel unerheblich, dass sich die Server der Streamingfilmportale weitestgehend nicht in Deutschland befinden.[102] Das Schutzlandprinzip ist in Art. 8 Abs. 1 Rom II-VO festgeschrieben und nach Abs. 3 der Disposition der Parteien entzogen.

Das Schutzlandprinzip hat seinen eigentlichen Ursprung in dem im Urheberrecht geltenden Territorialitätsprinzip, wonach die Rechtssetzungsbefugnis eines Staates an seinen Grenzen endet. Das deutsche Urheberrecht gilt folglich nur innerhalb des Hoheitsgebietes der Bundesrepublik Deutschland und kann nur auf solche Sachverhalte angewendet werden, die innerhalb des Geltungsbereichs des UrhG zu lokalisieren sind.[103] Mit dem Territorialitätsprinzip entsteht in Person des Urhebers ein Bündel nationaler Rechte, deren Inhalt durch die konkreten Voraussetzungen des Urheberrechts des Landes bestimmt wird, in dem Schutz

---

101 Hullen, ITRB 2008, 230; Radmann, ZUM 2010, 387 (389); Metzner, Die Auswirkungen der Urheberrechtsnovelle 2003 auf Online-Übermittlung und -zugriff im Urheberrecht, 2010, S. 27; Rehbinder/Hubmann, Urheberrecht, 16. Aufl. (2010), S. 372 f.

102 Radmann, ZUM 2010, 387 (389).

103 BGH, MMR 2005, 239 (240 f.); Rehbinder/Hubmann, Urheberrecht, 16. Aufl. (2010), S. 369; Wandtke, in: Wandtke/Bullinger, UrhG, 3. Aufl. (2009), Einleitung Rdnr. 81.

begehrt wird (Schutzland bzw. lex loci protectionis).[104] Aus diesen Vorschriften ergibt sich sowohl die Entstehung als auch der Inhalt und Umfang des Werkschutzes.[105] Im Ergebnis führt das Schutzlandprinzip dazu, dass der Urheber seine Rechte in der Rechtsordnung des Landes geltend zu machen hat, in dem er konkret Schutz begehrt.[106] Für die Begründung dieses Prinzips wird auf Art. 5 Abs. 2 RBÜ (Revidierte Berner Übereinkunft) verwiesen,[107] wonach derjenige, der Schutz seines Urheberrechts begehrt, diesen in dem Recht findet, welches dort gilt, wo der konkrete Schutz in Anspruch genommen wird. Entscheidend für die Frage, ob die Nutzungshandlungen nach deutschem Recht zu beurteilen sind, ist insgesamt also, inwieweit diese in Deutschland zu lokalisieren sind.[108] Dies führt dazu, dass auf solche ausländischen Sachverhalte inländisches Recht angewendet werden muss, bei denen die Verletzungshandlung bzw. Verwertungshandlung innerhalb der deutschen Landesgrenzen eingeordnet werden muss.[109] Insbesondere im Hinblick auf das Recht der öffentlichen Zugänglichmachung aus § 19a UrhG muss indessen berücksichtigt werden, dass diese dann nach deutschem Recht zu beurteilen sind, wenn der Aufruf innerhalb der Bundesrepublik erfolgen kann.[110]

II. Europäische Vorgaben

Auch wenn das heutige „Gesetz über Urheberrecht und Verwandte Schutzrechte“ (Urheberrechtsgesetz bzw. UrhG) auf eine mehrere Jahrhunderte alte Entwicklungsgeschichte zurückblicken kann,[111] wurde dieses in seiner heutigen

---

104 v. Welser, in: Wandtke/Bullinger, UrhG, 3. Aufl. (2009), Vor §§ 120 ff. Rdnr. 5; Metzner, Die Auswirkungen der Urheberrechtsnovelle 2003 auf Online-Übermittlung und -zugriff im Urheberrecht, 2010, S. 28; Dreier, in: Dreier/Schulze, UrhG, 3. Aufl. (2008), Vor §§ 120 ff. Rdnr. 28.

105 Dreier, in: Dreier/Schulze, UrhG, 3. Aufl. (2008), Vor §§ 120 ff. Rdnr. 30.

106 BGH, ZUM 2007, 644 (645); v. Welser, in: Wandtke/Bullinger, UrhG, 3. Aufl. (2009), Vor §§ 120 ff. Rdnr. 4 f.; Nordemann-Schiffel, in: Fromm/Nordemann, UrhG, 10. Aufl. (2008), Vor §§ 120 ff. Rdnr. 2; Nordemann-Schiffel, in: Fromm/Nordemann, UrhG, 10. Aufl. (2008), Vor §§ 120 ff. Rdnr. 59; Hullen, ITRB 2008, 230; Rehbinder/Hubmann, Urheberrecht, 16. Aufl. (2010), S. 369.

107 v. Welser, in: Wandtke/Bullinger, UrhG, 3. Aufl. (2009), Vor §§ 120 ff. Rdnr. 4.

108 Metzner, Die Auswirkungen der Urheberrechtsnovelle 2003 auf Online-Übermittlung und -zugriff im Urheberrecht, 2010, S. 29; Hullen, ITRB 2008, 230 (230 f.).

109 v. Welser, in: Wandtke/Bullinger, UrhG, 3. Aufl. (2009), Vor §§ 120 ff. Rdnr. 4.

110 Dreier, in: Dreier/Schulze, UrhG, 3. Aufl. (2008), Vor §§ 120 ff. Rdnr. 42; Hullen, ITRB 2008, 230 (231).

111 So wurde im Allgemeinen Landrecht von 1794 erstmals Verlagen und Autoren ein Verlagsrecht eingeräumt. Der Urheber wurde dabei jedoch nur mittelbar über den Verleger

Form zuletzt insbesondere durch europäische Richtlinien geprägt. Nach wie vor existiert auf europäischer Ebene allerdings kein einheitliches Urheberrechtsgesetz. Die Mitgliedstaaten verfügen daher dem Grunde nach noch über ihre eigenen Urheberrechtsgesetze, um aber die Hindernisse und Rechtsunterschiede zu beseitigen, wurde stetig eine Harmonisierung des Urheberrechts in den Mitgliedstaaten versucht. Im Kern wurde damit vor allem angestrebt, rechtliche Handelshemmnisse abzubauen sowie die Schaffung und Förderung eines gemeinsamen Marktes zu ermöglichen. Als Ausgangspunkt dieser Bestrebungen fungierte der Erlass verschiedener europäischer Richtlinien,[112] deren Regelungsgehalt sich u. a. auf den Rechtsschutz von Computerprogrammen,[113] auf das Verleih- und Vermietrecht,[114] die Schutzdauer im Urheberrecht[115] oder den rechtlichen Schutz von Datenbanken erstreckt.[116] Soweit die vorliegende Untersuchung im Wesentlichen auf das Streaming und die damit verbundenen ephemeren Vervielfältigungen abstellt, ist im Hinblick auf das Urheberrecht und den europäischen Einfluss insbesondere die Richtlinie 2001/29/EG zur Harmonisierung bestimmter Aspekte des Urheberrechts und der verwandten Schutzrechte in der Informationsgesellschaft heranzuziehen, da aus deren Art. 5 die Schrankenbestimmung für ephemere Vervielfältigungen des § 44a UrhG resultierte.[117]

Die Richtlinie zur Harmonisierung des Urheberrechts ist am 22. Juni 2001 in Kraft getreten. Zielsetzung war eine Angleichung und Ergänzung des Urheberrechtsschutzes vor dem Hintergrund der technischen Entwicklung. Ausgangspunkt war eine mehrjährige Konsultation der spezifisch relevanten Kreise, die zunächst 1988 in einem ersten Grünbuch und 1995[118] sodann in einem zweiten

---

geschützt. Bereits im 19. Jahrhundert folgten sodann die ersten Urheberrechtsgesetze, vgl. Nordemann, in: Fromm/Nordemann, UrhG, 10. Aufl. (2008), Einl. UrhG Rdnr. 26; Engels, Die verfassungsrechtlichen Grundlagen der Privatkopie, 2006, S. 49 f. Als Ausgangspunkt für den heutigen Urheberrechtsschutz wird dabei das „Gesetz zum Schutz des Eigentums an Werken der Wissenschaft und Kunst gegen Nachdruck und Nachbildung" vom 11. Juni 1837 eingeordnet, vgl. Wandtke, in: Wandtke (Hrsg.), Urheberrecht, 2. Aufl. (2010), 1. Kapitel Rdnr. 13; Wadle, Geistiges Eigentum, 1996, S. 223 ff., die jeweils sogar von einer „Sternstunde" des Urheberrechts sprechen.

112 Nordemann, in: Fromm/Nordemann, UrhG, 10. Aufl. (2008), Einl. UrhG Rdnr. 37; Kreile/Becker, GRUR Int 1994, 901 (908 ff.). Zur „Europäisierung" des Urheberrechts: Dietz, GRUR Int 1978, 101 (104 ff.).

113 Richtlinie 91/250/EWG.

114 Richtlinie 92/100/EWG.

115 Richtlinie 93/98/EWG.

116 Richtlinie 93/83/EWG.

117 Vgl. dazu im Detail unten, S. 66 f.

118 Spezifisch zum Grünbuch: v. Lewinski, GRUR Int 1995, 831 (831 ff.); Würfel, Europarechtliche Möglichkeiten einer Gesamtharmonisierung des Urheberrechts, 2005, S. 97 f.

„Grünbuch zum Urheberrecht und den verwandten Schutzrechten in der Informationsgesellschaft" mündete. 1997 wurde schließlich ein erster Richtlinienvorschlag vorgelegt.[119] Auf europäischer Ebene stellt die Richtlinie bereits die achte europäische Richtlinie auf dem Rechtsgebiet des Urheberrechts dar.[120] In Deutschland wurde die Richtlinie mit dem Gesetz zur Reglung des Urheberrechts in der Informationsgesellschaft umgesetzt.[121] Die zwingend erforderlichen Vorgaben wurden dabei zunächst im Rahmen des sogenannten Ersten Korbs mit dem ersten Gesetz zur Regelung des UrhG in der Informationsgesellschaft vom 13.09.2003 umgesetzt.[122] Dabei wurden u. a. Änderungen der Vorschriften zur Vervielfältigungen zum privaten und sonstigen eigenen Gebrauch (§ 53 UrhG) und die Einführung eines Rechts der öffentlichen Zugänglichmachung (§ 19a UrhG) vorgenommen.[123] Die fakultativen Vorgaben, d. h. die den Mitgliedstaaten vorbehaltenen Regelungen, wurden sodann im Zweiten Korb mit dem zweiten Gesetz zur Regelung des Urheberrechts in der Informationsgesellschaft vom 01.01.2008 umgesetzt. Hier wurden u. a. die Regelungen zur Privatkopie in § 53 UrhG weiter überarbeitet und Bestimmungen über unbekannte Nutzungsarten (§§ 31a, 32c UrhG) sowie das Zitierrecht (§ 51 UrhG) geändert.[124] Innerhalb des sogenannten Dritten Korbes wird nunmehr die Umsetzung weiterer fakultativer Vorschriften diskutiert. Hier hat das Bundesministerium der Justiz bereits eine Bestandsaufnahme vorgenommen und mit Vertretern von Wirtschaft, Behörden und Politik verschiedene Themen erörtert. Der Fokus wird dabei u. a. auf eine etwaige Begrenzung der Privatkopie auf Kopien vom Origi-

---

119 Lehmann, in: Loewenheim (Hrsg.), Handbuch des Urheberrechts, 2. Aufl. (2010), § 54 Rdnr. 41 ff.; Poeppel, Die Neuordnung der urheberrechtlichen Schranken im digitalen Umfeld, 2005, S. 123 f.; Spindler, GRUR 2002, 105 (105 ff.); Wenzl, Musiktauschbörsen im Internet, 2005, S. 36; Kröger, Informationsfreiheit und Urheberrecht, 2002, S. 48; Engels, Die verfassungsrechtlichen Grundlagen der Privatkopie, 2006, S. 32 ff.; Metzner, Die Auswirkungen der Urheberrechtsnovelle 2003 auf Online-Übermittlung und -zugriff im Urheberrecht, 2010, S. 104 f.; Kress, Die private Vervielfältigung im Urheberrecht, 2004, S. 111 f.; Flechsig, ZUM 2002, 1 (1 f.); Dreier, GRUR 1997, 859 (859 f.); Reinbothe, ZUM 2002, 43 (44 ff.).

120 Schenk, Die digitale Privatkopie, 2006, S. 63; Schenk, Die digitale Privatkopie, 2006, S. 53; Wenzl, Musiktauschbörsen im Internet, 2005, S. 36.

121 Wenzel/Burkhardt, Urheberrecht für die Praxis, 5. Aufl. (2009), S. 20; Wenzl, Musiktauschbörsen im Internet, 2005, S. 39.

122 Lanhoff/Oberndörfer/Jani, ZUM 2007, 593; Schippan, ZUM 2003, 678 (678 ff.).

123 Fischer, Medienrecht und Medienmärkte, 2008, S. 121; Nordemann, in: Fromm/ Nordemann, UrhG, 10. Aufl. (2008), Einl. UrhG Rdnr. 44; Fechner, Medienrecht, 11. Aufl. (2010), S. 317 f.; Schenk, Die digitale Privatkopie, 2006, S. 53.

124 Lanhoff/Oberndörfer/Jani, ZUM 2007, 593 (600); Wenzel/Burkhardt, Urheberrecht für die Praxis, 5. Aufl. (2009), S. 20.

nal, Regelungen zum Handel mit gebrauchter Software oder ein Verbot der Herstellung von Privatkopien durch Dritte gelegt.[125]

Werden diese europäischen Vorgaben im Rahmen einer Auslegung der nationalen Regelungen des deutschen Urheberrechts herangezogen, ist zu bedenken, dass der Europäische Gerichtshof festgestellt hat, dass sich die Pflicht zur gemeinschaftsrechtskonformen Auslegung lediglich unter der jeweiligen vollen Ausschöpfung des Beurteilungsspielraums ergibt, der durch das nationale Recht vorgegeben ist. Diesem Grundsatz hat sich eine vorzunehmende Auslegung zu unterwerfen.[126]

III. Internationale Vorgaben

Wie bereits auf europäischer Ebene versucht, wurde stetig eine internationale Harmonisierung angestrebt. Insbesondere im Urheberrecht erscheint die Notwendigkeit eines internationalen Rechtsschutzes evident,[127] da geistige Leistungen, die Gegenstand des Urheberrechts sind, sich bspw. durch Sendungen über das Internet weltweit wahrnehmbar machen lassen.[128] International haben daher verschiedene Staatsverträge Einfluss auf das deutsche Urheberrecht. Zum einen ist dort die Berner Übereinkunft zu benennen, die ein Mindestmaß an Rechten des Urhebers festlegt, allerdings letztmalig 1971 einer Revision unterzogen worden ist und folglich im Hinblick auf das digitale Verwertungsumfeld keine expliziten Regelungen enthält. Weiteren Einfluss haben das Welturheberrechtsabkommen, das TRIPS-Übereinkommen[129] und schließlich der WIPO-Urheberrechtsvertrag.[130]

125 Schneider, Telemedicus-Wochenrückblick Woche 23: EU-Domains, Hooligans, Jugendschutz, 07.06.2010; Wilkens, Bundesjustizministerium plant Fachanhörungen zum Urheberrecht, 02.06.2010; Becker, ZUM 2008, 361 (361 ff.); Niederalt, ZUM 2008, 397 (397 ff.).

126 EuGH, NJW 1984, 2021; Ehricke, EuZW 1999, 553 (554); Lettl, Urheberrecht, 2008, S. 172; Findeisen, Die Auslegung urheberrechtlicher Schrankenbestimmungen, 2005, S. 139 f.

127 Nordemann, in: Fromm/Nordemann, UrhG, 10. Aufl. (2008), Einl. UrhG Rdnr. 46.

128 Wenzel/Burkhardt, Urheberrecht für die Praxis, 5. Aufl. (2009), S. 248.

129 Zur Rolle des TRIPS-Übereinkommens im Rahmen des internationalen Urheberrechts vergleiche: Katzenberger, GRUR Int 1995, 447 (447 ff.).

130 Riesenhuber, ZUM 2003, 333 (333 f.).

B. Werkschutz und Urheberschaft

Nachdem vorliegend deutsches Recht anzuwenden ist, gilt als Grundvoraussetzung, dass die relevanten Werke einen Schutz im Sinne des UrhG erfahren. Ein solcher Schutz würde sich dann in zweierlei Hinsicht entfalten: Zum einen wird der Urheber in seinen geistigen und persönlichen Beziehungen zu seinem Werk geschützt, daneben steht aber immer ein Schutz des Urhebers in Bezug auf die Nutzungen seines Werkes.[131] Wann ein Werk i. S. d. UrhG vorliegt, wird sodann durch § 2 UrhG formuliert.[132] Nach dessen Abs. 2 wird eine persönliche geistige Schöpfung vorausgesetzt, die sich grundsätzlich gem. Abs. 1 auf dem Gebiet der Literatur, Wissenschaft und Kunst bewegen muss.[133] Entscheidende Kriterien sind innerhalb der Gesamtbetrachtung also folglich, inwieweit konkret ein Werk und eine Schöpfung anzunehmen sind. Die vorbenannten Voraussetzungen liegen unstreitig bei den vorliegend relevanten Filmwerken vor. Die dort verfügbar gemachten Filme sind als Filmwerke gem. § 2 Abs. 1 Nr. 6 UrhG einzuordnen und genießen demzufolge einen Schutz im Sinne des Urheberrechtsgesetzes.[134] Als Urheber dieser Werke ist gem. § 7 UrhG zunächst derjenige, dem die schöpferische Leistung zuzuordnen ist, zu verstehen. In seiner Person entstehen originär die ihm durch die Schöpfung zustehenden Urheberrechte.[135] Darüber hinaus kann aber gem. § 8 Abs. 1 UrhG eine sogenannte Miturheberschaft vorliegen, die gegeben ist, soweit mehrere ein Werk gemeinsam erschaffen haben und sich der jeweilige Anteil nicht gesondert verwerten lässt. Voraussetzungen sind aber sodann eine Einheitlichkeit der Werkschöpfung und ein gewolltes Zusammenwirken.[136]

---

131 Ahlberg, in: Möhring/Nicolini, UrhG, 2. Aufl. (2000), Einleitung Rdnr. 12; Rehbinder/Hubmann, Urheberrecht, 16. Aufl. (2010), S. 28 ff.

132 Bullinger, in: Wandtke/Bullinger, UrhG, 3. Aufl. (2009), § 2 Rdnr. 1.

133 Lettl, Urheberrecht, 2008, S. 36 f.; Wenzel/Burkhardt, Urheberrecht für die Praxis, 5. Aufl. (2009), S. 31.

134 Dieser Abschnitt soll insgesamt lediglich einen kurzen Überblick über die erforderlichen Voraussetzungen geben. Vertiefte Grundlagen zu diesem Thema sollen nicht hier, sondern mit Verweis auf die einschlägigen Kommentierungen abgedeckt werden. Vgl. dazu daher u. a.: Schulze, in: Dreier/Schulze, UrhG, 3. Aufl. (2008), § 2 Rdnr. 1 ff.; Bullinger, in: Wandtke/Bullinger, UrhG, 3. Aufl. (2009), § 2 Rdnr. 1 ff.; Rehbinder/Hubmann, Urheberrecht, 16. Aufl. (2010), Rdnr. 28 ff. Jeweils m.w.N.

135 Hoeren, in: Loewenheim (Hrsg.), Handbuch des Urheberrechts, 2. Aufl. (2010), § 10 Rdnr. 1 ff.; Loewenheim, in: Schricker/Loewenheim, UrhG, 4. Aufl. (2010), § 7 Rdnr. 2 ff.; Wöhrn, in: Wandtke (Hrsg.), Urheberrecht, 2. Aufl. (2010), 2. Kapitel Rdnr. 143 ff.; Lettl, Urheberrecht, 2008, S. 74.

136 Nordemann, in: Fromm/Nordemann, UrhG, 10. Aufl. (2008), § 8 Rdnr. 2; Hoeren, in: Loewenheim (Hrsg.), Handbuch des Urheberrechts, 2. Aufl. (2010), § 10 Rdnr. 5 ff.;

C. Besonderer Schutz des Filmherstellers, § 94 UrhG

Gleichwohl die Begrifflichkeit des Urheberrechts den Schluss nahelegt, es handle sich um einen Schutz der Interessen des Urhebers, werden daneben durch das UrhG die Standpunkte und Bedürfnisse der Verwerter, d. h. z. B. Fernsehsender, Verlage, Musikunternehmen, geschützt.[137] Für Letztere greifen neben den Rechten der Urheber mithin sogenannte Leistungsschutzrechte, bei denen bestimmte Leistungen dann durch das Urheberrecht einen bestimmten Schutz erfahren, wenn sie selbst keine eigene persönlich-geistige Schöpfung darstellen. Hier ist unter anderem an die Schutzrechte der Hersteller von Tonträgern gem. §§ 85 f. UrhG, der Sendeunternehmen gem. § 87 UrhG oder der Datenbankhersteller gem. §§ 87a ff. UrhG zu denken. Zu dem Schutzkreis der Verwerter gehören aber auch die Filmhersteller, für die über § 94 UrhG ein besonderer Schutz statuiert wird. Diese sind in der Regel keine Filmurheber, da ihnen kein schöpferischer Beitrag zuzusprechen ist. Über § 94 UrhG soll dann aber ein eigenes Urheberrecht normiert werden, welches seinen Ursprung in dem besonderen unternehmerischen Aufwand findet.[138] Wird ausnahmsweise ein schöpferischer Beitrag erbracht – sei es als Drehbuchautor oder Regisseur –, kommen dem Filmhersteller die spezifischen Urheberrechte zu.[139] Als Filmhersteller i. S. d. § 94 UrhG ist jeweils derjenige einzuordnen, dem die organisatorische Verantwortung zukommt und zu dessen Lasten das unternehmerische und finanzielle Risiko geht, d. h. in der Regel der Investor und Produzent.[140] Dabei steht das Leistungsschutzrecht jedoch stets dem Inhaber des Unternehmens zu, da

---

Wöhrn, in: Wandtke (Hrsg.), Urheberrecht, 2. Aufl. (2010), 2. Kapitel Rdnr. 151 ff.; Loewenheim, in: Loewenheim (Hrsg.), Handbuch des Urheberrechts, 2. Aufl. (2010), § 10 Rdnr. 2; Thielecke/Bechtolsheim, GRUR 2003, 754 (755 f.); González, Der digitale Film im Urheberrecht, 2002, S. 196 f.

137 Forgó, in: Forgó (Hrsg.), Urheberrecht in digitalisierter Wissenschaft und Lehre, 2006, S. 13.

138 Hoeren, in: Forgó (Hrsg.), Urheberrecht in digitalisierter Wissenschaft und Lehre, 2006, S. 33 (39); Katzenberger, in: Schricker/Loewenheim, UrhG, 4. Aufl. (2010), § 94 Rdnr. 5; Katzenberger, ZUM 2003, 712 (712 f.); Kreile/Höfinger, ZUM 2003, 719 (727 f.); González, Der digitale Film im Urheberrecht, 2002, S. 235 ff.; Fringuelli, Internet-TV, 2004, S. 77 f.

139 Schulze, in: Dreier/Schulze, UrhG, 3. Aufl. (2008), § 94 Rdnr. 1.

140 Loefs/Verweyen, ZUM 2007, 706; Manegold, in: Wandtke/Bullinger, UrhG, 3. Aufl. (2009), § 94 Rdnr. 29; Nordemann, in: Fromm/Nordemann, UrhG, 10. Aufl. (2008), § 94 Rdnr. 8; Bernhöft, Die urheberrechtliche Zulässigkeit der digitalen Aufzeichnung einer Sendung, 2009, S. 173; Poll, GRUR Int 2003, 290 (295 ff.).

dieser den Aufwand getätigt hat.[141] Anknüpfungspunkt des Rechts aus § 94 Abs. 1 UrhG ist der Filmträger als Speichermedium selbst, auf dem das Filmwerk aufgenommen worden ist,[142] mithin also die erstmalige Fixierung des Films.[143] Daraus ergeben sich sodann dem Unternehmer die über § 94 Abs. 1 S. 1 UrhG zugesprochenen Rechte, die denen entsprechen, die dem Urheber nach §§ 16, 17, 19 Abs. 4, 20, 20a und 20b Abs. 1 UrhG zustehen.[144]

Für die vorliegende Betrachtung bedeutet dies, dass, soweit Filmwerke als Ausgangspunkt für eine Beeinträchtigung herangezogen werden, den Filmunternehmern der hier skizzierte Schutz zukommt. Soweit im Folgenden die Begrifflichkeit des Urhebers verwendet wird, sollen sich hiervon auch die Filmhersteller mit ihren Rechten aus § 94 Abs. 1 UrhG erfasst sehen.

D. Urheberpersönlichkeitsrechte

Ist ein Werk urheberrechtlich geschützt, stehen dem Urheber die urheberpersönlichkeitsrechtlichen Befugnisse aus den §§ 12 bis 14 UrhG zu. Durch diese sind solche Rechtsbeziehungen des Urhebers zu seinem Werk erfasst, welche sich nicht der vermögensrechtlichen Natur zuordnen lassen.[145]

I. Recht auf Anerkennung der Urheberschaft, § 13 UrhG, und Entstellung des Werkes, § 14 UrhG

Dem Urheber steht so gem. § 12 UrhG das Recht auf Veröffentlichung, gem. § 13 UrhG das Recht auf Anerkennung seiner Urheberschaft und gem. § 14 UrhG das Recht zur Verhinderung von Entstellungen seines Werkes zu.[146]

---

141 Nordemann, in: Fromm/Nordemann, UrhG, 10. Aufl. (2008), § 94 Rdnr. 17; Manegold, in: Wandtke/Bullinger, UrhG, 3. Aufl. (2009), § 94 Rdnr. 20.

142 Manegold, in: Wandtke/Bullinger, UrhG, 3. Aufl. (2009), § 94 Rdnr. 20; Katzenberger, in: Schricker/Loewenheim, UrhG, 4. Aufl. (2010), § 94 Rdnr. 9 ff.; Nordemann, in: Fromm/Nordemann, UrhG, 10. Aufl. (2008), § 94 Rdnr. 37.

143 Bernhöft, Die urheberrechtliche Zulässigkeit der digitalen Aufzeichnung einer Sendung, 2009, S. 174.

144 Katzenberger, in: Schricker/Loewenheim, UrhG, 4. Aufl. (2010), § 94 Rdnr. 21; Homann, Praxishandbuch Filmrecht, 2. Aufl. (2004), S. 150 ff.

145 Loewenheim, in: Schricker/Loewenheim, UrhG, 4. Aufl. (2010), Vor §§ 12 ff. Rdnr. 6 ff.; Dietz, in: Wandtke (Hrsg.), Urheberrecht, 2. Aufl. (2010), 3. Kapitel Rdnr. 1 ff.; Wenzel/Burkhardt, Urheberrecht für die Praxis, 5. Aufl. (2009), S. 25.

146 Diese Rechte werden auch als „droit moral“ bezeichnet. Vgl. u. a.: de Boor, Vom Wesen des Urheberrechts, 1933, S. 25 f. Dieser möchte sogar so weit gehen, die Differen-

Das Recht aus § 13 UrhG ist zum einen in seinem Satz 2 als Urheberbenennungsrecht zu verstehen. Daneben gewährt Satz 1 ein Recht auf Anerkennung der Urheberschaft. Eine Entstellung i. S. d. § 14 UrhG liegt z. B. bei einer Übermalung, Verkürzung oder Tendenzveränderung eines Werkes vor.[147]

II. Relevanz im Rahmen des Streamings

Das Recht auf Anerkennung der Urheberschaft könnte mit seinem Satz 2 beim Streaming insofern verletzt sein, als dem Urheber durch die Darstellung seines Filmwerkes im Rahmen des Streamings sein Recht auf Nennung abgeschnitten wird – denn dies gilt ebenso für die Nutzung eines Werkes im Internet.[148] Voraussetzung dafür wäre aber, dass innerhalb der Darstellung auf die Benennung verzichtet wird. Da sich die Filmwerke dort jedoch in aller Regel vollständig auffinden lassen, wird der Urheber im Vor- oder Abspann aufgeführt werden. § 13 UrhG ist dann nicht beeinträchtigt.

Daneben könnte allerdings eine Entstellung i. S. d. § 14 UrhG vorliegen. Vor allem im Hinblick auf eine Übermittlung über das Internet ist eine Entstellung bei der erfolgenden Komprimierung des Filmwerkes denkbar. Dann muss die Beeinträchtigung ein solches Maß erreichen, dass die berechtigten Interessen des Urhebers berührt sind. Eine Entstellung kann in diesem Sinne angenommen werden, wenn für den Nutzer nicht ersichtlich ist, dass sich die verminderte Qualität aus den technischen Umständen ergibt.[149] Wesentlich für das Streaming ist, dass das übermittelte Filmwerk komprimiert wird.[150] Grundlage dieser Komprimierung ist die Tatsache, dass bei mehreren Bildern einer Sequenz sich einzelne Bildbestandteile nicht oder nur unwesentlich verändern. Mit der Komp-

---

zierung zwischen den persönlichen und vermögensrechtlichen Interessen des Urhebers als „primitiv" zu bezeichnen. Vielmehr seien diese nicht trennscharf zu unterscheiden, da in den vermögensrechtlichen Aspekten stets persönliche Interessen des Urhebers eine Ausprägung finden („dem Doktoranden, dem das Gleiche mit seiner Dissertation passiert, geht es um den Titel", vgl. de Boor, Vom Wesen des Urheberrechts, 1933, S. 34). Dennoch soll diese Unterscheidung – auch ganz im Sinne der aktuellen rechtswissenschaftlichen Literatur – innerhalb dieser Arbeit unstreitig erfolgen.

147 Dietz/Peukert, in: Schricker/Loewenheim, UrhG, 4. Aufl. (2010), § 14 Rdnr. 9 f.; Rehbinder/Hubmann, Urheberrecht, 16. Aufl. (2010), Rdnr. 164 f.

148 Schulze, in: Dreier/Schulze, UrhG, 3. Aufl. (2008), § 13 Rdnr. 3; Schulze, in: Dreier/Schulze, UrhG, 3. Aufl. (2008), § 13 Rdnr. 8; OLG München, GRUR-RR 2004, 33 (34).

149 Decker, in: Hoeren/Sieber (Hrsg.), Handbuch Multimedia-Recht, 21. Aufl. (2009), Teil 7.2 Rdnr. 51 f.

150 Vgl. S. 12 ff.

rimierungstechnologie werden lediglich die sich ändernden Pixel gespeichert, sodass die Filmwerke schneller über das Internet übertragen werden können.[151] Dies führt indes zu keiner Entstellung des Filmwerkes. Zudem ist für den Nutzer beim Streaming von einem Erfahrungssatz auszugehen, wonach bei dieser Technologie stets eine gewisse Einschränkung in der Qualität – sei es beispielsweise eine verminderte Tonqualität oder eine Verringerung der Auflösung des Filmwerkes – zu erwarten ist. Sobald für den Nutzer allerdings ersichtlich ist, dass diese Minderung der Qualität den technischen Umständen geschuldet ist, muss nach der oben benannten Definition für eine Entstellung davon ausgegangen werden, dass kein Eingriff in § 14 UrhG vorliegt.

Anders könnte dies bewertet werden, wenn das Ursprungsmaterial für die Zurverfügungstellung des Filmwerkes durch das Abfilmen in einem Kinosaal erzeugt worden ist. Diese Vorlagen verfügen in der Regel jedoch bereits über eine solch schlechte Qualität, die insbesondere durch das schräge Abfilmen der Kinoleinwand, den Geräuschen von Besuchern des Kinosaals und der Sichtbarkeit von Besuchern in den Sitzreihen vor der Kamera geprägt ist,[152] dass auch hier für den Nutzer die verminderte Qualität bereits den technischen Umständen der Aufnahme zugeschrieben werden muss. Damit liegt dann aber auch hier kein Eingriff in § 14 UrhG vor.

E. Verwertungsrechte des UrhG

Neben dem Schutz der Rechtsbeziehung des Urhebers zu seinem Werk räumt das Urheberrecht dem Urheber Verwertungsrechte ein, die durch § 15 UrhG statuiert werden und dem Urheber ein umfassendes allgemeines ausschließliches Recht zur wirtschaftlichen Verwertung seines Werkes zusprechen.[153] Den Verwertungsrechten ist zum einen die positive Nutzung, d. h. das ausschließliche Recht des Urhebers zur Verwertung seines Werkes, zu entnehmen. Zum anderen umfassen die Verwertungsrechte ein Verbotsrecht, d. h., der Urheber darf anderen die Verwertung seines Werkes untersagen.[154] Eine inhaltliche Differenzierung erfolgt dabei zwischen der körperlichen und unkörperlichen Verwertung. Während die körperliche Verwertung z. B. die Vervielfältigung oder die

151 Vgl. S. 7.

152 Vgl. S. 19.

153 Wenzel/Burkhardt, Urheberrecht für die Praxis, 5. Aufl. (2009), S. 73; Heerma, in: Wandtke/Bullinger, UrhG, 3. Aufl. (2009), § 15 Rdnr. 1; Fechner, Medienrecht, 11. Aufl. (2010), S. 101 f.

154 Lettl, Urheberrecht, 2008, S. 103.

Verbreitung erfasst, unterfällt der unkörperlichen Verwertung beispielsweise die Aufführung oder Vorführung.[155]

I. Vervielfältigungsrecht, § 16 UrhG

Dem Urheber steht gem. § 15 Abs. 1 Nr. 1 UrhG das alleinige Recht zur Vervielfältigung zu. Dieses Vervielfältigungsrecht wird durch § 16 UrhG definiert. Es stellt ein klassisches Verwertungsrecht dar und lässt sich unter die körperlichen Verwertungsrechte fassen, sodass das Werk körperlich festgelegt sein muss. Dies kann beispielsweise in Form einer Fotokopie eines Buches oder auf elektronischen Speichern wie Festplatten oder CD-ROMs erfolgen.[156]

1. Voraussetzungen

Durch § 16 UrhG werden Vervielfältigungen jeder Art erfasst.[157] Unerheblich ist, ob diese Vorgänge im Privaten oder in der Öffentlichkeit erfolgen. Als Vervielfältigung ist jede körperliche Festlegung der Werkes zu verstehen, mittels derer das Werk mittelbar oder unmittelbar den menschlichen Sinnen wahrnehmbar gemacht werden kann.[158] Dauer, Material und Verfahren sind nicht relevant.[159] Vervielfältigungen auf digitalen Medien sind ebenso geeignet, das Werk für die menschlichen Sinne in körperlicher Form – mittelbar über die Sichtbarmachung am Bildschirm oder durch einen Ausdruck – wahrnehmbar zu machen. Es ist folglich eine Vervielfältigung i. S. d. § 16 UrhG anzunehmen, wenn ein Download aus dem Internet erfolgt oder Inhalte im Cache des Computers abge-

---

155 Wenzel/Burkhardt, Urheberrecht für die Praxis, 5. Aufl. (2009), S. 25; Wöhrn, in: Wandtke (Hrsg.), Urheberrecht, 2. Aufl. (2010), 3. Kapitel Rdnr. 75; Fechner, Medienrecht, 11. Aufl. (2010), S. 107.

156 Dustmann, in: Fromm/Nordemann, UrhG, 10. Aufl. (2008), § 16 Rdnr. 1; Wöhrn, in: Wandtke (Hrsg.), Urheberrecht, 2. Aufl. (2010), 3. Kapitel Rdnr. 79 ff.

157 Heerma, in: Wandtke/Bullinger, UrhG, 3. Aufl. (2009), § 16 Rdnr. 1.

158 BGH, GRUR 1978, 474 (476); Lüft, in: Wandtke/Bullinger, UrhG, 3. Aufl. (2009), § 53 Rdnr. 12; BGH, GRUR 1978, 474 (476); Nordemann, in: Fromm/Nordemann, UrhG, 10. Aufl. (2008), § 53 Rdnr. 13; Hölscher, Die Ausnahmebestimmungen für den eigenen Gebrauch im deutschen und französischen Urheberrecht, 2001, S. 152 f.; Baronikians, ZUM 1999, 126 (127); Loewenheim, in: Fechner (Hrsg.), Die Privatkopie, 2007, S. 8 (14); Engels, Die verfassungsrechtlichen Grundlagen der Privatkopie, 2006, S. 25; Nippe, GRUR Int 1995, 202 (204); Vianello, CR 2010, 728 (730).

159 Lettl, Urheberrecht, 2008, S. 105 f.; Dreyer, in: Dreyer/Kotthoff/Meckel, UrhG, 2. Aufl. (2009), § 16 Rdnr. 11.

legt werden. Gleiches gilt, wenn Daten von einem Computer über das Internet auf einen Server übertragen werden (sog. Upload).[160]

2. Ephemere Vervielfältigungen

Umstritten war, inwieweit vorübergehende Vervielfältigungen, so beispielsweise im Arbeits- oder Festplattenspeicher eines Computers,[161] von § 16 UrhG erfasst sind. Die wohl h.M. in der Literatur beantwortete die Frage dahin gehend, dass diesen Vervielfältigungen eine gesteigerte Werknutzung zukomme und deswegen, obwohl dem Benutzer die unmittelbare Verfügungsgewalt über diese Vervielfältigungen fehle, ein Eingriff anzunehmen sei.[162] Letztlich erledigt hat sich diese Frage allerdings durch die Urheberrechtsreform 2003, durch die § 16 UrhG dahin gehend modifiziert wurde, dass dem Urheber sein Vervielfältigungsrecht unabhängig davon zusteht, ob eine dauerhafte oder lediglich vorübergehende Vervielfältigung vorliegt.[163] Mit der Überarbeitung des § 16 UrhG wurde zugleich die Schrankenbestimmung des § 44a UrhG eingeführt, um einen Ausgleich für den nunmehr sehr weiten Anwendungsbereich des § 16 UrhG zu schaffen.[164]

160 Wenzel/Burkhardt, Urheberrecht für die Praxis, 5. Aufl. (2009), S. 75; Hölscher, Die Ausnahmebestimmungen für den eigenen Gebrauch im deutschen und französischen Urheberrecht, 2001, S. 98 f.

161 KG, ZUM 2002, 828; Wenzel/Burkhardt, Urheberrecht für die Praxis, 5. Aufl. (2009), S. 75.

162 BGH, NJW 1991, 1231 (1234); Spindler, JZ 2002, 60 (61); Dreier, GRUR 1997, 859 (862); Zscherpe, MMR 1998, 404 (406); Kreutzer, Das Modell des deutschen Urheberrechts und Regelungsalternativen, 2008, S. 273 f.; Reich, Die ökonomische Analyse des Urheberrechts in der Informationsgesellschaft, 2006, S. 243 f.

163 Liepe, Die Vervielfältigung zum privaten Gebrauch im deutschen und US-amerikanischen Urheberrecht unter besonderer Berücksichtigung der privaten Vervielfältigung kopiergeschützter Audio-CDs, 2006, S. 66; Heerma, in: Wandtke/Bullinger, UrhG, 3. Aufl. (2009), § 16 Rdnr. 3; Schulze, in: Dreier/Schulze, UrhG, 3. Aufl. (2008), § 16 Rdnr. 12; Dreyer, in: Dreyer/Kotthoff/Meckel, UrhG, 2. Aufl. (2009), § 16 Rdnr. 11; Fangerow/Schulz, GRUR 2010, 677 (678); Kreutzer, Das Modell des deutschen Urheberrechts und Regelungsalternativen, 2008, S. 270 f.; Hoeren, in: Forgó (Hrsg.), Urheberrecht in digitalisierter Wissenschaft und Lehre, 2006, S. 33 (43); Flechsig, ZUM 2002, 1 (4 f.).

164 Radmann, ZUM 2010, 387 (389); Pentheroudakis, Urheberrechtlicher Wandel und die kollektive Wahrnehmung in der Informationsgesellschaft, 2009, S. 59.

3. Relevanz im Rahmen des Streamings

Das Vervielfältigungsrecht des Urhebers könnte durch die Nutzungsvorgänge beim Streaming in vielfacher Weise tangiert sein. Diese Vorgänge sollen im Folgenden den Voraussetzungen des § 16 UrhG unterworfen werden.

a. Erhalt der Datei

Vor dem Upload muss das Filmwerk als Videodatei auf dem Computer der hochladenden Person zur Verfügung stehen. Dies ist in Form einer selbstständigen Erstellung dieser Datei denkbar, daneben z. B. durch den Download per Filesharing oder One-Click-Hoster. Zumindest durch die erstmalige Speicherung im Dateisystem des Computers – unabhängig von der Bezugsquelle – liegt eine Festlegung i. S. d. § 16 UrhG vor, die mittelbar, d. h. gestattet durch eine entsprechende Hard- und Software, die Festlegung den menschlichen Sinnen wahrnehmbar macht[165] und mithin einen Eingriff in das Vervielfältigungsrecht des Urhebers darstellt.

b. Uploader

Als weiterer Anknüpfungspunkt für einen Eingriff in § 16 UrhG könnte der nachfolgende Upload auf den Server der Streamingplattform dienen. Durch diesen wird zunächst die Videodatei vom Computer des Uploaders auf einen Computer bzw. Server übermittelt, der ständig mit dem Internet verbunden ist.[166] Auch dieser Vorgang führt dazu, dass eine Speicherung im Dateisystem des Servers erfolgt, die sodann durch Hard- und Software dem menschlichen Sinn wahrnehmbar gemacht werden kann.[167] Daher ist allgemein anerkannt, dass mit der Einspeicherung von Dateien auf einem Server zum Zwecke der Video- bzw. Audio-on-Demand-Dienste bzw. für Streamingzwecke eine Vervielfältigung i. S. d. § 16 UrhG vorgenommen wird.[168]

---

165 Wenzl, Musiktauschbörsen im Internet, 2005, S. 46 f.; Schulze, in: Dreier/Schulze, UrhG, 3. Aufl. (2008), § 16 Rdnr. 13; Dustmann, in: Fromm/Nordemann, UrhG, 10. Aufl. (2008), § 16 Rdnr. 12; Röhl/Bosch, NJOZ 2008, 1197 (1202).

166 Metzner, Die Auswirkungen der Urheberrechtsnovelle 2003 auf Online-Übermittlung und -zugriff im Urheberrecht, 2010, S. 21; Fringuelli, Internet-TV, 2004, S. 172 f.

167 Schulze, in: Dreier/Schulze, UrhG, 3. Aufl. (2008), § 16 Rdnr. 13; Dustmann, in: Fromm/Nordemann, UrhG, 10. Aufl. (2008), § 16 Rdnr. 12; Spindler, CR 2008, 69 (69 f.).

168 Bullinger, in: Wandtke/Bullinger, UrhG, 3. Aufl. (2009), § 19a Rdnr. 12; Dustmann, in: Fromm/Nordemann, UrhG, 10. Aufl. (2008), § 16 Rdnr. 26; Fangerow/Schulz, GRUR 2010, 677 (679).

c. *Bereithalten*

Im Hinblick auf das Bereithalten der Videodatei ist kein Eingriff in § 16 UrhG anzunehmen. Unbestritten stellt das Bereithalten selbst zunächst keine relevante Vervielfältigung dar, mangelt es diesbezüglich bereits an der Vornahme einer Vervielfältigungshandlung.

Allerdings könnte eine Teilnahme an einer später erfolgenden Vervielfältigung aufseiten des Konsumenten des Streams anzunehmen sein, sodass sich im Hinblick auf den Vermittler eine Haftung gem. § 97 UrhG als Anstifter oder Gehilfe ergeben könnte. Voraussetzung für eine solche Teilnahme wäre, dass der Vermittler den Konsumenten vorsätzlich zu einer Vervielfältigung anstiftet oder ihm dazu Beihilfe leistet. Der dabei erforderliche Vorsatz muss sich auf die konkret erfolgende Haupttat beziehen. Soweit er sich auf irgendeine denkbare Verletzungshandlung erstreckt, reicht dies für den Vorsatz im Hinblick auf eine Teilnahmehandlung nicht aus.[169] Vorliegend ist davon auszugehen, dass die Vermittler keinen Vorsatz bzgl. der konkret erfolgenden Vervielfältigung aufseiten der Konsumenten haben. Zum einen besteht keine Kenntnis darüber, wer konkret die Streamingangebote nutzt, zum anderen genügt es nach den Voraussetzungen einer Teilnahme nicht, dass ein abstraktes Bewusstsein besteht, irgendein Nutzer könnte die Plattform zu einem unbekannten Zeitpunkt für eine Vervielfältigung, die sich nicht auf eine Schrankenbestimmung berufen kann, verwenden.

Beihilfe kann indes auch dann angenommen werden, wenn der Vermittler allein durch die Verletzung einer Prüfpflicht als Störer zu erachten ist.[170] Voraussetzung für eine Einordnung des Vermittlers als Störer wäre, dass dieser willentlich und adäquat kausal, ohne schuldhaft gehandelt haben zu müssen, zur Verletzung eines geschützten Gutes beigetragen hat.[171] Im Hinblick auf die Streamingplattformen ist festzustellen, dass diese für später erfolgende Vervielfältigungen insofern beitragen, als durch die Zurverfügungstellung auf dem Server und die Ermöglichung des Abspielens des Streams die Grundlage für die erfolgende Vervielfältigung geschaffen wird. Die Plattform müsste daneben aber auch die rechtliche Möglichkeit zur Verhinderung der Haupttat gehabt haben,[172]

169 Dreier, in: Dreier/Schulze, UrhG, 3. Aufl. (2008), § 97 Rdnr. 23 ff.; v. Wolff, in: Wandtke/Bullinger, UrhG, 3. Aufl. (2009), § 97 Rdnr. 14 ff.

170 Wild, in: Schricker/Loewenheim, UrhG, 4. Aufl. (2010), § 97 Rdnr. 62; Dreier, in: Dreier/Schulze, UrhG, 3. Aufl. (2008), § 97 Rdnr. 33; Nordemann, in: Fromm/Nordemann, UrhG, 10. Aufl. (2008), § 97 Rdnr. 153.

171 BGH, MMR 2001, 671 (671 ff.); OLG Düsseldorf, MMR 2010, 483 (484); Nordemann, in: Fromm/Nordemann, UrhG, 10. Aufl. (2008), § 97 Rdnr. 156.

172 Dreier, in: Dreier/Schulze, UrhG, 3. Aufl. (2008), § 97 Rdnr. 33; Nordemann, in: Fromm/Nordemann, UrhG, 10. Aufl. (2008), § 97 Rdnr. 158.

die vorliegend insofern vorhanden ist, als ein Zugriff der Betreiber auf die eigenen Server besteht, mithin die gespeicherten Filmwerke gelöscht werden können.

Als Korrektiv ist für die Einordnung der Plattform als Störer allerdings erforderlich, dass diese eine Prüfungspflicht verletzt. Grundsätzlich hat die Festlegung einer solchen Pflicht aufgrund einer Interessenabwägung und wertenden Risikozuweisung zu erfolgen. Erforderlich ist für die Annahme einer Prüfungspflicht zudem, dass der nicht als Täter oder Teilnehmer haftende Verursacher von der Verletzung in Kenntnis gesetzt wird.[173] Dies setzt im Hinblick auf die Streamingplattformen voraus, dass die Betreiber erst nach einer Kenntniserlangung für fremde Inhalte verantwortlich sind und demgemäß hinsichtlich unbekannter Rechtsverletzungen nicht proaktiv zu handeln haben. Eine proaktive Überwachungspflicht ergibt erst dahin gehend, zu gewährleisten, dass es nicht zu weiteren eindeutigen Rechtsverletzungen gleicher Art kommt.[174]

Fraglich ist, welche Anforderungen an diese Pflichten zu stellen sind und welche technischen Möglichkeiten den Anbietern offenstehen, um eine Wiederholung der Verbreitung urheberrechtlich geschützter Werke über ihre Plattform zu verhindern. Hierbei lassen sich die Anforderungen heranziehen, die an Sharehoster gestellt werden, da die technische Basis der Streamingplattformen weitestgehend – abgesehen von der konkreten Darstellung des Werkes, d. h. Streaming statt Download – identisch ist.[175]

Bezüglich der Sharehoster wird angenommen, dass keine Pflicht des Betreibers existiere, manuell jedes auf seinen Server geladene Werk zu überprüfen. Eine Worterkennung der hochgeladenen Dateien sei ebenfalls nicht zielführend, da diese kein Kriterium dafür sei, ob die Datei tatsächlich auch das in der Bezeichnung verwendete Werk enthalte. Es stünde den Nutzern ebenfalls frei, ihre Dateien so zu benennen, dass die Bezeichnung auf ein tatsächlich bestehendes und urheberrechtlich geschütztes Werk hindeute, dieses Werk aber tatsächlich gar nicht beinhalte. Ein Textfilter hinsichtlich des Dateinamens sei sonach ungeeignet.[176] Diese Argumentation lässt sich vollständig auf die Streamingplattformen übertragen. Auch hier wäre eine manuelle Kontrolle der Dateien mit einem zu großen Personalaufwand verbunden, der das Geschäftsmodell der Betreiber

173 BGH, MMR 2001, 671 (673); OLG Hamburg, MMR 2010, 51 (54); Nordemann, in: Fromm/Nordemann, UrhG, 10. Aufl. (2008), § 97 Rdnr. 158.

174 Dreier, in: Dreier/Schulze, UrhG, 3. Aufl. (2008), § 97 Rdnr. 33; Frech, Zivilrechtliche Haftung von Internet-Providern bei Rechtsverletzungen durch ihre Kunden, 2009, S. 324; OLG Hamburg, MMR 2010, 51 (54).

175 Vgl. S. 11 ff.

176 OLG Düsseldorf, MMR 2010, 483 (485); OLG Köln, ZUM-RD 2007, 581 (584).

infrage stellen würde.[177] Ebenso ließe sich der Dateiname nicht als Ansatzpunkt für eine Überprüfung heranziehen, da auch bei den Streamingplattformen der Name der Datei keinen zwingenden Rückschluss auf den Inhalt der Videodatei geben kann.

Zusätzlich wird jedoch bzgl. der Prüfpflicht der Sharehoster festgestellt, dass sich bei diesen eine inhaltlich Kontrolle insofern verbiete, als die Dateien in der Regel verschlüsselt auf den Server geladen werden.[178] Im Hinblick auf die Streamingplattform kann dieses Argument nicht greifen, da die Dateien unverschlüsselt auf den Server geladen werden müssen, um im Rahmen der Technologie des Streamings vom Portal zur Verfügung gestellt zu werden.[179] Hinsichtlich der Streamingplattformen ließe sich dann automatisch überprüfen, ob ein bestimmtes Filmwerk erneut auf den Server geladen worden ist. Die Einhaltung der den Plattformen obliegenden Überwachungspflichten nach Kenntnisnahme hinsichtlich einer Rechtsverletzung ist eine Frage des jeweiligen Einzelfalls, mithin also Tatfrage. Inwieweit die Uploader Vorkehrungen treffen, um eine solche automatisierte Überprüfung zu umgehen, wäre daher eine Frage des Einzelfalls.[180]

Unter Umständen kann die Plattform bei Missachtung der ihr obliegenden Prüfpflichten Störer und dann Teilnehmer an einer ggf. erfolgenden Verletzung der Rechte der Urheber durch den Konsumenten werden. Dies hängt gleichwohl von der Frage ab, ob der Konsument überhaupt in Rechte der Urheber eingreift und inwieweit diese gerechtfertigt sind.

d. Einbindung im Rahmen der Streamingfilmportale

Im weiteren Prozedere erfolgt durch die Streamingfilmportale eine Aufbereitung der Angebote dahin gehend, dass die Streams mittels Beschreibungstext und/oder Bildmaterial dem Konsumenten dargestellt werden. Die tatsächliche Erreichbarkeit des Streams ist über zwei Wege möglich: zum einen über die Einbindung eines Hyperlinks, zum anderen über die Verwendung eines eingebetteten Videoplayers (sog. Embedded Player), über den die Wiedergabe des

177 Wilmer, NJW 2008, 1845 (1845 ff.); OLG Düsseldorf, MMR 2010, 483 (485).

178 OLG Düsseldorf, MMR 2010, 483 (485).

179 Vgl. S. 12 ff.

180 Denkbar wäre z. B. eine Überprüfung im Rahmen eines MD5-Filters, der verhindern soll, dass identische Dateien erneut auf den Server geladen werden, vgl. OLG Hamburg, NJOZ 2008, 4927; OLG Köln, ZUM-RD 2007, 581 (584). Eine solche Überprüfung ist hinsichtlich der Sharehoster als wirkungslos zu erachten, da die dort hochgeladenen Dateien in der Regel im RAR-Format komprimiert sind und durch eine erneute Komprimierung der MD5-Wert, trotz gleichbleibendem Inhalt, verändert wird. Da bei den Streamingplattformen keine Komprimierung möglich ist, wäre eine solche Überprüfung hinsichtlich des MD5-Werts denkbar.

Filmwerks direkt über die Internetseite des Streamingfilmportals erfolgt. Bei der Beurteilung eines etwaigen Eingriffs in § 16 UrhG ist zwischen diesen Möglichkeiten entsprechend zu differenzieren.

aa. Verlinken

Zunächst könnte das Setzen eines Hyperlinks durch das Streamingfilmportal auf die Streamingplattform einen Eingriff in § 16 UrhG darstellen. Allerdings muss berücksichtigt werden, dass der Hyperlink für die Funktions- und Arbeitsweise des Internets von entscheidender Bedeutung ist und dieser lediglich einen Verweis auf einen externen Inhalt repräsentiert. Erst durch die Handlung des Nutzers, d. h. das Anklicken des spezifischen Hyperlinks, kommt es zu einer etwaigen Vervielfältigung. Der Hyperlink erhöht dabei lediglich die grundsätzliche Wahrscheinlichkeit für diese Vervielfältigung, kann aber selbst nicht als Verwertungshandlung eingeordnet werden.[181] Demnach führt das Setzen des Hyperlinks selbst zu keiner Vervielfältigungshandlung, da dieser erst durch den Nutzer selbst aktiviert wird.[182]

bb. Einbetten

Allerdings könnte ein Eingriff in § 16 UrhG gegeben sein, soweit das Streamingfilmportal auf einen Embedded Player zurückgreift. Dabei wird eine Inline-Link-Technik herangezogen, bei welcher der Browser dazu veranlasst wird, an einer konkreten Stelle der Internetseite ein Video von einem externen Server abzurufen. Bei einem Inline-Link wird in der Regel der eingebettete Inhalt bereits beim Aufruf der Webseite geladen – bei Embedded Playern muss der Nutzer den Videostream noch mittels der Wiedergabesteuerung starten.[183]

Nach den o. g. Ausführungen stellt das Setzen eines Hyperlink keine urheberrechtlich relevante Vervielfältigung i. S. d. § 16 UrhG dar. Erneut wird diese Frage jedoch hinsichtlich der Verwendung von Inline-Links bzw. Frames diskutiert.[184] Als Framing wird das Aufteilen des Browserfensters in verschiedene Segmente verstanden; jeder Frame kann dann nunmehr eine auf dem Server liegende HTML- und/oder PHP-Datei oder den Inhalt einer ganz anderen Internetseite anzeigen. Damit kann z. B. ein Teil des Bildschirms für eine Navigation, Werbung oder den Inhalt der Seite selbst verwendet werden.[185] Als Hinweis,

181 Ernst/Vassilaki/Wiebe, Hyperlinks, 2002, S. 16; Dustmann, in: Fromm/Nordemann, UrhG, 10. Aufl. (2008), § 16 Rdnr. 30; Schulze, in: Dreier/Schulze, UrhG, 3. Aufl. (2008), § 16 Rdnr. 14; Volkmann, Der Störer im Internet, 2005, S. 89.

182 BGH, NJW 2003, 3406 (3406 ff.); Schulze, in: Dreier/Schulze, UrhG, 3. Aufl. (2008), § 16 Rdnr. 14.

183 Ott, ZUM 2008, 556 (557).

184 Dustmann, in: Fromm/Nordemann, UrhG, 10. Aufl. (2008), § 16 Rdnr. 30.

185 Ott, ZUM 2004, 357; Stenzel, Haftung für Hyperlinks, 2006, S. 22.

dass es sich bei einzelnen Frames um Inhalte anderer Seiten handelt, kann allenfalls ein anderes Layout oder eine geänderte Benutzerführung herangezogen werden.[186] Da der Nutzer beim Framing keinen Einfluss mehr über die Vervielfältigung hat und die Herrschaft über diese Vervielfältigung dem Linksetzer obliegt, soll bereits durch das Setzen des Links ein Eingriff in das Vervielfältigungsrecht des Urhebers aus § 16 UrhG vorliegen.[187] Dabei wird indes außer Acht gelassen, dass die Vervielfältigung aufseiten des Nutzers erfolgt. Das Videomaterial des Embedded Players ist zu keinem Zeitpunkt auf dem Server desjenigen abgelegt, der diesen Player im Rahmen seines Internetangebots einbindet. Das Angebot stellt ebenfalls lediglich die Erhöhung der Wahrscheinlichkeit einer Vervielfältigung dar, sodass das Streamingportal nicht als Täter einer Vervielfältigung i. S. d. § 16 UrhG bei Verwendung eines Embedded Players einzuordnen ist.[188]

cc. Teilnahmehandlung

Es könnte gleichwohl in Betracht gezogen werden, eine urheberrechtlich relevante Teilnahmehandlung zur Aktivierung des Hyperlinks oder der Verwendung des Embedded Players anzunehmen.[189] Hinsichtlich der Portale muss festgehalten werden, dass von dieser Seite Vorsatz bzgl. der späteren Vervielfältigung aufseiten des Konsumenten vorliegt, da die Einbindung der Hyperlinks und der Embedded Player nur zu dem Zweck der Nutzung durch den Konsumenten erfolgt. Inwieweit das Einbinden als Teilnahmehandlung zu bewerten ist, hängt nur davon ab, ob der Konsument überhaupt in Rechte der Urheber eingreift und inwieweit diese gerechtfertigt sind.

e. Vermitteln

Der Datentransfer zwischen Streaminganbieter und dem Konsumenten erfolgt durch einen technischen Dienstleister.[190] Im Rahmen der Vermittlung dieser Daten wird ein sogenannter Proxy-Cache für Zwischenspeicherungen aufseiten des Access-Providers eingesetzt.[191] Auch im Kontext zu der vorliegenden Betrach-

186 Stenzel, Haftung für Hyperlinks, 2006, S. 22.

187 Dustmann, in: Fromm/Nordemann, UrhG, 10. Aufl. (2008), § 16 Rdnr. 30.

188 Volkmann, Der Störer im Internet, 2005, S. 89; Ott, ZUM 2008, 556 (558). Jeweils m.w.N.

189 Schulze, in: Dreier/Schulze, UrhG, 3. Aufl. (2008), § 16 Rdnr. 14; Loewenheim, in: Schricker/Loewenheim, UrhG, 4. Aufl. (2010), § 16 Rdnr. 24; Czernik, in: Wandtke (Hrsg.), Medienrecht, 2. Aufl. (2011), Kapitel 2 Rdnr. 264.

190 Auch: Access-Provider.

191 Diese Speicherungen erfolgen zur Beschleunigung des Abrufs von Internetseiten, die bereits in der Vergangenheit aufgerufen wurden, sodass nunmehr auf die zwischengespeicherten Inhalte zurückgegriffen werden kann. Die Belastung des Netzes und die

tung ist davon auszugehen, dass die Filmwerke von den Access-Providern zwischengespeichert werden. Bei diesen Speicherungen handelt es sich um körperliche Festlegungen, die mittelbar über einen Computerbildschirm sichtbar gemacht werden können. Obwohl es im Serverraum normalerweise keine Monitore gibt, über die eine solche Sichtbarmachung zwingend erfolgen müsste, genügt es nach den Voraussetzungen des § 16 UrhG, dass die Vervielfältigung dafür geeignet ist, mittelbar über Hardware den menschlichen Sinnen sichtbar gemacht werden zu können.[192] Nach den vorbenannten Ausführungen ist daneben die Dauer der Vervielfältigung unerheblich, sodass es auf das Ergebnis keinen Einfluss hat, wenn die Proxy-Caches in Intervallen automatisch gelöscht werden. Die Vorgänge innerhalb der Vermittlung der Inhalte vonseiten der Access-Provider lassen sich daher als Eingriff in das Recht des Urhebers aus § 16 UrhG einordnen.

f. Konsum

Der Konsument ruft schließlich das Streamingfilmportal auf, wählt einen gewünschten Film aus und gelangt dann per Hyperlink zum Streaminganbieter oder betrachtet den Stream direkt per Embedded Player auf der Internetseite des Streamingfilmportals. Dieses Prozedere spielt sich vollständig im Internetbrowser des Nutzers ab. Sowohl bei der Wiedergabe durch einen auf Flash basierenden Player als auch bei Verwendung des DivX Web Players findet eine vorübergehende Vervielfältigung im Zwischenspeicher des Computers statt. Ein komplett lesbarer Download der Videodatei in ein beliebiges Verzeichnis auf der Festplatte des Computers ist im Rahmen des technischen Vorgangs in der Regel nicht vorgesehen. Unabhängig davon, ob der Nutzer nunmehr auf den Cache zugreift und eine dauerhafte Speicherung vornimmt,[193] ist daher stets jedenfalls eine ephemere Vervielfältigung im Cache bzw. Arbeitsspeicher anzunehmen,[194] die für einen Eingriff in § 16 UrhG genügt. Dies manifestiert sich in § 16 UrhG,

damit einhergehenden Wartezeiten aufseiten des Nutzers können damit entsprechend verringert werden. Vgl. v. Welser, in: Wandtke/Bullinger, UrhG, 3. Aufl. (2009), § 44a Rdnr. 6; Dustmann, in: Fromm/Nordemann, UrhG, 10. Aufl. (2008), § 16 Rdnr. 13.

192 Dustmann, in: Fromm/Nordemann, UrhG, 10. Aufl. (2008), § 16 Rdnr. 16.

193 Entweder im Rahmen eines auf Flash basierenden Players per Rückgriff auf den Cache des Internetbrowsers oder per entsprechender Konfiguration des DivX Web Players. Der DivX Web Player kann so konfiguriert werden, dass jeder Stream automatisch auf der Festplatte in einem separaten Verzeichnis abgelegt wird. Dies ist jedoch keine Standardeinstellung. Daneben wird der Ordner, der die temporären Speicherungen enthält, standardmäßig nach einem gewissen Zeitraum bzw. Überschreitung einer spezifischen Speicherkapazität gelöscht.

194 Fangerow/Schulz, GRUR 2010, 677 (678); Radmann, ZUM 2010, 387 (388); Vianello, CR 2010, 728 (728 f.).

der ausdrücklich von „vorübergehenden" Vervielfältigungen spricht. Hauptanwendungsfall dieser Formulierung sind die oben beschriebenen kurzfristigen Festlegungen eines Werkes im Cache oder Arbeitsspeicher eines Computers. Dies wird damit begründet, dass bereits die nur wenige Sekunden andauernde Vervielfältigung den Sinn hat, die Betrachtung des Werkes zu ermöglichen und die Grundlage für eine weitere Verwendung darstellt.[195]

Unerheblich ist für dieses Ergebnis, ob ein externer Player per Hyperlink geöffnet wird oder sich die Darstellung bereits innerhalb eines Embedded Players auf dem Streamingfilmportal ergibt. In beiden Fällen ist der technische Ablauf im Hinblick auf die ephemeren Vervielfältigungen identisch.

4. Zwischenergebnis

Damit bleibt als Zwischenergebnis im Rahmen der Prüfung des § 16 UrhG festzuhalten, dass zunächst durch den Konsumenten ein Eingriff festzustellen ist. Gleiches gilt für den Uploader bei Vervielfältigung des Filmwerkes auf der eigenen Computerfestplatte und nach dem Upload durch die Vervielfältigung auf der Serverfestplatte der Streamingplattform. Dies ist für den technischen Vermittler, soweit hier im Rahmen eines Proxy-Caches Vervielfältigungen vorgenommen werden, ebenso festzustellen.

Sowohl beim Bereithalten der Streams auf der Streamingplattform als auch bei der Einbindung von Hyperlinks oder Embedded Playern aufseiten der Streamingfilmportale kommt eine relevante Teilnahmehandlung an den später ggf. bestehenden Eingriffen in die Rechte der Urheber vonseiten des Konsumenten in Betracht. Dies hängt entscheidend davon ab, ob in Rechte eingegriffen wird und inwieweit dies durch die Schrankenbestimmungen gerechtfertigt ist.

II. Recht der öffentlichen Zugänglichmachung, § 19a UrhG

Darüber hinaus könnten Eingriffe in das Recht des Urhebers auf öffentliche Zugänglichmachung gem. § 19a UrhG festzustellen sein.

1. Grundlagen

Im Jahre 2003 wurde durch die Urheberrechtsnovellierung mit § 19a UrhG ein neues Verwertungsrecht eingeführt, wonach dem Urheber das ausschließliche Recht zukommt, sein Werk öffentlich zugänglich zu machen. § 19a UrhG ist vor

195 Dustmann, in: Fromm/Nordemann, UrhG, 10. Aufl. (2008), § 16 Rdnr. 13; Busch, GRUR 2011, 496 (499 f.).

allem im Kontext zu digitalen Medien, dem Internet und Computernetzwerken generell zu sehen und soll Lücken sowie Abgrenzungsprobleme im Bereich der Onlineverwertung geistiger Werke vermeiden.[196] Die Einführung der Vorschrift beruht auf der Umsetzung von Art. 3 Abs. 1 und 2 der RL 2001/29/EG.[197] Diese Richtlinie geht wiederum auf den WIPO-Urheberrechtsvertrag und den WIPO-Vertrag über Darbietungen und Tonträger zurück.[198]

Bereits vor der Umsetzung der entsprechenden Richtlinie konnte für den Urheber – nicht jedoch für Leistungsschutzberechtigte – über § 15 Abs. 2 UrhG ein Recht auf die öffentliche Zugänglichmachung geschützter Werke abgeleitet werden.[199] Durch die Einführung des § 19a UrhG wurde daher insbesondere die Rechtslage in Bezug auf die Leistungsschutzberechtigten eindeutig festgelegt.[200]

2. Voraussetzungen

Inhaltlich statuiert § 19a UrhG das Recht, im Rahmen einer drahtlosen oder drahtgebunden Weise das Werk der Öffentlichkeit so zugänglich zu machen, dass es den Mitgliedern dieser Öffentlichkeit zu einer Zeit und einem Ort ihrer Wahl zugänglich ist.

---

196 Bullinger, in: Wandtke/Bullinger, UrhG, 3. Aufl. (2009), § 19a Rdnr. 1; Dreier, in: Dreier/Schulze, UrhG, 3. Aufl. (2008), § 19a Rdnr. 1; Dustmann, in: Fromm/Nordemann, UrhG, 10. Aufl. (2008), § 19a Rdnr. 1.

197 Auf die Richtlinie (und den WIPO-Urheberrechtsvertrag) geht die Formulierung der deutschen Norm zurück. Während die Richtlinie in der englischen Version von „communication to the public" spricht, wurde vom deutschen Gesetzgeber auf die entsprechende Formulierung zurückgegriffen. Bullinger bezeichnet diese als „unschön, aber präzise". Insbesondere wäre beim – von der Literatur geforderten – Begriff der „Übertragung" eine inhaltliche Abgrenzung zu anderen Vorschriften des UrhG problematisch gewesen. Vgl. dazu: Bullinger, in: Wandtke/Bullinger, UrhG, 3. Aufl. (2009), § 19a Rdnr. 3. Allgemeine Ausführungen: Schack, GRUR 2007, 639 (640); Wöhrn, in: Wandtke (Hrsg.), Urheberrecht, 2. Aufl. (2010), 3. Kapitel Rdnr. 126 ff.; Rehbinder/Hubmann, Urheberrecht, 16. Aufl. (2010), S. 347; Dreier, ZUM 2002, 28 (30 f.).

198 Ott, ZUM 2004, 357 (361 f.); Dreier, in: Dreier/Schulze, UrhG, 3. Aufl. (2008), § 19a Rdnr. 2.

199 Der dort zu findende Katalog ist keine abschließende Aufzählung, sodass das Recht auf öffentliche Zugänglichmachung jedenfalls als sog. unbenanntes Recht der öffentlichen Wiedergabe vorhanden sein musste. Vgl.: BGH, NJW 2003, 3406 (3408 f.); Dreier, in: Dreier/Schulze, UrhG, 3. Aufl. (2008), § 19a Rdnr. 3; Bullinger, in: Wandtke/Bullinger, UrhG, 3. Aufl. (2009), § 19a Rdnr. 2.

200 Dreier, in: Dreier/Schulze, UrhG, 3. Aufl. (2008), § 19a Rdnr. 3.

a. Zugänglichmachung

Als Zugänglichmachung wird das Bereithalten eines Werkes zum interaktiven Abruf, d. h. insbesondere über das Internet, verstanden.[201] Die Dauer der Zugänglichmachung und die detaillierten Umstände der Zugänglichmachung sind im Rahmen des § 19a UrhG nicht relevant.[202] Bereits aus dem Wortsinn ergibt sich, dass § 19a UrhG seinen Schutz sehr frühzeitig begründet, indem ein Eingriff bereits in der bloßen Schaffung einer technischen Möglichkeit zum Abruf gegeben sein kann – der tatsächliche Erfolg, z. B. in Form einer Kopie, ist nicht notwendig.[203] Daneben wird durch § 19a UrhG aber auch der eigentliche Übertragungsvorgang erfasst. Zwar ist nach dem Wortlaut der Norm lediglich das Bereitstellen vom Regelungsgehalt erfasst, im Hinblick auf Art. 3 der HRL ist allerdings zu bedenken, dass Erwägungsgrund 24 der Richtlinie klarstellt, der Übertragungsakt müsse auch vom Recht der öffentlichen Zugänglichmachung erfasst sein.[204] Eine technische Begrenzung der Zugänglichmachung ist nicht vorgesehen. Dies führt dazu, dass beispielsweise Internetseiten, File-Sharing-Systeme und sonstige Netzwerke von § 19a UrhG erfasst werden.[205]

Zum Teil wird vertreten, dass nur dann eine Zugänglichmachung angenommen werden kann, wenn der Nutzer im Rahmen des technischen Ablaufs eine Verfügungsgewalt über das Werk erlangt. Wird lediglich ein rezeptiver Genuss des Werkes ermöglicht, soll nach dieser Ansicht eher das Senderecht aus § 20 UrhG betroffen sein. Insbesondere im Hinblick auf den eindeutigen Wortlaut des § 19a UrhG mag diese Position jedoch insofern nicht zu überzeugen, als dass § 19a UrhG lediglich allgemein von Zugänglichmachung spricht. Damit der Nutzer eine Verfügungsgewalt über das Werk erlangt, wäre indes vorauszusetzen, dass eine Vervielfältigung auf Nutzerseite erfolgt. Denn nur dann hätte er über seine eigene Hard- und Software die Möglichkeit, Rückgriff auf die Vervielfältigungen zu nehmen, und könnte eine Verfügungsgewalt ausüben.[206] Nach den vorbenannten Ausführungen ist das Recht der öffentlichen Zugänglichmachung aber von dem Vervielfältigungsrecht i. S. d. § 16 UrhG abzugrenzen, sodass vorliegend eine Verfügungsgewalt evident nicht als Voraussetzung des § 19a UrhG angenommen werden kann.

---

201 Bullinger, in: Wandtke/Bullinger, UrhG, 3. Aufl. (2009), § 19a Rdnr. 10.

202 Dustmann, in: Fromm/Nordemann, UrhG, 10. Aufl. (2008), § 19a Rdnr. 7.

203 Rehbinder/Hubmann, Urheberrecht, 16. Aufl. (2010), S. 142.

204 Vgl. zur geführten Diskussion über die richtlinienkonforme Auslegung des § 19a UrhG insbesondere: Poll, GRUR 2007, 476 (478 f.); Ott, ZUM 2008, 556 (558); Dreyer, in: Dreyer/Kotthoff/Meckel, UrhG, 2. Aufl. (2009), § 19a Rdnr. 26.

205 Wenzel/Burkhardt, Urheberrecht für die Praxis, 5. Aufl. (2009), S. 85.

206 Dustmann, in: Fromm/Nordemann, UrhG, 10. Aufl. (2008), § 19a Rdnr. 8.

b. *Drahtgebunden oder drahtlos*

Mit drahtgebunden bzw. drahtlos werden alle relevanten Übertragungstechniken wie DSL, Ethernet, Internet über das Telefonkabel oder UMTS erfasst. § 19a UrhG ist also technologieneutral.[207]

c. *Von Orten und Zeiten ihrer Wahl*

Weitere Voraussetzung des § 19a UrhG ist, dass das Werk Mitgliedern der Öffentlichkeit zu Orten und zu Zeiten ihrer Wahl zugänglich gemacht wird. § 19a UrhG stellt damit zum einen auf die sukzessive Öffentlichkeit ab, zum anderen erfolgt dadurch allerdings eine Abgrenzung zu anderen Verwertungsrechten.[208] Mit der Formulierung „an Orten der Wahl“ zielt § 19a UrhG darauf ab, dass es den Nutzern möglich sein muss, alternative Abruforte zu wählen. Da dieser Abruf jedoch zu Zeiten der Wahl möglich sein muss, ist daneben eine individuelle Bestimmung des Zeitpunkts erforderlich. Die Voraussetzungen des § 19a UrhG sind jedoch nicht so weit zu verstehen, als dass dabei ein weltweiter Abruf für jedermann möglich sein muss.[209]

d. *Öffentlichkeit*

Schließlich muss das Werk öffentlich zugänglich gemacht werden. Für den Begriff der Öffentlichkeit ist auf die Legaldefinition des § 15 Abs. 3 UrhG zurückzugreifen, wonach eine Wiedergabe dann als öffentlich einzuordnen ist, wenn sie für eine Mehrzahl – d. h. mindestens zwei Personen – von Mitgliedern der Öffentlichkeit bestimmt ist. Unerheblich ist dabei, inwieweit die Personen, die das Werk hätten abrufen können, es tatsächlich abgerufen haben.[210] Dem Begriff der Öffentlichkeit unterfällt jeder, der nicht mit demjenigen, der das Werk verwertet, oder mit den anderen Personen, denen das Werk in unkörperlicher Form wahrnehmbar oder zugänglich gemacht wird, durch persönliche Beziehungen verbunden ist.[211] Für diese persönliche Beziehung ist indessen keine besondere

---

207 Bullinger, in: Wandtke/Bullinger, UrhG, 3. Aufl. (2009), § 19a Rdnr. 5; Lettl, Urheberrecht, 2008, S. 114; Dustmann, in: Fromm/Nordemann, UrhG, 10. Aufl. (2008), § 19a Rdnr. 10.

208 Dustmann, in: Fromm/Nordemann, UrhG, 10. Aufl. (2008), § 19a Rdnr. 11.

209 Wöhrn, in: Wandtke (Hrsg.), Urheberrecht, 2. Aufl. (2010), 3. Kapitel Rdnr. 130 f.

210 Schapiro, ZUM 2008, 273 (275); Rehbinder/Hubmann, Urheberrecht, 16. Aufl. (2010), S. 142; Schulze, in: Dreier/Schulze, UrhG, 3. Aufl. (2008), § 15 Rdnr. 40; Dustmann, in: Fromm/Nordemann, UrhG, 10. Aufl. (2008), § 15 Rdnr. 32; Schapiro, ZUM 2008, 273 (275).

211 Klickermann, MMR 2007, 7 (10); Ott, ZUM 2004, 357 (362); Dustmann, in: Fromm/Nordemann, UrhG, 10. Aufl. (2008), § 15 Rdnr. 32; Bullinger, in: Wandtke/Bullinger, UrhG, 3. Aufl. (2009), § 19a Rdnr. 6.

freundschaftliche oder familiäre Verbindung erforderlich.[212] Mit der Rechtsprechung soll sich eine persönliche Verbundenheit insbesondere dann herleiten lassen, wenn unter allen Beteiligten ein gegenseitiger Kontakt besteht, der bei den Beteiligten das Bewusstsein erzeugt, persönlich verbunden zu sein.[213] Dahinter steckt aus gesetzgeberischer Sicht insgesamt der Gedanke, dass durch § 19a UrhG nicht der private Bereich erfasst sein soll.[214] In Abgrenzung dazu genügt es aber wiederum nicht, wenn sich die Verbundenheit lediglich aus der gemeinsamen technischen Werknutzung – dies z. B. im Hinblick auf die Verwendung von Filesharing-Plattformen – ergibt. Bei diesen Kanälen muss sich die Verbundenheit immer anhand von Merkmalen ergeben, die sich nicht auf die rein technischen Vorgänge reduzieren lassen.[215]

Daneben spielt die konkrete Bemessung der beteiligten Personen auch insofern eine entscheidende Rolle, als das Merkmal der persönlichen Verbundenheit nicht mehr erfüllt sein kann, je mehr Personen Zugriff auf das konkrete Angebot nehmen können. Hingegen kann jedoch bei einem passwortgeschützten Zugang, der nur einem überschaubaren und kleinen Personenkreis bekannt ist, wiederum eine persönliche Verbundenheit angenommen werden.[216] Unerheblich ist bei der Einordnung des konkreten Einzelfalls allerdings, ob eine räumliche Verbindung existiert. Dies lässt sich v. a. damit begründen, dass § 19a UrhG insbesondere auf die Vermittlung über Netzwerke abzielt und so entscheidendes Merkmal gerade eine gewisse Distanz ist.[217]

3. Relevanz im Rahmen des Streamings

Konkret müssen nun an dieser Stelle die abstrakten Voraussetzungen des § 19a UrhG auf die relevanten Vorgänge des Streamings angewendet werden. Dies scheint insbesondere zunächst im Hinblick auf die Bereitstellung durch den Streamingplattformen von Relevanz zu sein, als dass diesbezüglich infrage gestellt wird, inwieweit die Plattform überhaupt in das Recht des § 19a UrhG eingreift, wenn die Plattform selbst keine Hyperlinks zu den jeweiligen Streams

---

212 BGH, GRUR 1975, 33 (34).

213 BGH, NJW 1956, 1553 (1554); Dustmann, in: Fromm/Nordemann, UrhG, 10. Aufl. (2008), § 15 Rdnr. 34.

214 Dustmann, in: Fromm/Nordemann, UrhG, 10. Aufl. (2008), § 19a Rdnr. 12.

215 BT-Drucks. 15/38, S. 17; Dustmann, in: Fromm/Nordemann, UrhG, 10. Aufl. (2008), § 15 Rdnr. 34; Dustmann, in: Fromm/Nordemann, UrhG, 10. Aufl. (2008), § 19a Rdnr. 13.

216 Klickermann, MMR 2007, 7 (10); Bullinger, in: Wandtke/Bullinger, UrhG, 3. Aufl. (2009), § 19a Rdnr. 6.

217 Schulze, in: Dreier/Schulze, UrhG, 3. Aufl. (2008), § 15 Rdnr. 41; Dustmann, in: Fromm/Nordemann, UrhG, 10. Aufl. (2008), § 15 Rdnr. 38.

veröffentlicht.[218] Erhebliche Relevanz kommt daneben der Frage zu, inwieweit die Verwendung von Embedded Playern durch die Streamingfilmportale einen Eingriff in das Recht der öffentlichen Zugänglichmachung darstellt.[219]

a. Uploader

Durch den Upload des Filmwerkes auf den Server der Streamingplattform könnte ein Eingriff in § 19a UrhG vorliegen. Soweit spezifisch zu untersuchen ist, inwieweit das Streaming dem Recht aus § 19a UrhG zu unterwerfen ist, muss als Ausgangspunkt eine Abgrenzung zum Senderecht aus § 20 UrhG erfolgen. Als Ansatzpunkt für eine Differenzierung ist dabei die spezifische Art des Streams in den Fokus der Betrachtung zu stellen. Während ein Live-Stream, bei dem der Nutzer den Zeitpunkt der Sendung nicht bestimmen kann, dem § 20 UrhG zuzuordnen ist, unterfallen solche Streams, die sich bzgl. des Zeitpunkts völlig der Kontrolle des Nutzers unterwerfen, dem Recht der öffentlichen Zugänglichmachung. Letztere Zugriffsmöglichkeit besteht im Rahmen der vorliegend relevanten Streamingplattformen, sodass ein grundsätzliches Eingreifen des § 19a UrhG naheliegend erscheint.[220]

Durch den Upload des Filmwerkes auf den Server der Streamingplattform wird dieses zum interaktiven Abruf über ein Plug-In im Internetbrowser bereitgehalten, mithin als zugänglich i. S. d. §19a UrhG gemacht. Dabei ist es nicht relevant, ob das Filmwerk bzw. der Stream selbstständig vom Nutzer gespeichert werden kann. Denn wie bereits im Rahmen der allgemeinen Voraussetzungen festgehalten, ist eine solche Verfügungsgewalt ohnehin für §19a UrhG nicht erforderlich.[221] Der Zugriff erfolgt über unterschiedliche Wege, wie beispielsweise einer einfachen Internetverbindung über das kabelgebundene Datennetz oder einer mobilen Datenverbindung per UMTS, sodass sich dieser Zugriff als drahtgebunden oder drahtlos einordnen lässt. Der Konsument kann den Stream weiterhin von Orten und zu Zeiten seiner Wahl aufrufen, da hier keine technischen Limitierungen mittels einer Geo-Lokalisierung o. Ä. implementiert sind.[222]

Zusätzlich ist jedoch zu hinterfragen, inwieweit vorliegend das Merkmal der Öffentlichkeit gegeben ist. Lädt der Uploader das Filmwerk auf den Server der

---

218 Vgl. S. 54 ff.

219 Vgl. S. 57 ff.

220 OLG Hamburg, MMR 2006, 173 (174); Dustmann, in: Fromm/Nordemann, UrhG, 10. Aufl. (2008), § 19a Rdnr. 20; Bullinger, in: Wandtke/Bullinger, UrhG, 3. Aufl. (2009), § 19a Rdnr. 34; Czychowski/Nordemann, GRUR-RR 2010, 177 (179).

221 OLG Stuttgart, MMR 2008, 474 (474 ff.).

222 Mittels einer Lokalisierung der IP-Adresse kann ggf. eine geografisch abhängige Darstellung bzw. Restriktion der Darstellung erfolgen.

Streamingplattform, ist zunächst ein Abruf nur durch den Uploader selbst möglich, da allein diesem der konkrete Hyperlink vom Anbieter mitgeteilt wird. Lediglich wenn der Uploader diesen Hyperlink nun weitergibt, könnten andere Personen den Abruf vornehmen und das Merkmal der Öffentlichkeit in Betracht gezogen werden. Innerhalb der vorliegenden Betrachtung ist dabei konkret ein Standardprozedere insofern anzunehmen, als dass zwingend erforderlich ist, dass der Uploader den Hyperlink nunmehr an ein Streamingfilmportal weitergibt, welches für die entsprechende Veröffentlichung sorgt. Generell kann aber davon ausgegangen werden, dass Portal und Uploader insofern identisch sind, als die Filmwerke in der Regel bereits mit einem Logo des konkreten Streamingfilmportals versehen sind.[223] Die vorliegende Betrachtung soll davon ausgehen, dass der Link stets weitergeben wird und nicht nur einer kleinen Gruppe bekannt ist. Denn nur so kann innerhalb des Zusammenwirkens zwischen Uploader und Streamingportal das vorliegend relevante Gesamtprozedere ermöglicht werden, aus dem der Konsument die Möglichkeit der Nutzung der Streamingangebote erhält. Nach der Veröffentlichung durch das Portal ist das konkrete Filmwerk für eine Mehrzahl an Personen der Öffentlichkeit bestimmt. Eine etwaige Verbundenheit kann hier nicht angenommen werden, da der Hyperlink weltweit für jedermann auf der Internetseite der Streamingplattform abzurufen ist.[224] Damit ist ein Eingriff in das Recht des Urhebers aus § 19a UrhG durch den Upload gegeben.

b. Bereithalten

Einen weiteren Ansatzpunkt für einen Eingriff in § 19a UrhG könnte zudem das Bereithalten des Streams durch den Betreiber des Servers bilden. Die Plattform stellt das durch den Uploader auf den Server geladene Filmwerk jedem Besuch der Internetseite zur Verfügung. Die Streamingplattform macht demgemäß das Filmwerk den Konsumenten von Orten ihrer Wahl drahtgebunden oder drahtlos verfügbar. Fraglich erscheint indes, ob die Plattform das Werk auch *öffentlich* zugänglich macht, da dafür vorausgesetzt wird, dass die Wiedergabe für eine Mehrzahl – d. h. mindestens zwei Personen – von Mitgliedern der Öffentlichkeit

223 So im Hinblick auf kino.to: Gelke, "Kino.to"-Uploader erklärt Geschäftsmodell der Streaming-Seite, 10.06.2011.

224 Anderes mag, wie bereits angedeutet, lediglich dann gelten, wenn der Hyperlink einem begrenzten Personenkreis zur Verfügung gestellt wird. Da dies nicht dem Standardprozedere bei den vorliegenden Portalen entspricht, soll daher keine rechtliche Bewertung dieses hypothetischen Vorgangs erfolgen. Es muss aber festgehalten werden, dass, soweit keine Weitergabe an eine solche Plattform und eine damit verbundene Veröffentlichung erfolgt, die Bewertung nicht so eindeutig ausfallen würde.

bestimmt ist. Die Plattform macht den Hyperlink zur Betrachtung des Streams indes lediglich dem Uploader gegenüber öffentlich.

Allerdings ist zu berücksichtigen, dass eben jeder – soweit ihm der Hyperlink mitgeteilt wurde – auf den Server und die jeweilige Datei zugreifen kann. Nachdem die Links – wie vorliegend unterstellt[225] – zu den Dateien auf den Seiten der Nur-Lister veröffentlich worden sind, könnten sämtliche Internetnutzer, die diese Internetangebote aufrufen, Zugriff auf die Dateiangebote nehmen. Ab diesem Zeitpunkt soll jedenfalls nach der Ansicht des *LG Düsseldorfs* bei der Beurteilung der Sharehoster eine öffentliche Zugänglichmachung gem. § 19a UrhG gegeben sein.[226] Obwohl sich die vorliegende Betrachtung mit der Technologie des Streamings auseinandersetzt, muss – soweit der Argumentation des *LG Düsseldorfs* gefolgt wird – Gleiches für die hier zu treffende Analyse gelten.

Unberücksichtigt bleibt vom *LG Düsseldorf* jedoch, dass das Geschäftsmodell der Sharehoster und der Streamingplattformen darin besteht, dass der Uploader „über die Bekanntgabe des Download-Links und damit über das öffentliche Zugänglichmachen der Datei und ihres Inhaltes" entscheidet.[227] Die Tätigkeit des Anbieters erstreckt sich lediglich auf das grundsätzliche Bereitstellen der Plattform. Es erfolgt keine Auflistung der verfügbaren Quellen. Ebenso können Suchmaschinen nicht vertieft auf die Serverstruktur zugreifen. Wenn der Anbieter dann sogar auf die Vertraulichkeit des mitgeteilten Hyperlinks setzt, erschiene es verfehlt, diesem dennoch einen Eingriff in § 19a UrhG zu unterstellen.[228] Dies korrespondiert mit dem Wortlaut des Art. 3 Abs. 1 HRL, der im englischen Wortlaut die Formulierung des „making available to the public" wählt, und damit aufzeigt, dass es nicht primär um die technische Infrastruktur geht, sondern entscheidender Anknüpfungspunkt der Vorgang ist, durch den sich die Verfügbarkeit für die Öffentlichkeit ergibt. Diese Verfügbarkeit wird aber von der Person beeinflusst, die den vom Anbieter mitgeteilten Hyperlink verbreitet. Dieses Ergebnis mag daneben im Kontext zur HRL überzeugen, nach deren Erwägungsgrund 27 die bloße Bereitstellung einer Einrichtung, die eine Wiedergabe ermöglicht oder bewirken kann, selbst keine Wiedergabe ist. Wird dieser Gedanke auf die vorliegend strittige Frage übertragen, kann in der bloßen Bereitstellung der Serverinfrastruktur kein urheberrechtlich relevanter Vorgang

225 Vgl. S. 53 f.

226 LG Düsseldorf, ZUM 2008, 338 (340); Czernik, in: Wandtke (Hrsg.), Medienrecht, 2. Aufl. (2011), Kapitel 2 Rdnr. 264.

227 OLG Köln, ZUM-RD 2007, 581 (582 f.); Wimmers/Schulz, CR 2008, 170 (175).

228 v. Ungern-Sternberg, in: Schricker/Loewenheim, UrhG, 4. Aufl. (2010), § 19a Rdnr. 55; Wimmers/Schulz, CR 2008, 170 (175).

gesehen werden.[229] Im Ergebnis ist mithin das Merkmal der Öffentlichkeit hier nicht gegeben,[230] und ein Eingriff in §19a UrhG kann nicht angenommen werden.

Im Hinblick auf einen ggf. von dritter Seite erfolgenden Eingriff in § 19a UrhG kann gleichwohl eine Teilnahmehandlung der Plattformen angenommen werden, soweit der Plattform obliegende Prüfpflichten verletzt werden. Diesbezüglich ist auf die Feststellungen im Rahmen des § 16 UrhG zu verweisen.[231]

c. *Einbindung im Rahmen der Streamingfilmportale*

Bereits innerhalb der Prüfung des § 16 UrhG wurde festgehalten, dass die Streamingfilmportale einen Aufruf der Streams durch Hyperlinks oder Embedded Player vornehmen können. Diese Differenzierung soll in der Prüfung des § 19a UrhG beibehalten werden.

aa. Verlinken

Ausgangspunkt ist die Frage, inwieweit überhaupt ein Hyperlink eine öffentliche Zugänglichmachung darstellen kann. In seiner eigentlichen Funktionalität ist dieser zunächst mit einer Fußnote zu vergleichen. Allerdings gelangt der Nutzer beim Hyperlink über den Aufruf unmittelbar zur verlinkten Quelle, während ein Verweis in einer Fußnote erst die Recherche der konkreten Quelle bedarf. Auf der Grundlage dieser Differenzierung wird angenommen, dem Link komme daher die Funktion zu, einen Inhalt weitgehend in das eigene Angebot zu integrieren. Der Hyperlink sei folglich vom Recht der öffentlichen Zugänglichmachung aus § 19a UrhG zu erfassen.[232] Dies vermag nicht zu überzeugen. Im Rahmen des Rechts der öffentlichen Zugänglichmachung muss anerkannt werden, dass die Wiedergabe und die Zugänglichmachung des verlinkten Inhalts stets durch den Anbieter der Streamingplattform erfolgen und nur dieser den individuellen Abruf des Angebots überhaupt ermöglicht. Allein dieser entscheidet darüber, ob das konkrete Angebot über das Internet verfügbar ist, und kann den Inhalt jeder-

---

229 Dustmann, in: Fromm/Nordemann, UrhG, 10. Aufl. (2008), § 19a Rdnr. 27; Witte, ITRB 2007, 87 (88); Wimmers/Schulz, CR 2008, 170 (175).

230 Vgl.: Wilmer, NJW 2008, 1845 (1847). Dieser zieht den – m. E. zutreffenden – Vergleich zu einem Homepagebetreiber, der seine Webseite mit einem Passwort vor Zugriff schützt. Dieser Vorgang lässt – vgl. dazu die allgemeinen Ausführungen zu den Voraussetzungen des § 19a UrhG – das Merkmal der Öffentlichkeit entfallen.

231 Vgl. S. 42 ff.

232 Wiebe, MMR 2003, 724 (724 f.).

zeit löschen oder sperren[233] und die Funktionalität des konkreten Hyperlinks jederzeit behindern. Der konkrete Hyperlink zum spezifischen Filmwerk kann dementsprechend zwischenzeitlich ins Leere gehen. Neben diesem unterschiedlichen Einfluss auf den Inhalt ist zu berücksichtigten, dass der Setzer des Hyperlinks auf seinem eigenen Server keine Inhalte vorhält, die für das technische Prozedere des Streamings notwendig sind. Im Kern enthält der Hyperlink also lediglich eine Verknüpfung, der eine Erleichterung des Aufrufs externer Inhalte zukommt. Dann aber von einer Integration – wie die zuvor benannte Ansicht – zu sprechen, weist dem Hyperlink eine Bedeutung zu, die technisch so nicht Bestand haben kann. Bestätigung findet diese Annahme auch in der HRL, die verdeutlicht, dass es im Rahmen des § 19a UrhG auf das tatsächliche Anbieten des Inhalts ankommt.[234] Der Link auf das Streamingangebot erleichtert mithin nach überzeugender Ansicht zwar den Zugang auf die Webseite des Streaminganbieters, der Anbieter nimmt damit aber selbst keine urheberrechtlich relevanten Verwertungshandlungen in Form einer öffentlichen Zugänglichmachung i. S. d. § 19a UrhG vor.[235]

bb. Einbetten

Daneben muss indes berücksichtigt werden, dass die Anbieter der Streamingfilmportale inzwischen dazu übergegangen sind, neben dem externen Link auf die Streamingplattform auch sogenannte Embedded Player zu verwenden.[236] Inwieweit diese über die Qualität eines Hyperlinks hinausgehen und so als Eingriff in § 19a UrhG zu qualifizieren sind, soll Bestandteil der folgenden Darstellung sein. Dabei ist davon auszugehen, dass im Rahmen der Embedded Player kein Standbild des Filmwerkes zu sehen ist. Dies ist damit zu begründen, dass bei fast allen Embedded Playern lediglich zunächst die Bedienelemente zu sehen sind und erst nach Aktivierung des Streams durch den Konsumenten die ersten Sequenzen des Filmwerkes dargestellt werden. Daneben ist zu berücksichtigen, dass Filmwerke in der Regel innerhalb der ersten Sekunden ein schwarzes Bild darstellen und sich diesbezüglich ohnehin noch keine öffentliche Zugänglichmachung ergeben kann.

---

233 Bullinger, in: Wandtke/Bullinger, UrhG, 3. Aufl. (2009), § 19a Rdnr. 29; Volkmann, Der Störer im Internet, 2005, S. 89 f.; Dustmann, in: Fromm/Nordemann, UrhG, 10. Aufl. (2008), § 19a Rdnr. 23.

234 Volkmann, Der Störer im Internet, 2005, S. 90.

235 Dustmann, in: Fromm/Nordemann, UrhG, 10. Aufl. (2008), § 19a Rdnr. 23; Volkmann, Der Störer im Internet, 2005, S. 90; Ullrich, ZUM 2010, 853 (859 f.).

236 Auch als „inline-link“ zu bezeichnen, vgl. Fangerow/Schulz, GRUR 2010, 677 (678).

(1) Ausgangslage

Trotz der Verwendung eines Embedded Players erfolgt die Speicherung des Filmwerkes weiterhin auf dem Server der Streamingplattform. Wird dieser technische Aspekt in den Mittelpunkt einer juristischen Argumentation gestellt, wirft sich mithin die Frage auf, inwieweit dann ein anderes Ergebnis angenommen werden darf, als es bei normalen Hyperlinks vorgenommen wird. Denn bei diesen wird schließlich nach überzeugender Ansicht kein Eingriff in § 19a UrhG angenommen – dies insbesondere mit dem Argument, dass der Hyperlink lediglich den Zugriff auf einen extern abgelegten Inhalt ermöglicht.[237] Zusätzlich kann dabei noch berücksichtigt werden, dass auch bei Embedded Playern in der Regel die primäre Zugänglichmachung auf dem Server der Streamingplattform als öffentliche Zugänglichmachung i. S. d. § 19a UrhG eingeordnet wird, sodass es diskussionswürdig erscheint, nun in einer zweiten – an die erste Zugänglichmachung anknüpfende – Handlung erneut einen Eingriff in § 19a UrhG anzunehmen.[238] In technischer Hinsicht ist jedoch zu hinterfragen, inwieweit die Gleichsetzung von Hyperlinks und Embedded Playern sachgerecht ist und wo hier eine Trennlinie zum Framing zu ziehen ist. Beim Framing werden externe Seiten im Wege der Verlinkung unmittelbar in die eigene Internetseite eingebunden. Der Nutzer muss dabei keinen Hyperlink zur Betrachtung des externen Inhalts anwählen. Vielmehr wird der Inhalt eingebettet in die bereits aufgerufene Internetseite dargestellt,[239] was unumstritten eine gewisse Parallele zum technischen Prozedere der Embedded Player aufweist. Soweit also in tatsächlicher Hinsicht die Technologie der Embedded Player mit der Technologie des Framings vergleichbar erscheint, soll im Folgenden zunächst die urheberrechtliche Relevanz des Framings erläutert werden, da hierzu eine landesgerichtliche Rechtsprechung besteht und in der Literatur verschiedene Möglichkeiten der Bewertung diskutiert werden.

(2) BGH: Paperboy

Ausgangspunkt für die Bewertung des Framings ist jedoch die „Paperboy“-Entscheidung des *BGH*, in der dieser dezidiert Stellung zur urheberrechtlichen Relevanz von Hyperlinks nimmt.[240] Dabei wurden zwar keine spezifischen Aspekte des Framings bzw. der Embedded Player behandelt, allerdings lassen sich generelle Annahmen zur Verwendung von Hyperlinks im Kontext zu

237 Ott, ZUM 2008, 556 (559 f.).

238 Ott, ZUM 2004, 357 (362).

239 LG München I, MMR 2007, 260 (261); Ott, ZUM 2004, 357; Ott, ZUM 2008, 556 (560).

240 BGH, NJW 2003, 3406 (3406 ff.).

§ 19a UrhG entnehmen,[241] die sodann auf ihre Geeignetheit für die Übertragung auf die Bewertung des Framings und der Embedded Player zu prüfen sind.

Der *BGH* differenziert in seiner Entscheidung nicht zwischen den verschiedenen Linkarten, sondern schließt insgesamt einen Eingriff in § 19a UrhG aus. Dies wird damit begründet, dass der Linksetzer das Werk nicht selbst bereithält und nicht online gestellt hat. Weiterhin würde der Link sodann nicht mehr funktionieren, wenn die Person, die dieses Werk tatsächlich öffentlich zugänglich gemacht hat, den Inhalt von ihrem Server löscht.[242] Werden die Erwägung des *BGH* zu Hyperlinks der Technologie des Framings gegenübergestellt, wird diesbezüglich vertreten, dass sich auch beim Framing der eingebundene Inhalt auf dem externen Server befindet.[243] Mit der o. g. Argumentation des *BGH* würde also dann ein Eingriff in § 19a UrhG abzulehnen sein. Gleiches müsste bei Übertragung der Argumentation auf die Embedded Player gelten, da hier weiterhin eine Speicherung auf dem externen Server erfolgt.[244]

(3) LG München I: Framing

Daneben steht nun im Rahmen eines Urteils des *Landgerichts München I* das Framing selbst im Fokus der rechtlichen Bewertung. Das Gericht entschied hier in Abgrenzung zum *BGH*, dass beim Framing ein Eingriff in § 19a UrhG oder zumindest eine unbenannte Nutzungsart i. S. d. § 15 Abs. 2 UrhG anzunehmen ist.[245] Im Kern der rechtlichen Begründung steht die Annahme, dass für den Nutzer der Webseite nicht auf den ersten Blick erkennbar ist, inwieweit der Ersteller der Webseite beim Framing überhaupt auf fremde Inhalte zurückgreift. Der Betreiber macht also vielmehr die Inhalte dem Nutzer so zugänglich, wie es bei einer eigenen Kopie auf dem Server erfolgen würde.[246] Daneben führt das Gericht an, dass der Norm des § 19a UrhG nicht zu entnehmen sei, inwieweit für die Zugänglichmachung eine Lieferung der Datei vom eigenen bzw. eigentlich aufgerufenen Server erfolgen muss. Der öffentlichen Zugänglichmachung sei, ganz im Lichte der Richtlinie und der Gesetzesbegründung, keine Fertigung einer physikalischen Kopie vorgelagert. Zusätzlich soll nach Erwägungsgrund 23 der Richtlinie das Recht der öffentlichen Zugänglichmachung weit verstanden werden, was dem Verständnis einer Verfügungsgewalt entgegenlaufen würde.

---

241 Ott, ZUM 2004, 357 (357 ff.).

242 BGH, NJW 2003, 3406 (3409); Bullinger, in: Wandtke/Bullinger, UrhG, 3. Aufl. (2009), § 19a Rdnr. 29; Ott, ZUM 2004, 357 (362); Hoeren, Internetrecht, 2010, S. 130.

243 Ott, ZUM 2004, 357 (363).

244 Ott, ZUM 2008, 556 (560).

245 LG München I, MMR 2007, 260 (260 ff.); Dreier, in: Dreier/Schulze, UrhG, 3. Aufl. (2008), § 19a Rdnr. 6; Ott, ZUM 2008, 556 (559 f.).

246 LG München I, MMR 2007, 260 (261).

Ferner könne selbst dann, wenn eine vorherige Handlung bereits als öffentliche Zugänglichmachung eingeordnet worden ist, eine darauf aufbauende Handlung nicht als Eingriff in § 19a UrhG qualifiziert werden.[247] Schlussendlich soll daher nach Ansicht des *Landgerichts München I* durch die Verwendung eines Frames ein Eingriff in § 19a UrhG vorliegen, da sich der Webseite-Ersteller mit der Verwendung als Herr über die externen Inhalte geriert.[248]

Bereits einleitend wurde festgehalten, dass Embedded Player und Framing im Kern ihrer Anwendung eine gewisse Ähnlichkeit aufweisen, sodass das vorliegende Ergebnis mit identischer Argumentation auf die Embedded Player übertragen werden könnte. Aus Nutzersicht scheint eine einheitliche Zurverfügungstellung des Contents durch den Frame-Provider zu erfolgen, sodass die Annahme eines Eingriffs in § 19a UrhG sachgerecht erscheinen würde.

(4) Weitere Lösungsansätze

Die Literatur zeigt sich in der Bewertung der Ausgangsfrage uneinig. So wird zum Beispiel angenommen, dass eine Einordnung unter das Recht der öffentlichen Wiedergabe sachgerecht sei. Im Rahmen einer wertenden Betrachtung sei danach – auch aufgrund der Tatsache, dass der Abruf der externen Seite bereits im Frame vorgesehen ist (dies in Abgrenzung zum regulären Hyperlink, der erst durch den Nutzer aktiviert werden muss) – bei der Verwendung von Frames eine urheberrechtlich relevante Nutzung anzunehmen.[249] Dies würde im Einklang mit der Annahme stehen, dass ohne die Einbindung durch den Frame-Provider dem Nutzer keine so praktikable Werknutzung ermöglicht werden würde.[250]

Eine weitere Position möchte eine Vergleichbarkeit des Rechts aus § 19a UrhG zum Recht aus § 17 UrhG im Hinblick auf die Ausfüllung der Begrifflichkeit des Verbreitens vornehmen.251 Bezüglich § 17 UrhG würde vorausgesetzt, dass ein Zugriff auf die Verbreitung besteht. Der Betreiber, der in seiner Internetseite Frames einbindet, habe nie einen solchen Zugriff auf die externen Inhalte, der ihm eine Kontrolle der Verbreitung der Inhalte ermöglicht, da die tatsächliche Übertragung stets ohne seinen Einfluss ablaufe. Solle aus systematischen Gründen sowohl bei § 17 UrhG als auch bei § 19a UrhG ein Zugriff auf die Verbreitung vorausgesetzt werden, dürften das Framing und die Ver-

247 LG München I, MMR 2007, 260 (261).

248 Hoeren, Internetrecht, 2010, S. 130.

249 Ernst/Vassilaki/Wiebe, Hyperlinks, 2002, S. 17; Ott, ZUM 2004, 357 (362).

250 Ott, ZUM 2004, 357 (363).

251 Dies wird damit begründet, dass § 17 UrhG in seiner 1. Alt. zunächst ein Angebot an die Öffentlichkeit vorsieht und sodann in § 17 2. Alt. UrhG auf das Inverkehrbringen abstellt. Im Kern lassen sich diese Vorgänge als durchaus vergleichbar zu denen des § 19a UrhG einordnen.

wendung von Embedded Playern nicht als Eingriff in das Recht aus § 19a UrhG gewertet werden. Zudem sei nach der Begründung des Landgerichts München I kein Eingriff in § 19a UrhG anzunehmen,[252] soweit der Anbieter, der einen Frame verwendet, auf die Fremdheit dieser Inhalte hinweisen würde. Maßgebliches Kriterium für die Bewertung des Merkmals der Zugänglichmachung sei nach Ansicht des LG München schließlich, inwieweit sich dem Nutzer die Fremdheit des per Frame eingebundenen Angebots offenbaren würde. Würde der Anbieter den Frame mit einem Hinweis dahin gehend versehen, wonach es sich bei den Frames um externe Inhalte handelt, würde nach der Argumentation des Gerichts das Merkmal der Zugänglichmachung nicht gegeben sein und ein Eingriff in das Recht aus § 19a UrhG ausscheiden.[253]

(5) Stellungnahme und Fazit

Tragender Aspekt für die Ablehnung eines Eingriffs in das Recht aus § 19a UrhG ist, dass der Norm als Voraussetzung unterstellt wird, der Einbindende müsse eine vorgelagerte Verfügungsgewalt über den externen Inhalt haben – bei Embedded Playern bzw. Frames kann eine solche aber nie gegeben sein. Insbesondere der Rückgriff auf die Gesetzesbegründung und die einschlägige Richtlinie zeigen gleichwohl, dass diese Argumentation insofern keine Bestätigung findet, als die Annahme dieser Voraussetzung weder den Gesetzesmaterialen zu entnehmen ist noch mit dem Wortlaut des Erwägungsgrundes 23 der HRL übereinstimmt, der ausdrücklich ein weites Verständnis des Rechts der öffentlichen Zugänglichmachung festlegt. Dessen ungeachtet soll durch Erwägungsgrund 4 der HRL generell ein hohes Schutzniveau bestehen. Diesen Grundgedanken würde es nunmehr entgegenlaufen, wenn eine enge Auslegung der Voraussetzung des § 19a UrhG erfolgt und eine Verfügungsgewalt vorauszusetzen ist. Das tragende Argument der *BGH*-Rechtsprechung in Bezug auf die Hyperlinks kann daher nicht mit dem Willen des (europäischen) Gesetzgebers in Einklang gebracht werden.

Indem nun das *LG München* ein Eingreifen des § 19a UrhG beim Framing damit begründen möchte, dass aus Nutzersicht ein solche Darstellung erfolgt, wie sie bei der Einbettung eigener Inhalte vorliegen würde, muss im Kontext zu den Streamingfilmportalen eine spezifische Besonderheit berücksichtigt werden. Bereits die oben zitierte Literaturansicht[254] weist darauf hin, dass die Argumentation des *Landgerichts München* dazu führen muss, dass, soweit der Verwender des Embedded Players auf die Fremdheit des externen Inhalts hinweist, kein

252 LG München I, MMR 2007, 260 (262); Ott, ZUM 2008, 556 (559).

253 Ott, ZUM 2008, 556 (559 f.); Ott, ZUM 2004, 357 (364); LG München I, MMR 2007, 260 (262 f.).

254 Vgl. S. 60 f.

Eingriff in § 19a UrhG anzunehmen sei. Gerade bei den hier zu bewertenden Streamingfilmportalen ist aber festzuhalten, dass diese bei Verwendung der Embedded Player gerade auf die Fremdheit der Inhalte ausdrücklich hinweisen.[255] Daher müsste selbst unter Zugrundelegung der Ansicht des *Landgerichts München* und der Verneinung der Argumentation des *Bundesgerichtshofs* vorliegend ein Ergebnis dahin gehend gewonnen werden, dass im Regelfall nach beiden Positionen bei den Portalen kein Eingriff in § 19a UrhG anzunehmen ist. Hier ist aber zusätzlich zu berücksichtigen, dass ohne das Angebot und die Einbindung der Streamingfilmportale für den Nutzer insofern überhaupt kein Zugriff auf diese externen Inhalte stattfinden könnte, als erst durch diese Portale die erstmalige Bekanntgabe der externen Inhalte erfolgt. Nach dem Upload ist der konkrete Link zum Stream erst der Person des Uploaders bekannt. Dieser muss den Hyperlink an das Streamingfilmportal weitergeben.

Daneben besteht insofern noch ein Unterschied zu solchen Embedded Playern, deren Medieninhalt sich über Suchmaschinen oder den Dienstanbieter direkt aufrufen lassen kann. Gerade bei den Streamingfilmportalen wird daher insbesondere der Aspekt in den Vordergrund gestellt, dass erst durch die Verwendung der externen Inhalte das Angebot der Plattformen einen werthaltigen Charakter erhält. Gänzlich ohne Embedded Player (oder ggf. externe Links) würden die Plattformen dem Nutzer insgesamt keinen Mehrwert bieten.[256]

Nach dem Richtlinienwortlaut kommt es für eine Erfassung des Hyperlinks über das Recht der öffentlichen Zugänglichmachung entscheidend auf das Anbieten des Inhalts an.[257] Diese Bestimmung lässt sich auf die Verwendung eines Embedded Players übertragen und muss dazu führen, diesen vom Recht aus § 19a UrhG zu erfassen. Denn wenn sich allein durch die Einbindung des Embedded Players überhaupt eine Nutzungsmöglichkeit für den Konsumenten ergibt, da die Streamingplattform keine Veröffentlichung der verfügbaren Filmwerke anstellt, kommt eben gerade den Streamingfilmportalen in diesem Prozedere die Rolle zu, den Zugang zu den Inhalten zu vermitteln. Die Einbettung externer Inhalte versetzt den Anbieter folglich in die Lage, seine Angebote in einer solchen Art und Weise aufzuwerten, wie es der Fall wäre, wenn diese unmittelbar auf dem Server des Anbieters gespeichert und direkt – und ohne die Verwendung eines Frames – in die Internetseite eingebunden sind. Dies unterscheidet im Kern die Verwendung von Frames merklich von der Verwendung eines Hyperlinks. In der Einbindung über den Embedded Player ist sodann im Sinne

255 So z. B. mit folgender Formulierung: „Kino.to does not host any movies! This movie is hosted by Quickload.to.“

256 Fangerow/Schulz, GRUR 2010, 677 (679); Ullrich, ZUM 2010, 853 (860 f.).

257 Volkmann, Der Störer im Internet, 2005, S. 90.

des englischen Wortlauts des Art. 3 Abs. 1 HRL der unmittelbare Vorgang zu sehen, der die Voraussetzung des „making available to the public“ erfüllt. Dies mag daneben durch die Annahme des Richtliniengebers bestätigt werden, wonach das Recht der öffentlichen Zugänglichmachung in einem weiten Sinne anzuwenden ist. Es erscheint daher insgesamt als angemessen, die Verwendung der Embedded Player aufseiten der Streamingfilmportale als einen Eingriff in § 19a UrhG zu qualifizieren.[258]

d. *Vermitteln*

Zusätzlich könnte sich bzgl. der Vermittlung des Zugangs zu den Streamingfilmportalen durch die Access-Provider ein Ansatzpunkt für einen Eingriff in § 19a UrhG ergeben. Für eine öffentliche Zugänglichmachung wäre jedoch erforderlich, dass vonseiten dieses Anbieters die abstrakte Möglichkeit zum Abruf des Werkes geschaffen wird. Zwar wird durch den Access-Provider der Zugang zu urheberrechtlich geschützten Werken eröffnet, der Akt der Zugänglichmachung erfolgt aber autark vonseiten des Uploaders und der Streamingplattform. In Gewährung des Zugangs zum Internet kann nicht die konkrete Zugänglichmachung jeder dort verfügbaren Datei gesehen werden.[259]

e. *Konsum*

Der Konsument greift durch keine Handlung in § 19a UrhG ein.[260]

4. Zwischenergebnis

Im Ergebnis bleibt mithin festzuhalten, dass aufseiten des Uploaders ein Eingriff in das Recht aus § 19a UrhG durch die Verbreitung des Hyperlinks zu sehen ist. Wird durch die Streamingfilmportale lediglich auf die externen Inhalte verlinkt, scheidet ein Eingriff aus. Anders ist dies zu bewerten, soweit Embedded Player verwendet werden. Dann kommt auch eine Teilnahmehandlung der Streamingplattformen in Betracht, soweit der Plattform obliegende Prüfpflichten verletzt werden.[261]

---

258 So, jedenfalls auf die generelle Verwendung von Embedded Playern: Hoeren, Internetrecht, 2010, S. 130. Der jedoch darauf hinweist, dass abzuwarten bleibt, inwieweit die Rechtsprechung die Argumentation des LG München auf Embedded Player anwenden wird. Vgl. zudem Czernik, in: Wandtke (Hrsg.), Medienrecht, 2. Aufl. (2011), Kapitel 2 Rdnr. 264.

259 Dustmann, in: Fromm/Nordemann, UrhG, 10. Aufl. (2008), § 19a Rdnr. 27.

260 Fangerow/Schulz, GRUR 2010, 677 (678).

261 Vgl. S. 42 ff.

III. Senderecht, § 20 UrhG

Abschließend stellt sich die Frage, inwieweit daneben Eingriffe in das Senderecht auf § 20 UrhG anzunehmen sind. Das Senderecht wird als ein unkörperliches Recht der öffentlichen Wiedergabe eingeordnet. Mit diesem Recht wird die Zugänglichmachung des Werkes der Öffentlichkeit durch Funk, Ton- und Fernsehrundfunk, Satellitenrundfunk, Kabelfunk oder ähnliche technische Mittel erfasst.[262] Diese Zugänglichmachung kann sowohl drahtgebunden als auch drahtlos erfolgen.[263] Unerheblich ist, ob die öffentliche Wiedergabe überhaupt von jemandem empfangen wurde,[264] sodass die Begrifflichkeit identisch zu derjenigen des § 19a UrhG einzuordnen ist.[265] Als Abgrenzungskriterium zu § 19a UrhG fungiert der Umstand, dass die Mitglieder der Öffentlichkeit im Rahmen des § 20 UrhG gerade nicht zu Zeiten ihrer Wahl das angebotene Werk abrufen und wahrnehmen können.[266] Hier ist lediglich eine Nutzung des laufenden Sendeprogramms möglich.

Wie bereits innerhalb der Abgrenzung zu §19a UrhG konstatiert, unterfällt das Streaming allenfalls dann § 20 UrhG, wenn der Nutzer den Start des Programms nicht selbstständig bestimmen kann und sich in ein laufendes Programm einwählt. Dies ist bei den zu betrachtenden Streamingfilmportalen nicht gegeben. Wesentliches Merkmal ist hier, dass der Nutzer den Konsum zeitunabhängig gestalten kann.

IV. Ergebnis

Abschließend kann festgehalten werden, dass aufseiten des Uploaders Eingriffe in die Rechte aus §§ 16 und 19a UrhG anzunehmen sind. Der Konsument der Streams greift in das Recht aus § 16 UrhG ein, während bzgl. der Streamingfilmportale bei Verwendung der Embedded Player ein Eingriff in § 19a UrhG festzustellen ist. Beim Bereithalten der Streams auf der Streamingplattform sowie bei der Einbindung von Hyperlinks oder Embedded Player aufseiten der Streamingfilmportale kommt eine relevante Teilnahmehandlung an den später

262 Wenzel/Burkhardt, Urheberrecht für die Praxis, 5. Aufl. (2009), S. 86; Wöhrn, in: Wandtke (Hrsg.), Urheberrecht, 2. Aufl. (2010), 3. Kapitel Rdnr. 140 ff.; Dustmann, in: Fromm/Nordemann, UrhG, 10. Aufl. (2008), § 20 Rdnr. 2.

263 Dustmann, in: Fromm/Nordemann, UrhG, 10. Aufl. (2008), § 20 Rdnr. 3.

264 Hauröder, Urheberrechtliche Bewertung der peer-to-peer-Netze, 2009, S. 122; Lettl, Urheberrecht, 2008, S. 115.

265 Bullinger, in: Wandtke/Bullinger, UrhG, 3. Aufl. (2009), § 19a Rdnr. 10; Dustmann, in: Fromm/Nordemann, UrhG, 10. Aufl. (2008), § 20 Rdnr. 11.

266 Wöhrn, in: Wandtke (Hrsg.), Urheberrecht, 2. Aufl. (2010), 3. Kapitel Rdnr. 137 f.

ggf. bestehenden Eingriffen in die Rechte der Urheber vonseiten des Konsumenten in Betracht.

F. Rechtfertigung durch die Schrankenbestimmungen des UrhG

Die zuvor benannten Eingriffe in die ausschließlichen Rechte der Urheber könnten durch die Schrankenbestimmungen des UrhG gerechtfertigt und insoweit ohne die Zustimmung der Urheber zulässig sein.[267] Diese Schrankenregelungen finden sich in den §§ 44 ff. UrhG, werden im UrhG enumerativ aufgezählt und stellen abschließende Regelungen dar.[268] Der Urheber muss diese beachten, d. h., die Bestimmungen sind zwingend, und ein Verzicht durch Klauseln ist wirkungslos.[269] Die Schrankenregelungen sollen die Nutzung immaterieller Güter erleichtern,[270] insbesondere aber einen Ausgleich zwischen den Interessen der Urheber und der Allgemeinheit herstellen. Damit sind die Schranken zwar als absolute Rechte zu verstehen, gleichwohl aber sozialgebunden.[271]

I. Ephemere Vervielfältigungen, § 44a UrhG

Im Rahmen der Schrankenbestimmungen ist hier zunächst § 44a UrhG zu prüfen, der bloß ephemere Vervielfältigungen unter seinen spezifischen Voraussetzungen privilegiert. § 44a UrhG muss der Vorrang vor § 53 UrhG eingeräumt werden, da vorübergehende Vervielfältigungen i. S. d. § 44a UrhG keine vergütungspflichtigen Vervielfältigungen darstellen. Macht der Nutzer von dieser Ausnahme von den Vervielfältigungshandlungen Gebrauch, besteht aber nunmehr keine Notwendigkeit nach einer Privilegierung durch § 53 UrhG und kein

267 Fangerow/Schulz, GRUR 2010, 677 (678).

268 Poeppel, Die Neuordnung der urheberrechtlichen Schranken im digitalen Umfeld, 2005, S. 34.

269 Dreyer, in: Dreyer/Kotthoff/Meckel, UrhG, 2. Aufl. (2009), Vor §§ 44a ff. Rdnr. 16; Schulz, GRUR 2006, 470 (475).

270 Nielen, Interessenausgleich in der Informationsgesellschaft, 2009, S. 36 f.

271 Nordemann, in: Fromm/Nordemann, UrhG, 10. Aufl. (2008), Vor §§ 44a ff. Rdnr. 1; Wiegand, Die Geräteabgabe als Lösungsmodell im Bereich der privaten Vervielfältigung von digitalen Musik- und Filmwerken aus US-amerikanischer und deutscher Sicht, 2003, S. 200; Poeppel, Die Neuordnung der urheberrechtlichen Schranken im digitalen Umfeld, 2005, S. 32 f.; Metzner, Die Auswirkungen der Urheberrechtsnovelle 2003 auf Online-Übermittlung und -zugriff im Urheberrecht, 2010, S. 84; Dreier, GRUR 1997, 859 (864).

Vergütungsanspruch. Damit dieser Regelungszweck nicht umgangen werden kann, muss § 44a UrhG zwingend der Vorrang vor § 53 UrhG eingeräumt werden. § 53 UrhG kann dann lediglich als Auffanglösung für eine Privilegierung herangezogen werden, soweit die Schrankenbestimmung des § 44a UrhG nicht eingreift.[272]

1. Grundlagen und Normengenese

Innerhalb des deutschen Urheberrechts lässt sich die Schranke des § 44a UrhG als Vollschranke verstehen, mit welcher der stärkste Eingriff in die Rechte der Urheber verbunden ist. Dies ist darin begründet, dass mit dieser Schrankenbestimmung das Verbotsrecht des Urhebers beschnitten wird, ohne dafür eine Entschädigung zu gewähren oder eine Zustimmung des Berechtigten erforderlich zu machen. Folge dessen ist eine vollständige Freistellung der jeweiligen Werknutzung.[273]

§ 44a UrhG beruht auf Art. 5 Abs.1 HRL, der damit fast wörtlich in das deutsche Urheberrecht umgesetzt worden ist.[274] Die Vorschrift des Art. 5 Abs. 1 HRL war durch die Mitgliedstaaten zwingend in nationales Recht umzusetzen.[275] Die Vorschrift ist im Kontext zur Erweiterung des Vervielfältigungsbegriffs zu sehen, nach dem nunmehr auch vorübergehende Vervielfältigungen zu erfassen sind. Art. 5 Abs. 1 HRL soll zu diesem Vervielfältigungsbegriff ein Korrektiv verkörpern und technische sowie wirtschaftliche Zwecke berücksichtigen.[276]

---

272 Wiegand, Die Geräteabgabe als Lösungsmodell im Bereich der privaten Vervielfältigung von digitalen Musik- und Filmwerken aus US-amerikanischer und deutscher Sicht, 2003, S. 217 f.

273 Schunke, in: Wandtke (Hrsg.), Urheberrecht, 2. Aufl. (2010), 4. Kapitel Rdnr. 3; Hölscher, Die Ausnahmebestimmungen für den eigenen Gebrauch im deutschen und französischen Urheberrecht, 2001, S. 75 f.

274 BT-Drucks. 15/38, S. 18; Nordemann, in: Fromm/Nordemann, UrhG, 10. Aufl. (2008), § 44a Rdnr. 1; Radmann, ZUM 2010, 387 (390); Vianello, CR 2010, 728 (729). Art. 5 HRL wird insgesamt als Summe aller nationalen Beschränkungen bezeichnet, welche die Mitgliedstaaten nicht bereit waren aufzugeben, vgl. Jehoram, GRUR Int 2001, 807 (809 f.).

275 v. Welser, in: Wandtke/Bullinger, UrhG, 3. Aufl. (2009), § 44a Rdnr. 1; Schippan, ZUM 2003, 378 (380).

276 Findeisen, Die Auslegung urheberrechtlicher Schrankenbestimmungen, 2005, S. 20 ff.; Wenzel/Burkhardt, Urheberrecht für die Praxis, 5. Aufl. (2009), S. 130; Bernhöft, Die urheberrechtliche Zulässigkeit der digitalen Aufzeichnung einer Sendung, 2009, S. 211; Walter, in: Walter, Europ. UrhR, 2001, Info-RL Rdnr. 102 f.

Mit Erwägungsgrund 33 der HRL wird klargestellt, dass § 44a UrhG insbesondere – soweit die jeweiligen Voraussetzungen erfüllt sind – solche Vervielfältigung erfassen soll, die im Rahmen des sogenannten Browsings und Cachings anfallen. Zumindest auf das Caching nimmt der Entwurf des Gesetzes zur Regelung des Urheberrechts in der Informationsgesellschaft der deutschen Bundesregierung in Erwägungsgrund 8 Bezug, wonach solche Vervielfältigungen auf Datenspeichern bzw. Servern der Zugangsvermittler (Access-Provider) von § 44a UrhG zu erfassen sind, die von einem Nutzer des Werkes abgerufen werden können und ohne die eine Übermittlung an den Nutzer nicht möglich wäre. Ohne die Schaffung einer derartigen Schrankenprivilegierung wären – so stellt es der Erwägungsgrund klar – ephemere Vervielfältigungen nunmehr generell von den ausschließlichen Rechten der Urheber erfasst. Aus der Sicht des deutschen Gesetzgebers steht die Regelung des § 44a UrhG daher auch in „engem Zusammenhang mit den haftungsprivilegierenden Vorschriften der Richtlinie 2001/31/EG" (ECRL). Gleichwohl die HRL die durch die ECRL statuierten Haftungsprivilegien für Dienstanbieter nicht berührt, werden diese nach dem Willen des Gesetzgebers durch die Regelung des § 44a UrhG „sinnvoll ergänzt". Ohne eine Privilegierung der vorübergehenden Vervielfältigungen wäre schließlich die Erbringung der von der ECRL erfassten Dienste trotz der dort verankerten Haftungsprivilegierung nur noch eingeschränkt oder gar nicht mehr möglich.[277]

2. Voraussetzungen

Nach dem Wortlaut des § 44a UrhG sind vorübergehende Vervielfältigungshandlungen zulässig, welche flüchtig oder begleitend sind und einen integralen und wesentlichen Teil eines technischen Verfahrens darstellen – die Norm tritt dabei bei solchen Vervielfältigungen in den Fokus einer rechtlichen Beurteilung, die bei Onlineübermittlungen festzustellen sind.[278] Diesen Vervielfältigungen darf keine eigenständige wirtschaftliche Bedeutung zukommen, und alleiniger Zweck der Vervielfältigungen muss eine Übertragung in einem Netz zwischen Dritten durch einen Vermittler (Nr. 1) oder die Ermöglichung einer rechtmäßigen Nutzung eines Werkes oder sonstigen Schutzgegenstandes sein (Nr. 2).

a. Vorübergehende Vervielfältigung

Ausgangspunkt für die Prüfung des § 44a UrhG ist die Frage, inwieweit die Vervielfältigungen lediglich vorübergehend, d. h. flüchtig oder begleitend, sind. Bereits mit der Voraussetzung der vorübergehenden Vervielfältigung verdeut-

277 BT-Drucks. 15/38, S. 18.

278 Wenzel/Burkhardt, Urheberrecht für die Praxis, 5. Aufl. (2009), S. 160.

licht die Norm, dass sich hiervon solche Vervielfältigungen erfasst sehen dürfen, die nicht von Dauer sind. Flüchtig ist eine Vervielfältigung, die besonders kurzlebig ist und insbesondere unmittelbar nach einem gewissen Zeitablauf oder automatisch nach Beendigung des technischen Vorgangs gelöscht wird.[279] Begleitende Vervielfältigungen können zwar flüchtig sein, zumeist ist aber darauf abzustellen, dass diese im Zuge eines technischen Verfahrens auftreten.[280] Zwar dürfen auch diese nur von einer gewissen Dauer sein, insgesamt verdeutlicht sich daran aber, dass die begleitenden Vervielfältigungen über den Zeitraum der bloß flüchtigen Vervielfältigungen hinausgehen dürfen.[281] Diese Begriffe stehen in keinem Alternativverhältnis, sondern können kumulativ gegeben sein.[282] Klassischerweise lassen sich von den begleitenden Vervielfältigungen solche im Arbeitsspeicher erfassen, da diese einen Zwischenschritt zur tatsächlichen Werknutzung am Computer repräsentieren.[283] Sobald aber eine auf Dauer angelegte körperliche Fixierung, beispielsweise in Form einer Sicherungskopie, auf einer Festplatte oder einem anderen physischen Medium festzustellen ist, wird dem Erfordernis der bloß vorübergehenden Vervielfältigung nicht mehr entsprochen.[284]

b. *Integraler und wesentlicher Bestandteil des technischen Verfahrens*

Weiterhin muss die Vervielfältigung einen integralen und wesentlichen Bestandteil des dort verwendeten technischen Verfahrens ausmachen.[285] Als technische Verfahren i. S. d. § 44a Nr. 2 UrhG sind das Browsing und das Caching zu verstehen.[286] Für die bei der Nutzung dieser Technologien entstehenden Vervielfältigungen genügt es im Rahmen des § 44a Nr. 2 UrhG, wenn diese im Rahmen des technischen Verfahrens entstehen und mit diesem beiläufig verbunden sind. Eine solche Verbundenheit soll insbesondere dann anzunehmen sein, wenn die Vervielfältigungen nur einen Zwischenschritt zu der später erfolgenden Nutzung

---

279 Mitsdörffer/Gutfleisch, MMR 2009, 731 (733); v. Welser, in: Wandtke/Bullinger, UrhG, 3. Aufl. (2009), § 44a Rdnr. 2; Busch, GRUR 2011, 496 (501).

280 v. Welser, in: Wandtke/Bullinger, UrhG, 3. Aufl. (2009), § 44a Rdnr. 2.

281 Loewenheim, in: Schricker/Loewenheim, UrhG, 4. Aufl. (2010), § 44a Rdnr. 5.

282 Bernhöft, Die urheberrechtliche Zulässigkeit der digitalen Aufzeichnung einer Sendung, 2009, S. 212.

283 Radmann, ZUM 2010, 387 (390); Loewenheim, in: Schricker/Loewenheim, UrhG, 4. Aufl. (2010), § 44a Rdnr. 5; Dreyer, in: Dreyer/Kotthoff/Meckel, UrhG, 2. Aufl. (2009), § 44a Rdnr. 5.

284 Dreyer, in: Dreyer/Kotthoff/Meckel, UrhG, 2. Aufl. (2009), § 44a Rdnr. 5 ff.

285 v. Welser, in: Wandtke/Bullinger, UrhG, 3. Aufl. (2009), § 44a Rdnr. 7.

286 BT-Drucks. 15/38, S. 18; Nordemann, in: Fromm/Nordemann, UrhG, 10. Aufl. (2008), § 44a Rdnr. 3; Spindler, GRUR 2002, 105 (111).

des Werkes bilden.[287] Die Vervielfältigungen müssen aber nicht unabdingbar für das technische Verfahren sein, sodass auch solche Vervielfältigungen zu erfassen sind, ohne die das technische Verfahren gleichwohl ordnungsgemäß ablaufen würde.[288]

c. *Keine eigene wirtschaftliche Bedeutung*

Daneben darf den kurzfristigen Vervielfältigungen i. S. d. § 44a UrhG keine eigene wirtschaftliche Bedeutung zukommen. Diese Begrenzung der Privilegierung des § 44a UrhG ist Ausfluss des Grundgedankens, dass die urheberrechtlichen Verwertungsrechte dem Urheber umfassende Partizipations- und Kontrollinteressen in Bezug auf sein Werk einräumen.[289] Der vorübergehenden Vervielfältigung kommt dann keine eigene wirtschaftliche Bedeutung zu, wenn durch die Vervielfältigung keine neue und eigenständige Nutzungsmöglichkeit eröffnet wird.[290] Nach Ansicht des *EuGH* ist eine Nutzungsmöglichkeit als eigenständig zu erachten, „wenn sie über den wirtschaftlichen Vorteil, der durch den bloßen Empfang seiner Sendung mit geschützten Werken entsteht, d. h. über den Vorteil, der sich aus der bloßen Erfassung der Sendung ihrer visuellen Darstellung ergibt, hinausgeht".[291]

d. *Übertragung in einem Netz, § 44a Nr. 1 UrhG, und rechtmäßige Nutzung, § 44a Nr. 2 UrhG*

Neben den zuvor benannten Grundvoraussetzungen des § 44a UrhG müssen alternativ die Voraussetzungen von § 44a Nr. 1 oder Nr. 2 UrhG erfüllt sein. Nach § 44a Nr. 1 UrhG ist erforderlich, dass die Vervielfältigung lediglich der Übertragung in einem Netz zwischen Dritten durch einen Vermittler dient. Privilegiert wird dabei der Vermittler, nicht aber Absender oder Empfänger. Soweit die vorliegende Betrachtung die Vervielfältigung aufseiten des Empfängers bzw.

287 Dreyer, in: Dreyer/Kotthoff/Meckel, UrhG, 2. Aufl. (2009), § 44a Rdnr. 8; v. Welser, in: Wandtke/Bullinger, UrhG, 3. Aufl. (2009), § 44a Rdnr. 2; Busch, GRUR 2011, 496 (500).

288 Spindler, GRUR 2002, 105 (111); v. Welser, in: Wandtke/Bullinger, UrhG, 3. Aufl. (2009), § 44a Rdnr. 7; Hullen, ITRB 2008, 230 (232).

289 Poeppel, Die Neuordnung der urheberrechtlichen Schranken im digitalen Umfeld, 2005, S. 429; Mitsdörffer/Gutfleisch, MMR 2009, 731 (733); Reich, Die ökonomische Analyse des Urheberrechts in der Informationsgesellschaft, 2006, S. 264.

290 Dreier, in: Dreier/Schulze, UrhG, 3. Aufl. (2008), § 44a Rdnr. 9.

291 EuGH, GRUR Int 2011, 1063 (1074); EuGH, GRUR Int 2012, 336 (340); Stieper, Rechtfertigung, Rechtsnatur und Disponibilität der Schranken des Urheberrechts, 2009, S. 16.

des Konsumenten untersucht, ist die Schrankenbestimmung des § 44a Nr. 1 UrhG bereits nicht einschlägig.[292]

Mit § 44a Nr. 2 UrhG ist hingegen zu untersuchen, ob eine Nutzung bezweckt wird und inwieweit sie als rechtmäßig zu qualifizieren ist.[293] Fraglich ist, welche Anforderungen an das Merkmal der rechtmäßigen Nutzung i. S. d. § 44a Nr. 2 UrhG zu stellen sind.

aa. Ausgangslage

Der Wortlaut des § 44a Nr. 2 UrhG erläutert nicht, wann eine Nutzung gegeben sein soll. Auch werden keine Kriterien aufgestellt, wann eine Rechtmäßigkeit angenommen werden kann. Der deutsche Gesetzgeber bietet in der Gesetzesbegründung keine Auslegungshilfe.[294] Die zu beantwortenden Rechtsfragen lauten im Hinblick auf die vorliegende Prüfung der Streamingfilmportale bzw. Streamingplattformen mithin vorliegend: Unterfallen der Werkgenuss und das diesem Begriff zuzuordnende Streaming dem Begriff der Nutzungen i. S. d. § 44a Nr. 2 UrhG, und wann sind diese als rechtmäßig im Sinne dieser Vorschrift einzuordnen?

Als Grundlage für diese Auslegung bieten sich neben dem Wortlaut der Norm deren Systematik innerhalb des UrhG, dem Telos des § 44a UrhG sowie etwaige verfassungsrechtliche Einflüsse an. Wie bereits festgestellt,[295] ist die Norm des § 44a UrhG auf die Harmonisierungsrichtlinie 2001/29/EG, seinem Art. 5 Abs. 1 HRL und den dazugehörigen Erwägungsgrund 33 zurückzuführen. Eine europarechtskonforme Auslegung hat sich daher auf diese Materialen zu beziehen.

bb. Wortlaut

Bereits festgehalten wurde, dass der Wortlaut der Norm selbst keinerlei Ausführungen der Begrifflichkeit „rechtmäßige Nutzung" bietet. Unabhängig vom Urheberrecht lässt sich der Begriff der Nutzungen – vom Wortsinn her – als der Gebrauchsvorteil einordnen, der sich zum Beispiel aus der Verwendung eines Gegenstandes ergibt.[296] Rein auf diesen Wortsinn bezogen, ließe der Begriff der Nutzung folglich dafür Raum, die bloße Benutzung eines Werkes über § 44a Nr. 2 UrhG zu erfassen. Dieses Ergebnis könnte auch Bestätigung über das Urheberrecht finden, da der Begriff der Nutzung – neben der Schranke des § 44a Nr. 2 UrhG – in der Vorschrift des § 11 S. 1 UrhG verwendet, wonach das

292 Busch, GRUR 2011, 496 (501).
293 Radmann, ZUM 2010, 387 (391).
294 BT-Drucks. 15/38, S. 18.
295 Vgl S. 30.
296 Grimm/Grimm, Deutsches Wörterbuch – Band 13, 1991, S. 1026.

Urheberrecht den Urheber in der Nutzung seines Werkes schützt. Konsens besteht dahin gehend, dass bei § 11 UrhG keine Differenzierung zwischen körperlichen, unkörperlichen oder sonstigen Verwertungsformen zu erfolgen hat.[297] Umstritten ist jedoch, inwieweit der bloße Genuss eines Werkes eine Nutzung i. S. d. § 11 S. 1 UrhG darstellt. Nach Ansicht des *BGH* gilt, dass „die Benutzung eines Werkes als solche [...] kein urheberrechtlich relevanter Vorgang" ist. „Dies gilt für das Benutzen eines Computerprogramms ebenso wie für das Lesen eines Buches, das Anhören einer Schallplatte, das Betrachten eines Kunstwerks oder eines Videofilms."[298] Der BGH vertritt sonach die Auffassung, dass diese Benutzung nicht als Nutzung i. S. d. § 11 S. 1 UrhG zu verstehen ist.

Mit den Vorgängen des Anhörens einer Schallplatte oder des Betrachtens eines Videofilms beschreibt der *BGH* Tätigkeiten, die innerhalb des deutschen Urheberrechts vom Begriff des Werkgenusses erfasst werden, dessen Grundlagen sich bereits in der traditionellen Konzeption des Urheberrechts wiederfinden. Soweit zunächst auf den Wortbestandteil „Genuss" abgestellt wird, ist dieser generell in einem Sinn zu verstehen, der die Lust bzw. den Nutzen in den Fokus stellt, der sich aus dem Besitz einer Sache und dessen Benutzung ergeben kann.[299] Gleichwohl war der Begriff ursprünglich weiter zu fassen, sodass sich – zumindest in der Vergangenheit – Nutznießungen aller Art erfasst sehen konnten.[300] Unter dem Begriff des Werkgenusses wird im deutschen Urheberrecht die rezeptive Aufnahme eines Werkes, d. h. das Lesen, Hören und Betrachten eines an sich urheberrechtlich geschützten Werkes, verstanden.[301] Nach der Konstruktion des Urheberrechts ist in diesem Vorgang kein Eingriff in ein ausschließliches Recht des Urhebers zu sehen. Der Werkgenuss ist daher gemeinfrei und von Verwertungsrechten des Urhebers ausgeklammert.[302] Diese Wertung gilt auch dann, wenn die Herstellung der Vorlage, die für den Werkgenuss verwendet wird, einen nicht privilegierten Eingriff in die Verwertungsrechte des Urhebers bedeutete. Diese Einordnung ist für die Ausklammerung des Werkgenusses

297 Schulze, in: Dreier/Schulze, UrhG, 3. Aufl. (2008), § 11 Rdnr. 4.

298 BGH, GRUR 1991, 449 (453).

299 Grimm/Grimm, Deutsches Wörterbuch – Band 5, 1991, S. 3518.

300 Grimm/Grimm, Deutsches Wörterbuch – Band 5, 1991, S. 3455.

301 Schulze, ZUM 2000, 126 (130); Wimmers/Schulz, CR 2008, 170 (171); Heinz, Urheberrechtliche Gleichbehandlung von alten und neuen Medien, 2006, S. 190.

302 Schulze, in: Dreier/Schulze, UrhG, 3. Aufl. (2008), § 15 Rdnr. 20; Heerma, in: Wandtke/Bullinger, UrhG, 3. Aufl. (2009), § 15 Rdnr. 6; Dreyer, in: Dreyer/Kotthoff/Meckel, UrhG, 2. Aufl. (2009), § 16 Rdnr. 17; Jaeger/Metzger, Open Source Software, 2. Aufl. (2006), S. 77; Reich, Die ökonomische Analyse des Urheberrechts in der Informationsgesellschaft, 2006, S. 253.

von den ausschließlichen Rechten des Urhebers ohne Bedeutung. Die Benutzung unrechtmäßiger Kopien kann folglich nicht untersagt werden.[303]

Wird durch den *BGH* nunmehr dieser Vorgang, d. h. Werkgenuss, nicht als Nutzung i. S. d. § 11 S. 1 UrhG verstanden,[304] könnte dieser Gedanke auf die Auslegung des § 44a Nr. 2 UrhG übertragen werden und auch durch den Begriff der Nutzung in dieser Vorschrift der Werkgenuss bereits aus dem Wortsinn der Vorschrift nicht zu erfassen sein. Dabei muss aber berücksichtigt werden, dass es dem Gesetzgeber freisteht, Nutzungen in § 44a Nr. 2 UrhG und § 11 S. 1 UrhG in einem unterschiedlichen Sinn zu verstehen. Eine unterschiedliche Auslegung dieses Begriffs ist zudem auch aufgrund der Tatsache, dass § 44a Nr. 2 UrhG auf die Harmonisierungsrichtlinie 2001/29/EG und seinen Art. 5 Abs. 1 zurückgeht, insofern nicht unwahrscheinlich, als der Richtliniengeber bei der Formulierung keinesfalls an ein Verständnis gebunden war,[305] welches im deutschen UrhG verwurzelt ist. Das deutsche Verständnis hinsichtlich der Bestimmung des Begriffs „Nutzungen" im Rahmen des § 11 S. 1 UrhG kann daher als Interpretationshilfe herangezogen werden, aber gleichwohl nicht dazu führen, dass daraus bereits innerhalb der Auslegung des § 44a Nr. 2 UrhG eine Begrenzung des Begriffs der Nutzungen dahin gehend erfolgt, hiervon die Benutzung des Werkes bzw. den Werkgenuss auszuschließen.

cc. Systematische Auslegung

Systematisch gesehen, reiht sich die Norm des § 44a UrhG in die Schrankenbestimmungen und den sechsten Abschnitt des Urheberrechtsgesetzes ein. Insbesondere im Kontext zu den übrigen Schrankenbestimmungen mag sich hieraus jedoch keine Grundlage für eine Auslegung des § 44a Nr. 2 UrhG ergeben. Die weiteren Schrankenregelungen beziehen sich inhaltlich auf andere Privilegierungstatbestände, die weder an ephemere Vervielfältigungen noch an rechtmäßige Nutzungen anknüpfen. Hier ist kein Ineinandergreifen zu konstatieren, sondern vielmehr ein nebeneinander stehender Schrankenkanon.

---

303 Schulze, in: Dreier/Schulze, UrhG, 3. Aufl. (2008), § 15 Rdnr. 20; Heerma, in: Wandtke/Bullinger, UrhG, 3. Aufl. (2009), § 15 Rdnr. 6; Dreyer, in: Dreyer/Kotthoff/Meckel, UrhG, 2. Aufl. (2009), § 16 Rdnr. 17; Jaeger/Metzger, Open Source Software, 2. Aufl. (2006), S. 77; Reich, Die ökonomische Analyse des Urheberrechts in der Informationsgesellschaft, 2006, S. 253.

304 Schulze, ZUM 2000, 126 (129 f.); v. Ungern-Sternberg, in: Schricker/Loewenheim, UrhG, 4. Aufl. (2010), § 15 Rdnr. 16; Mitsdörffer/Gutfleisch, MMR 2009, 731 (733). Der Werkgenuss wird nach herrschender Auffassung gleichwohl unter den Begriff der Nutzung i. S. d. § 11 S. 1 UrhG subsumiert, vgl. Schulze, ZUM 2000, 126 (30).

305 Mitsdörffer/Gutfleisch, MMR 2009, 731 (733).

dd. Europarechtskonforme Auslegung

Spezifische Schrankenbestimmungen des UrhG sind durch europäische Richtlinien geprägt. Es ist mithin geboten, diese Richtlinien innerhalb der Auslegung zu berücksichtigen. Nach herrschender Auffassung sind die auf europäischen Richtlinien beruhenden Schranken europäisch auszulegen, was das Gebot der richtlinienkonformen Auslegung bewirkt hat.[306] Dieses Gebot wird damit begründet, dass „die sich aus einer Richtlinie ergebende Verpflichtung der Mitgliedstaaten, das in dieser vorgesehene Ziel zu erreichen, [...] alles zur Erfüllung dieser geeigneten Maßnahmen allgemeiner oder besonderer Art zu treffen, allen Trägern öffentlicher Gewalt in den Mitgliedstaaten obliegen." Daraus folgt nach Ansicht des *EuGH*, „dass das nationale Gericht bei der Anwendung des nationalen Rechts [...] dieses [...] im Lichte des Wortlauts und des Zwecks der Richtlinie auszulegen hat." Nur so sei das in Art. 288 Abs. 3 AEUV genannte Ziel zu erreichen.[307] Die Auslegung einer Schranke hat folglich grundsätzlich stets im Kontext zum Richtlinienwortlaut, dem Sinn, Zweck der Begründung und der Erwägungsgründe der Richtlinie zu erfolgen.[308] Der *EuGH* hat festgestellt, dass sich die Pflicht zur gemeinschaftsrechtskonformen Auslegung unter der jeweiligen vollen Ausschöpfung des Beurteilungsspielraums ergibt, der sich durch das nationale Recht ergibt.[309]

§ 44a UrhG beruht auf Art. 5 Abs. 1 der Harmonisierungsrichtlinie 2001/29/EG,[310] sodass eine europarechtskonforme Auslegung indiziert ist.

(1) Harmonisierungsrichtlinie

Art. 5 Abs. 1 HRL wählt die Formulierung, dass solche Vervielfältigungen, deren alleiniger Zweck es ist, eine rechtmäßige Nutzung eines Werkes zu ermöglichen, und die keine eigenständige wirtschaftliche Bedeutung haben, vom Vervielfältigungsrecht i. S. d. Art. 2 HRL auszunehmen sind. § 44a UrhG hat diese Formulierung übernommen, sodass auch aus Art. 5 Abs. 1 HRL keine Erläute-

306 Lettl, Urheberrecht, 2008, S. 172; Findeisen, Die Auslegung urheberrechtlicher Schrankenbestimmungen, 2005, S. 139 f.

307 EuGH, NJW 1984, 2021; Ehricke, EuZW 1999, 553 (554).

308 Wenzel/Burkhardt, Urheberrecht für die Praxis, 5. Aufl. (2009), S. 28.

309 EuGHE 1984, 1891, 1909 stellt dazu spezifisch fest: „Es ist Sache des nationalen Gerichts, das zur Durchführung der Richtlinie erlassene Gesetz unter voller Ausschöpfung des Beurteilungsspielraums, den ihm das nationale Recht einräumt, in Übereinstimmung mit den Anforderungen des Gemeinschaftsrechts auszulegen und anzuwenden." Vgl. zudem: Ruffert, in: Calliess/Ruffert, EUV/EGV, 3. Aufl. (2007), Art. 249 EGV Rdnr. 115; Findeisen, Die Auslegung urheberrechtlicher Schrankenbestimmungen, 2005, S. 152 f. und S. 204; Götz, NJW 1992, 1849 (1854); Auer, NJW 2007, 1106.

310 Vgl. S. 66 f.

rung des Wortlautes gezogen werden kann. Gleiches muss für den englischen („lawful use") und den französischen („une utilisation licite") Wortlaut konstatiert werden, die deckungsgleich mit dem deutschen Richtlinientext sind.

Erwägungsgrund 33 führt in der deutschen Fassung der HRL aus, dass eine Nutzung dann als rechtmäßig anzusehen ist, soweit sie vom Rechteinhaber zugelassen bzw. nicht durch Gesetz beschränkt worden ist. Ganz in diesem Sinne zeigen sich auch der englische („authorised by the rightholder or not restricted by law") und der französische („est autorisée par le titulaire du droit ou n'est pas limitée par la loi") Wortlaut des Erwägungsgrundes 33. Damit wird durch Erwägungsgrund 33 festgelegt, wann eine Nutzung als rechtmäßig zu verstehen ist. Aus Erwägungsgrund 33 kann daher bereits schon einmal die vorbenannte Frage, wann eine Nutzung i. S. d. § 44a Nr. 2 UrhG als rechtmäßig zu verstehen ist, dahin gehend beantwortet werden, dass dies jedenfalls auch dann der Fall ist, wenn eine ausdrückliche oder konkludente Zustimmung des Rechteinhabers gegeben ist.[311] Eine konkludente Zustimmung ist hinsichtlich der ephemeren Vervielfältigungen vorliegend insbesondere dann anzunehmen, wenn das Werk durch den Urheber in das Internet eingestellt worden ist.[312] Unbeantwortet bleibt damit aber, wann eine nicht durch Gesetz beschränkte Nutzung vorliegt.

Es wird angenommen, dass von dieser Begrifflichkeit solche Nutzungen erfasst werden, die sich bereits durch andere Schrankenbestimmungen privilegiert sehen dürfen.[313] Ob ein darüber hinaus gehender Regelungsgehalt angenommen werden kann, ist jedoch streitig. Für ein weites Verständnis der Voraussetzung der rechtmäßigen Nutzung soll nach einer Einsicht sprechen, dass der tatbestandlichen Alternative keinerlei Bedeutung zukommen würde, wenn § 44a Nr. 2 UrhG in diesem Fall lediglich als eine schrankenbegleitende Schranke zu qualifizieren wäre.[314] Denn wenn ohnehin das Eingreifen einer anderen Schranke als Voraussetzung für die rechtmäßige Nutzung erforderlich wäre, müsste § 44a Nr. 2 UrhG in diesem Fall als überflüssige und inhaltsleere

311 Walter, in: Walter, Europ. UrhR, 2001, Info-RL Rdnr. 108; Loewenheim, in: Schricker/Loewenheim, UrhG, 4. Aufl. (2010), § 44a Rdnr. 9; Dreyer, in: Dreyer/Kotthoff/Meckel, UrhG, 2. Aufl. (2009), § 44a Rdnr. 11.

312 Eine konkludente Zustimmung kann sich insbesondere durch das Einstellen eines Werkes in das Internet ergeben, vgl. Loewenheim, in: Schricker/Loewenheim, UrhG, 4. Aufl. (2010), § 44a Rdnr. 9.

313 Poeppel, Die Neuordnung der urheberrechtlichen Schranken im digitalen Umfeld, 2005, S. 441; Czernik, in: Wandtke (Hrsg.), Medienrecht, 2. Aufl. (2011), Kapitel 2 Rdnr. 266; Stieper, MMR 2012, 12 (15).

314 Mitsdörffer/Gutfleisch, MMR 2009, 731 (733); Poeppel, Die Neuordnung der urheberrechtlichen Schranken im digitalen Umfeld, 2005, S. 443 f.; Fangerow/Schulz, GRUR 2010, 677 (681); Stieper, MMR 2012, 12 (15).

Norm bezeichnet werden. Dem Gesetzgeber könne es aber nicht im Sinn gestanden haben, mit Nr. 2 des § 44a UrhG einen Privilegierungstatbestand zu normieren, der de facto nicht zur Anwendung gebracht werden könne. Ein darüber hinaus gehender Regelungsgehalt der Norm müsse dann als naheliegend erscheinen.[315] Bei dieser Argumentation wird gleichwohl übersehen, dass Szenarien denkbar sind, bei denen sich die Nutzung selbst auf eine Privilegierung berufen kann, die damit einhergehende Vervielfältigung indes nicht. Genau in diesem Fall würde die Schrankenbestimmung des § 44a Nr. 2 UrhG Wirkung entfalten. Insofern könnte sich die Regelung auch bei diesem engen Verständnis nicht als inhaltsleer erachten lassen und würde über eine bloß klarstellende Wirkung hinausgehen.[316]

In Erwägungsgrund 33 zu Art. 5 Abs. 1 HRL stellt der Richtliniengeber allerdings fest, dass eine Nutzung rechtmäßig ist, soweit sie nicht durch Gesetz beschränkt ist. In dieser negativen Formulierung manifestiert sich der Gedanke, dass die Nutzung mithin zu gestatten ist, soweit sich nicht innerhalb des Urheberrechts eine Regelung finden lässt, die diese konkret untersagt.[317] Im Gegensatz dazu hätte der Gesetzgeber das Gestaltungselement einer positiven Anordnung wählen und so regeln können, dass lediglich dann eine rechtmäßige Nutzung angenommen werden kann, wenn die konkrete Nutzung durch das Gesetz erlaubt ist,[318] mithin also eine Schrankenprivilegierung eingreift. Allein dann könnte die vorbenannte Auslegung, wonach Art. 5 Abs. 1 HRL eine schrankenbegleitende Schranke darstellt, ihre Bestätigung finden.

(2) Werkgenuss im digitalen Umfeld

Der Begriff der Nutzung könnte ferner im Kontext zum deutschen Urheberrecht und zur Begrifflichkeit des Werkgenusses auszulegen sein, da der *BGH* beim Werkgenuss von einer „Werk*nutzung* durch den Endverbraucher" spricht.[319] Bereits bei der Auslegung hinsichtlich des Wortlautes wurde klargestellt, dass als Werkgenuss die rezeptive Aufnahme eines Werkes zu verstehen ist.[320] Im Kontext zum digitalen Umfeld stellt sich die Frage, inwieweit das Prinzip des Werk-

---

315 v. Welser, in: Wandtke/Bullinger, UrhG, 3. Aufl. (2009), § 44a Rdnr. 20; Mitsdörffer/Gutfleisch, MMR 2009, 731 (733); Fangerow/Schulz, GRUR 2010, 677 (681).

316 Bernhöft, Die urheberrechtliche Zulässigkeit der digitalen Aufzeichnung einer Sendung, 2009, S. 213; Heinz, Urheberrechtliche Gleichbehandlung von alten und neuen Medien, 2006, S. 396.

317 So inzwischen auch bestätigt durch: EuGH, GRUR Int 2011, 1063 (1074); EuGH, GRUR Int 2012, 336 (340).

318 Mitsdörffer/Gutfleisch, MMR 2009, 731 (733); Fangerow/Schulz, GRUR 2010, 677 (733).

319 BVerfG, GRUR 1997, 215 (217).

320 Vgl. S. 70.

genusses hier anzuerkennen ist. Während der Rezeption des Werkes im analogen Umfeld beispielsweise das verkörperte Werkexemplar in Form eines Buches zugrunde liegt, erfolgt dies im digitalen Kontext über den Bildschirm und die Lautsprecher eines Computers. Dabei werden über das identische Ausgabemedium alle erdenklichen Medien, wie Texte, Fotos, Videos oder Musik,[321] dem Rezipienten zugänglich gemacht. Von den ephemeren Vervielfältigungen, die hier im Einzelfall den technischen Gegebenheiten geschuldet sein können,[322] abgesehen, entfällt auch bei dieser Wiedergabe über den Bildschirm und die Lautsprecher das Merkmal der Körperlichkeit, sodass im digitalen Kontext eine Privilegierung des Werkgenusses als urheberrechtlich irrelevanter Vorgang – trotz der dabei entstehenden ephemeren Vervielfältigungen – möglich erscheint. Dies könnte über die Regelung des Art. 5 Abs. 1 HRL erfolgen.

Im Rahmen des klassischen Verständnisses des Werkgenusses wurde bereits darauf abgestellt, dass es sich bei der Freistellung im analogen Kontext auch um einen Reflex des Gesetzgebers handelt, da der Genuss, der sich oftmals im privaten Bereich abspielt, nur schwer kontrolliert werden kann[323] und es daneben nicht in der Natur des Urheberrechts liegen würde, in die Privatsphäre des Nutzers vorzudringen.[324]

Gerade im digitalen Umfeld, d. h. der Nutzung urheberrechtlich geschützter Werke im Rahmen von Speichermedien – z. B. Arbeitsspeicher und Festplatten – eines Computers,[325] könnte sich dieser Reflex ebenso ergeben, da auch dort die Nutzung in der Regel im privaten Bereich erfolgt und mithin aus dem gleichen Grund schwer zu kontrollieren ist, wie es bereits im analogen Kontext der Fall ist. Allerdings bietet das digitale Umfeld aus technischer Sicht die Möglich-

321 Zusammenfassend unter dem Begriff „Multimedia“ zu fassen, vgl. Loewenheim, GRUR 1996, 830 (831); Zscherpe, MMR 1998, 404 (404 ff.); Ensthaler, Gewerblicher Rechtsschutz und Urheberrecht, 2. Aufl. (2003), S. 74.

322 BGH, GRUR 1991, 449 (453); Wenzel/Burkhardt, Urheberrecht für die Praxis, 5. Aufl. (2009), S. 75; Wöhrn, in: Wandtke (Hrsg.), Urheberrecht, 2. Aufl. (2010), 3. Kapitel Rdnr. 82; Dreyer, in: Dreyer/Kotthoff/Meckel, UrhG, 2. Aufl. (2009), § 16 Rdnr. 17; Hölscher, Die Ausnahmebestimmungen für den eigenen Gebrauch im deutschen und französischen Urheberrecht, 2001, S. 99.

323 Stieper, Rechtfertigung, Rechtsnatur und Disponibilität der Schranken des Urheberrechts, 2009, S. 147; Stieper, Rechtfertigung, Rechtsnatur und Disponibilität der Schranken des Urheberrechts, 2009, S. 411; Schack, Urheber- und Urhebervertragsrecht, 5. Aufl. (2010), S. 203.

324 Knapp, GRUR Int 1983, 347 (349).

325 Poeppel, Die Neuordnung der urheberrechtlichen Schranken im digitalen Umfeld, 2005, S. 55 ff.

keit, den Werkgenuss zu kontrollieren.[326] Dies wird über ein sogenanntes digitales Rechtemanagement erreicht,[327] welches spezifisch für jede Datei auf dem Computer des Nutzers den Zugriff darauf eröffnet, die Verwendung dieser Datei zu kontrollieren. Wird nun überhaupt der Zugang zum Download eines Werkes an ein Entgelt geknüpft, kann sich über das Rechtemanagement daneben eine durch die Urheber erfolgende Kontrolle des Werkgenusses aufseiten des Nutzers ergeben. Zum Beispiel kann konkret eingestellt werden, wie oft und auf welchen Geräten die Datei überhaupt benutzt werden kann. Auch das Kopieren der Datei auf andere Geräte kann damit beschränkt werden. Daraus resultiert eine Kontrolle über das Werk und den Werkgenuss, die sich im analogen Umfeld bereits nicht eröffnet.[328] Die Implementierung solcher Systeme ist dabei zunächst als Reaktion der Rechteinhaber auf die in der Einleitung skizzierten Gefahren der Digitalisierung zu sehen.[329] Die vertragliche und tatsächliche Durchsetzung etwaiger Nutzungsbeschränkungen kann damit ermöglicht werden. Daneben ist ein, ggf. sogar überschießender, Schutz im Sinne des Urheberrechts technisch zu garantieren.[330] Naheliegend ist, dass dieser Schutz auf das Streaming von Filmwerken ausgedehnt wurde. Damit konnte im digitalen Kontext ein Äquivalent zu Videotheken und dem physischen Verkauf von Medien geschaffen werde.[331]

Soweit im analogen Kontext lediglich ein Nutzungsrecht für Vermittler eines Werkes erforderlich war und sich derjenige, der für sich den Werkgenuss in Anspruch nahm, nicht auf eine spezifische Gestattung durch den Urheber rekurrieren muss, verschiebt sich dieses Prozedere im digitalen Kontext. Der Endnutzer benötigt beim Einsatz digitaler Rechtemanagementsysteme die konkrete Gestattung. Dies ermöglicht zum einen die Kontrolle durch den Urheber, zum anderen die im Ergebnis damit bezweckte wirtschaftliche Partizipation aufseiten

326 Hohagen, Die Freiheit der Vervielfältigung zum eigenen Gebrauch, 2004, S. 620; Peukert, in: Hilty/Peukert (Hrsg.), Interessenausgleich im Urheberrecht, 2004, S. 11 (35).

327 Auch: digital right management, DRM; vgl. Dreier, in: Dreier/Schulze, UrhG, 3. Aufl. (2008), Einleitung Rdnr. 24.

328 Schippan, ZUM 2004, 188 (188 ff.); Peukert, in: Hilty/Peukert (Hrsg.), Interessenausgleich im Urheberrecht, 2004, S. 11 (25 ff.); Dreier, in: Dreier/Schulze, UrhG, 3. Aufl. (2008), Einleitung Rdnr. 24; Heinz, Urheberrechtliche Gleichbehandlung von alten und neuen Medien, 2006, S. 407; Möschel/Bechtold, MMR 1998, 571 (575).

329 Vgl. S. 1 ff.

330 Schippan, ZUM 2004, 188 (190); Dreier, in: Dreier/Schulze, UrhG, 3. Aufl. (2008), Einleitung Rdnr. 24.

331 So z. B. bei den Anbietern Videoload (www.videoload.de), Apple iTunes (www.apple.de) oder Maxdome (www.maxdome.de); Peukert, in: Hilty/Peukert (Hrsg.), Interessenausgleich im Urheberrecht, 2004, S. 11 (25 f.).

der Rechteinhaber.[332] Mit einem Verständnis, das aus technischer Sicht die Freistellung des Werkgenusses im digitalen Kontext nicht mehr als naheliegenden Reflex erachtet, kann sich sodann in der HRL ein Paradigmenwechsel dahin gehend manifestieren, wonach der Gesetzgeber nunmehr die technische Restriktion des Werkgenusses anerkennt und eine Privilegierung im Rahmen des Art. 5 Abs. 1 HRL von der Zustimmung des Urhebers abhängig macht. Hatte der (deutsche) Gesetzgeber in der Vergangenheit noch den Werkgenuss freigestellt und über das Stufensystem der mittelbaren Erfassung des Endverbrauchers dem Urheber eine Vergütung zu geführt (sog. „Liability rule"), wäre nunmehr ein Wandel hin zu solchen Regelungen zu sehen, die für den Werkgenuss eine Zustimmung des Urhebers voraussetzen (sog. „Property rule").[333] Dabei muss jedoch festgehalten werden, dass allein die grundsätzliche Möglichkeit der Restriktion des Werkgenusses nicht für sich dazu führen kann, einen Paradigmenwechsel in Bezug auf den Werkgenuss im digitalen Umfeld festzustellen. Soweit zwar als Ausgangspunkt immer normative und rechtspolitische Erwägungen zu sehen sind, ist die Sinnhaftigkeit und insbesondere die Durchsetzbarkeit solcher Erwägungen davon abhängig, inwieweit technische Infrastrukturen bestehen, die einen generellen Einsatz digitaler Rechtemanagementsysteme ermöglichen. Rechtlich gesehen, ist über die Regelungen des § 95a UrhG eine ergänzende Vorschrift in das Urheberrecht aufgenommen worden, die festlegt, dass technische Maßnahme zum Schutz eines geschützten Werkes ohne Zustimmung der Rechtsinhaber nicht umgangen werden dürfen.[334]

Der Einsatz dieser Systeme ist zwar im Vordringen,[335] über das Internet ist indes weiterhin eine große Anzahl von Werken erhältlich, die (noch) nicht über solche Systeme kontrolliert werden. Dies ist zum einen der Tatsache geschuldet, dass in den Anfängen des Internets solche Systeme schlichtweg noch nicht be-

332 Kreutzer, Das Modell des deutschen Urheberrechts und Regelungsalternativen, 2008, S. 281 f.

333 Peukert, in: Hilty/Peukert (Hrsg.), Interessenausgleich im Urheberrecht, 2004, S. 11 (39 ff.). Weitere Ausführungen zur Differenzierung zwischen property und liabelity rule sowie deren effizienzsteigernden Wirkungen: Hansen, Warum Urheberrecht?, 2009, S. 183 ff.; Reich, Die ökonomische Analyse des Urheberrechts in der Informationsgesellschaft, 2006, S. 69 ff.

334 Kreutzer, Das Modell des deutschen Urheberrechts und Regelungsalternativen, 2008, S. 300 ff.; Heinz, Urheberrechtliche Gleichbehandlung von alten und neuen Medien, 2006, S. 408 f.; Meschede, Der Schutz digitaler Musik- und Filmwerke vor privater Vervielfältigung nach den zwei Gesetzen zur Regelung des Urheberrechts in der Informationsgesellschaft, 2007, S. 187 ff.; Höhne, Digital Rights Management Systeme aus Verbrauchersicht, 2007, S. 161 ff.

335 Guggemos, ZUM 2004, 183 (188); Enders, ZUM 2004, 593 (595 f.); Akester, IIC 2010, 31 (33 ff.).

kannt waren, zum anderen aber insbesondere damit zu begründen, dass viele Inhalte bewusst ohne die Implementierung solcher Schutzinstrumente verfügbar gemacht werden. So ist zwischenzeitlich zu verzeichnen, dass wieder auf die Implementierung solcher Systeme verzichtet wird, um den Vertrieb digitaler Werke über das Internet für den Endnutzer interessanter und problemloser zu machen.[336] Doch auch bei solchen Inhalten, die nicht mit der Zustimmung der Urheber dem Konsumenten bereitgestellt werden, ist ein Verzicht auf DRM-Systeme naheliegend – so bei den vorliegend relevanten Streamingplattformen bzw. Streamingfilmportalen.[337] Grundgedanke dieser Plattformen ist schließlich, dass der Konsument keinerlei Vergütung leistet und kein rechtskonformer Umgang mit geschützten Werken zu gewährleisten ist, der sodann per DRM durchzusetzen wäre. Hier ist keine Kontrolle des Urhebers – jedenfalls aus technischer Sicht – im oben skizzierten Sinne gegeben.[338] Somit muss festgehalten werden, dass eine generelle (technische) Restriktion des Werkgenusses im digitalen Umfeld eben (noch) nicht besteht. Für diesen Grundsatz und dessen Erfolg wäre zumindest der breitgefächerte Einsatz von DRM-Systemen conditio sine qua non. Einem Paradigmenwechsel wäre daher bisher zumindest die tatsächliche technische Durchsetzbarkeit entzogen.

Wird den Urhebern so aber im Ergebnis nach wie vor die technische Restriktion der Nutzung aufseiten der Konsumenten nicht konsequent ermöglicht, da diese technisch nicht gänzlich durchzusetzen ist, würde ein Verständnis des § 44a Nr. 2 UrhG dahin gehend, die Privilegierung stets von der Zustimmung des Urhebers abhängig zu machen, dem Urheber die rechtliche Möglichkeit eröffnen, den Konsum zu kontrollieren.[339] De lege lata wäre folglich dann der Werkgenuss mittelbar über die nicht erfolgende Privilegierung der ephemeren Vervielfältigung stets von einer Gestattung abhängig. Ansonsten wäre ein nicht

336 So z. B. Apple im Rahmen des iTunes Store, vgl. Apple, Entwicklungen im iTunes Store, 06.01.2009.

337 Ebenso bzgl. der Verbreitung über Filesharingnetze, vgl. Freiwald, Die private Vervielfältigung im digitalen Kontext am Beispiel des Filesharing, 2004, S. 178 ff.

338 de Grahl, Die Durchsetzung von Urheberrechten im digitalen Zeitalter, 2008, S. 49; Stieper, Rechtfertigung, Rechtsnatur und Disponibilität der Schranken des Urheberrechts, 2009, S. 92 ff.

339 Diese Möglichkeit hat ihren Ursprung darin, dass als Besonderheit im digitalen Kontext dem Werkgenuss – dies impliziert bereits das grundsätzliche Bestehen der Norm des § 44a UrhG bzw. Art. 5 Abs. 1 HRL – stets eine Vervielfältigung vorausgeht, die jeweils als technische und faktische Notwendigkeit anzusehen ist, um den Werkgenuss im digitalen Umfeld überhaupt zu ermöglichen, und unabhängig von etwaigen Privilegierungen einen Eingriff in das Vervielfältigungsrecht des Urhebers aus § 16 UrhG darstellt. Vgl. Kreutzer, Das Modell des deutschen Urheberrechts und Regelungsalternativen, 2008, S. 271; Ullrich, ZUM 2010, 311 (312 f.).

gerechtfertigter Eingriff in die Rechte der Urheber zu konstatieren. In der Kontrolle über die vorgelagerte Vervielfältigung würde sich damit eine rechtliche Restriktion eröffnen, die im Gegensatz zum analogen Umfeld steht, bei dem der Endverbraucher lediglich in den Fällen, in denen er an der Herstellung des Werkexemplars beteiligt ist, in die Rechte der Urheber eingreift.

Dies führt konkret dazu, dass Schrankenregelungen im analogen Umfeld oftmals die Person betreffen, die mit der Vermittlung des Werkes betraut ist und damit den Werkgenuss aufseiten des Konsumenten ermöglicht. Etwaige Privilegierungen wählen daher als Anknüpfungspunkt z. B. den Schulbuchverleger gem. § 46 UrhG, das Presseunternehmen gem. § 50 UrhG oder das Museum gem. § 58 UrhG.[340] So naheliegend diese Zugriffsmöglichkeit also im Interesse des Urhebers stehen mag, so wenig lässt sie sich mit dem im analogen Umfeld herrschenden klassischen Verständnis des Werkgenusses in Einklang bringen.

Anzuerkennen ist indessen, dass der analoge und der digitale Werkgenuss gewisse Differenzierungen erforderlich machen. Bei beiden ist zwar eine Kausalität zwischen einer vorgelagerten Verwertungshandlung und dem Werkgenuss zu ziehen, aber nur beim digitalen Werkgenuss ist unmittelbar eine Vervielfältigung aufseiten des Konsumenten erforderlich, der sodann die spezifische Funktion zukommt, allein den Werkgenuss technisch zu ermöglichen. War im analogen Kontext und bei Nutzung klassischer Medien aber eine deutliche zeitliche Differenzierung zwischen der Herstellung des Vervielfältigungsstücks und dem darauf beruhenden Werkgenuss möglich, ist im digitalen Kontext eine zeitliche Verschiebung und Verwischung des bisher eindeutig voneinander abzugrenzenden Vorgangs „Werknutzung – Werkgenuss“ festzustellen. Die letztmalig erfolgende Vervielfältigung ist unmittelbar dem Werkgenuss vorgelagert, überlagert sie nahezu.[341] Eine Zuordnung dieser mit dem Werkgenuss nahezu zeitgleich erfolgenden Vervielfältigung zum Werkgenuss erscheint auf Grundlage dieser Erwägung de lege lata jedenfalls begründbar. Auch ist der Anerkennung des Werkgenusses durch den Gesetzgeber und die Rechtsprechung der Grundgedanke zu entnehmen, dass dieser spezielle Vorgang vom Urheberrecht nicht erfasst sein soll und sich daran keine Partizipations- und Kontrollinteressen des Urhebers anschließen. Wenn aber eine Vervielfältigung lediglich diesem Genuss dient und die Norm eine darüber hinaus gehende wirtschaftliche Bedeutung mit ihren spezifischen Voraussetzungen zu verhindern weiß, erschiene es widersinnig, wenn diese Vervielfältigung einen nicht zu privilegierenden Eingriff in die

340 Dreier, in: Dreier/Schulze, UrhG, 3. Aufl. (2008), Einleitung Rdnr. 25.

341 Heerma, in: Wandtke/Bullinger, UrhG, 3. Aufl. (2009), § 15 Rdnr. 6.

Rechte des Urhebers darstellt, obwohl sie in letzter Konsequenz lediglich dem Werkgenuss dient und eine bloße technische Notwendigkeit repräsentiert.[342]

Wollte der Gesetzgeber also mit § 44a UrhG eine Gleichstellung des digitalen und analogen Werkgenusses erreichen, würde eine Auslegung naheliegend erscheinen, welche die hier benannten Aspekte zugunsten der Erfassung des Werkgenusses entsprechend gewichtet. Art. 5 Abs. 1 HRL könnte dann die Rolle der Durchsetzung des Werkgenusses im digitalen Umfeld zugeschrieben werden und die dadurch zu privilegierenden Vervielfältigungen den Zugang zum Werk und den Werkgenuss ermöglichen.[343] Dies würde dem Interesse des Gesetzgebers entsprechen, mit den Regelungen der HRL den Besonderheiten der Informationsgesellschaft gerecht zu werden und Privilegierungen insofern herbeizuführen, als damit den technischen Gegebenheiten im skizzierten Sinne entsprochen werden würde.[344] Der Reflex des analogen Werkgenusses wäre sodann auch auf den digitalen Bereich zu übertragen.

Dem steht jedoch immer noch ein Verständnis gegenüber, welches in Art. 5 Abs. 1 HRL die Abkehr vom bisherigen Prinzip des Werkgenusses und der Aufrechterhaltung dieser Freiheit im digitalen Umfeld hin zu einer „property rule“ zugunsten des Urhebers sieht.[345] Hätte zudem eine generelle Freistellung der ephemeren Vervielfältigungen bezweckt werden sollen, hätte bereits der Vervielfältigungsbegriff so angepasst werden können, vorübergehende Vervielfältigungen davon nicht zu erfassen. Zur Verifizierung der These eines etwaigen Paradigmenwechsels soll daher im Folgenden zusätzlich untersucht werden, inwieweit der europäische Gesetzgeber innerhalb anderer Richtlinien, die in den Kontext zum Urheberrecht zu setzen sind, mit dem Werkgenuss und etwaigen ephemeren Vervielfältigungen verfährt.

(3) Software- und Datenbank-Richtlinie

Im Hinblick auf die Datenbank-Richtlinie 96/6/EG[346] und die Software-Richtlinie 91/250/EWG[347] wird angenommen, dass mit diesen eine „property rule“ zugunsten der Urheber eingeführt worden ist und sich darin ein Paradig-

---

342 Poeppel, Die Neuordnung der urheberrechtlichen Schranken im digitalen Umfeld, 2005, S. 444 f.; Hohagen, Die Freiheit der Vervielfältigung zum eigenen Gebrauch, 2004, S. 620.

343 Hohagen, Die Freiheit der Vervielfältigung zum eigenen Gebrauch, 2004, S. 620.

344 Heinz, Urheberrechtliche Gleichbehandlung von alten und neuen Medien, 2006, S. 390; Haupt/Ullmann, in: Mestmäcker/Schulze, UrhG, 1962, § 44a Rdnr. 27.

345 Peukert, in: Hilty/Peukert (Hrsg.), Interessenausgleich im Urheberrecht, 2004, S. 11 (39 ff.).

346 Im Folgenden: DRL.

347 Im Folgenden: SRL.

menwechsel in der Abkehr von einer „liability rule“ dahin gehend manifestiert, dass dort für den Werkgenuss eine Zustimmung des Urhebers erforderlich ist.[348] Die Richtlinien enthalten zudem Bestimmungen, die an ephemere Vervielfältigungen anknüpfen, unter bestimmten Voraussetzungen privilegieren und sich damit in das Spannungsfeld aus Werkgenuss und dem digitalen Umfeld begeben.[349]

Durch Art. 4 SRL werden zustimmungsbedürftige Handlungen festgelegt. Danach steht den Rechteinhabern nach Art. 4 lit. a SRL grundsätzlich das ausschließliche Recht zu, „dauerhafte oder vorübergehende Vervielfältigungen, ganz oder teilweise, eines Computerprogrammes“ zu gestatten.[350] Art. 5 SRL („Ausnahmen von den zustimmungsbedürftigen Handlungen“) regelt, dass die in Art. 4 SRL genannten Handlungen dann nicht der Zustimmung des Rechtsinhabers bedürfen, wenn sie für eine bestimmungsgemäße Benutzung des Computerprogramms durch den rechtmäßigen Erwerber notwendig sind.

Während § 69d UrhG, der im deutschen Recht die Umsetzung des Art. 5 SRL darstellt,[351] die Formulierung des „zur Verwendung eines Vervielfältigungsstücks des Programms Berechtigten“ wählt, stellt der Richtlinientext in

---

348 Vgl. S. 75 ff. Peukert, in: Hilty/Peukert (Hrsg.), Interessenausgleich im Urheberrecht, 2004, S. 11 (39 ff.); Hansen, Warum Urheberrecht?, 2009, S. 183 ff.; Reich, Die ökonomische Analyse des Urheberrechts in der Informationsgesellschaft, 2006, S. 69 ff.

349 Pentheroudakis, Urheberrechtlicher Wandel und die kollektive Wahrnehmung in der Informationsgesellschaft, 2009, S. 59; Walter, in: Walter, Europ. UrhR, 2001, Info-RL Rdnr. 54; Stieper, Rechtfertigung, Rechtsnatur und Disponibilität der Schranken des Urheberrechts, 2009, S. 8; Poeppel, Die Neuordnung der urheberrechtlichen Schranken im digitalen Umfeld, 2005, S. 432 ff.

350 Nach § 69c Nr. 1 UrhG, mit dem die Umsetzung des Art. 4 SRL vorgenommen wird, hat der Rechteinhaber so grundsätzlich das ausschließliche Recht „die dauerhafte oder vorübergehende Vervielfältigung, ganz oder teilweise, eines Computerprogramms mit jedem Mittel und in jeder Form“ vorzunehmen oder zu gestatten. Mit der Schrankenbestimmung des § 69d UrhG, welche der Umsetzung des Art. 5 SRL dient, werden die zustimmungsbedürftigen Handlungen spezifisch eingeschränkt, vgl. Dreier, in: Dreier/Schulze, UrhG, 3. Aufl. (2008), § 69d Rdnr. 1; Blocher, in: Walter, Europ. UrhR, 2001, Software-RL, Art. 5 Rdnr. 6; Czychowski, in: Fromm/Nordemann, UrhG, 10. Aufl. (2008), § 69d Rdnr. 1 ff.; Ensthaler, Gewerblicher Rechtsschutz und Urheberrecht, 2. Aufl. (2003), S. 52 ff.

351 Die Regelung wurde nicht in den Schrankenkatalog des UrhG eingefügt, womit die Annahme naheliegend erscheint, dass es sich dabei um eine „lex specialis“-Regelung handelt und die Norm des § 69d UrhG nicht als Schrankenbestimmung im herkömmlichen Sinne klassifiziert werden kann, vgl. Czychowski, in: Fromm/Nordemann, UrhG, 10. Aufl. (2008), § 69d Rdnr. 4; Grützmacher, in: Wandtke/Bullinger, UrhG, 3. Aufl. (2009), § 69d Rdnr. 1; Dreier, in: Dreier/Schulze, UrhG, 3. Aufl. (2008), § 69d Rdnr. 2; Dreier, in: Dreier/Schulze, UrhG, 3. Aufl. (2008), § 69d Rdnr. 3.

Art. 5 Abs. 1 SRL auf den rechtmäßigen Erwerber ab.[352] Gleichwohl wird aber § 69d Abs. 1 UrhG als entsprechende Übernahme der Formulierung der Richtlinienvorgaben verstanden.[353] Dies wird damit begründet, dass bei Übernahme des Wortlautes des Art. 5 Abs. 1 SRL der Lizenznehmer von § 69d UrhG ausgenommen werden würde. Dies stellt ein Redaktionsversehen dar, da Absatz 1 und 2 des Kommissionsentwurfs in der SRL zu einem einzigen Absatz zusammengefasst wurden und Absatz 2 des Entwurfs den Lizenznehmer als zur Verwendung einer Programmkopie Berechtigten bezeichnete.[354] Mit der Umsetzung in das deutsche Urheberrecht wurde dieses Redaktionsversehen mithin korrigiert.[355] Die vorliegende Analyse hat daher davon auszugehen, dass für eine etwaige Privilegierung entscheidend ist, inwieweit der Nutzer als Berechtigter einzuordnen ist,[356] was insbesondere dann der Fall ist, wenn dieser als Lizenznehmer eine wirksame Nutzungsbefugnis erworben hat.[357]

Hinsichtlich der Datenbank-Richtlinie gilt, dass gemäß Art. 5 DRL dem Urheber das ausschließliche Recht eingeräumt wird, vorübergehende oder dauerhafte Vervielfältigungen aufseiten des Nutzers zu gestatten. Art. 6 DRL legt sodann aber Ausnahmen fest, die es über Abs. 1 dem rechtmäßigen Benutzer gestatten, die in Art. 5 aufgezählten Handlungen ohne die Zustimmung des Urhebers der Datenbank im Rahmen der normalen Benutzung vorzunehmen.[358] Als

352 Gleiches gilt für den englischen („lawful acquirer") und französischen Wortlaut („l'acquéreur légitime") der Richtlinie.

353 Blocher, in: Walter, Europ. UrhR, 2001, Software-RL, Art. 5 Rdnr. 42 f.; Grützmacher, in: Wandtke/Bullinger, UrhG, 3. Aufl. (2009), § 69d Rdnr. 24.

354 BT-Drucks. 12/4022, S. 12.

355 Grützmacher, in: Wandtke/Bullinger, UrhG, 3. Aufl. (2009), § 69d Rdnr. 24.

356 Dreier, in: Dreier/Schulze, UrhG, 3. Aufl. (2008), § 69d Rdnr. 2; Dreier, in: Dreier/Schulze, UrhG, 3. Aufl. (2008), § 69d Rdnr. 3; Grützmacher, in: Wandtke/Bullinger, UrhG, 3. Aufl. (2009), § 69d Rdnr. 6.

357 Dreier, in: Dreier/Schulze, UrhG, 3. Aufl. (2008), § 69d Rdnr. 6.

358 Mit § 55a UrhG hat der deutsche Gesetzgeber bei der Umsetzung der DRL nun eine Norm geschaffen, die inhaltlich nicht an die Formulierung des rechtmäßigen Benutzers i. S. d. Richtlinie anknüpft, sondern stattdessen den Inhalt dieser Voraussetzung durch drei Alternativen konkretisiert, vgl. v. Lewinski, in: Walter, Europ. UrhR, 2001, Art. 6, Datenbank-RL Rdnr. 40; Haberstumpf, GRUR 2003, 14 (23 f.); Poeppel, Die Neuordnung der urheberrechtlichen Schranken im digitalen Umfeld, 2005, S. 437 f. Demnach ist zunächst als Berechtigter der Eigentümer eines mit Zustimmung des Urhebers durch die Veräußerung in Verkehr gebrachten Vervielfältigungsstücks zu erachten. Anknüpfungspunkt dabei ist die Zustimmung durch den Urheber. Als rechtmäßiger Benutzer ist aber auch derjenige zu verstehen, der in sonstiger Weise zu dessen Gebrauch berechtigt ist oder dem aufgrund eines Vertrages mit dem Urheber oder eines mit dessen Zustimmung mit einem Dritten das Datenbankwerk zugänglich gemacht worden ist. Alle drei Alternativen greifen jedoch nur dann, wenn und soweit die Bearbeitungen bzw. Verviel-

rechtmäßiger Benutzer ist aber auch hier wieder insbesondere derjenige zu verstehen, der Eigentümer eines mit Zustimmung des Urhebers durch Veräußerung in Verkehr gebrachten Vervielfältigungsstücks ist oder dem ein Nutzungsrecht eingeräumt worden ist.[359] Die inhaltliche Ausformung dieser Merkmale zeigt, dass die Privilegierung im Ergebnis wieder von der Zustimmung des Rechteinhabers abhängig gemacht wird.[360]

Dies führt dazu, dass sowohl die SRL als auch die DRL jeweils eine Rechtfertigung der dauerhaften und ephemeren Vervielfältigungen ausdrücklich in die Hände des Urhebers legen. Beim eindeutigen Wortlaut besteht kein Anknüpfungspunkt für eine Auslegung dahin gehend, beispielsweise wie bei der HRL diskutiert, den Werkgenuss als zu privilegierenden Vorgang zu erachten. Diese Tatsache lässt sich als ein wesentliches Abgrenzungskriterium zur Regelung des Art. 5 Abs. 1 HRL herausarbeiten, bei der sich nach dem Wortlaut Raum dafür eröffnet, mit der Begrifflichkeit der Nutzung eine spezifische Auslegung dahin gehend vorzunehmen, den Werkgenuss zu erfassen. Die Annahme, dass sich ein etwaiger Paradigmenwechsel in Bezug auf den Werkgenuss ergibt, kann folglich

---

fältigungen für den Zugang zu den Elementen des Datenbankwerkes und für dessen übliche Benutzung erforderlich sind. Auch wenn diese Formulierung insgesamt als umständlich erachtet wird, da nicht eindeutig ersichtlich sei, wann ein Endverbraucher im Sinne der Vorschrift vorliegen würde, und die Voraussetzung daher im Einzelfall mit Auslegungsproblemen belegt sei, wird diese als richtlinienkonforme Umsetzung des Art. 6 DRL zu erachten sein, vgl. Czychowski, in: Fromm/Nordemann, UrhG, 10. Aufl. (2008), § 55a Rdnr. 3 f.

359 Decker, in: Möhring/Nicolini, UrhG, 2. Aufl. (2000), § 55a Rdnr. 5.

360 v. Lewinski, in: Walter, Europ. UrhR, 2001, Art. 6, Datenbank-RL Rdnr. 5 ff.; Dreier, in: Dreier/Schulze, UrhG, 3. Aufl. (2008), § 55a Rdnr. 4. Software- und Datenbank-Richtlinie stellen daneben im Rahmen ihrer Voraussetzungen bei der Privilegierung auf den Nutzer ab. Dabei wird stets auf die Person zurückgegriffen, für die sich eine etwaige Rechtfertigung ergeben soll. Die Harmonisierungsrichtlinie wählt hingegen über Art. 5 Abs. 1 HRL explizit die Rechtmäßigkeit der Nutzung als Anknüpfungspunkt. Für die Auslegung des § 44a Nr. 1 UrhG bzw. Art. 5 Abs. 1 HRL stellt sich daher die Frage, ob der Richtliniengeber mit der differenzierten Anknüpfung in der Datenbank-, Software- und Harmonisierungsrichtlinie unterschiedliche Regelungszwecke erreichen wollte. Da eine Nutzung stets aber auch einen Nutzer voraussetzt, ist hierin lediglich ein stilistisches Mittel zu sehen. Innerhalb der SRL und der DRL wird dieses stilistische Mittel konsequent durchgehalten, während in der HRL hierzu eine abweichende Formulierung gewählt wurde. Ebenso muss bedacht werden, dass die SRL und DRL zeitlich der HRL vorausgehen, sodass bei dieser schlichtweg ein anderer Ansatz in der Formulierung gewählt worden sein könnte. Es mag aber an der Rechtmäßigkeit einer konkreten Nutzung in diesem Zusammenhang nichts ändern, ob hier auf die Person, die die Nutzung vornimmt, oder auf den Nutzungsvorgang abgestellt wird. Diesem Differenzierungsmerkmal kann daher keine Bedeutung zu kommen.

bzgl. der SRL und der DRL Bestand haben, da für den Werkgenuss entscheidend ist, dass die Rezeption des Werkes keine Zustimmung durch den Urheber erfordert. Die Rechte des Urhebers knüpfen an die dem Werkgenuss vorgelagerte Vermittlungshandlung an; der Werkgenuss wird dementsprechend lediglich mittelbar über das Stufensystem der mittelbaren Erfassung des Endverbrauchers erfasst. Nach dem eindeutigen Regelungsgehalt der SRL und DRL ist aber unabhängig von der vorgelagerten Vermittlungshandlung auch für die Rezeption eine Zustimmung vorauszusetzen. Es liegt sonach mit der SRL und DRL jeweils eine sogenannte „property rule" vor,[361] was einen Paradigmenwechsel im Hinblick auf den Werkgenuss verkörpert.

Zudem wird bezüglich der SRL angenommen, dass mit dem Schutz der Computerprogramme eine Art von Werken betroffen ist, die inhaltlich von den Werkarten abzugrenzen ist, die weit vor Erlass der Richtlinie durch das Urheberrecht geschützt waren – d. h. beispielsweise Bücher oder Filmwerke.[362] Deutlich wird dies im deutschen Urheberrecht daran, dass eine Einordnung der Vorschriften bzgl. Computerprogramme in einem separaten Abschnitt des Gesetzes vorgenommen wurde. Auch indem der Gesetzgeber sogar die Gefahr formuliert, die bestehen könnte, wenn die Regelungen der Computerprogramme in den allgemeinen Teil des UrhG aufgenommen werden würden und sich so ungewollte Auswirkungen auf die klassischen Werkarten ergeben könnten,[363] offenbart sich die vom Gesetzgeber bezweckte inhaltliche und rechtliche Differenzierung. In dieser kann dann die Grundlage dafür gesehen werden, zwar bei den Computerprogrammen eine Abweichung vom Prinzip des Werkgenusses anzuerkennen,[364] diesen aber gleichwohl im digitalen Kontext, insbesondere bei den im Streaming vertretenen klassischen Werkarten, weiterhin zu protegieren. Denn obwohl beim Streaming in erster Linie das Funktionieren der elektronischen Übermittlung im

361 Peukert, in: Hilty/Peukert (Hrsg.), Interessenausgleich im Urheberrecht, 2004, S. 11 (39 ff.). Weitere Ausführungen zur Differenzierung zwischen property und liabelity rule sowie deren effizienzsteigernden Wirkungen: Hansen, Warum Urheberrecht?, 2009, S. 183 ff.; Reich, Die ökonomische Analyse des Urheberrechts in der Informationsgesellschaft, 2006, S. 69 ff.

362 Blocher, in: Walter, Europ. UrhR, 2001, Software-RL, Art. 4 Rdnr. 16.

363 Grützmacher, in: Wandtke/Bullinger, UrhG, 3. Aufl. (2009), Vor §§ 69 ff. Rdnr. 6.

364 Daneben wird im Kontext der Computerprogramme sogar mit dem Erfordernis des rechtmäßigen Erwerbs die Verwendung einer Raubkopie grundsätzlich untersagt; vgl. Jaeger/Metzger, Open Source Software, 2. Aufl. (2006), S. 77; Blocher, in: Walter, Europ. UrhR, 2001, Software-RL, Art. 5 Rdnr. 10 ff. Dies steht im deutlichen Gegensatz zum generell im Urheberrecht vorherrschenden Prinzip des Werkgenusses, welches keiner gesetzlichen Anordnung bedarf und bei dem die Verwendung einer Raubkopie nicht untersagt werden kann, vgl. Schulze, ZUM 2000, 126 (129 f.).

Vordergrund steht,[365] dient die Übermittlung dabei solchen Werkarten, die in identischer Form vormals über Videokassetten, Fernsehkabel oder optische Medien an den Konsumenten gelangt sind.

Abschließend muss im Kontext zur Datenbank- und der Software-Richtlinie konstatiert werden, dass nach diesen der Grundsatz der Freiheit des privaten Werkgenusses aufgegeben wurde und sich – auf diese beschränkt – ein Paradigmenwechsel hin zu einer „property rule“ feststellen lässt. Gleichwohl fällt es schwer, die Harmonisierungsrichtlinie in diese Entwicklung einzuordnen. Soweit also pauschal, ggf. in Hinsicht auf eine Einheitlichkeit zur Software- und Datenbank-Richtlinie, angenommen werden soll, dass bei Art. 5 Abs. 1 HRL die Vervielfältigungen und damit der Werkgenuss in das Belieben des Rechteinhabers gestellt werden sollen,[366] spricht der hier gezogene Vergleich eindeutig dagegen. Der Gesetzgeber macht deutlich, dass er in dem Schutz der Computerprogramme eine neuartige Werkart sieht, die von den klassischen Werkarten abgegrenzt werden kann. Die über die ephemeren Vervielfältigungen vermittelten Werke unterfallen aber insofern diesen klassischen Werkarten, von denen sich die SRL abgrenzt, als über die Technologie des Streamings die Werkart des Filmwerkes vermittelt wird. Soweit nun also mit den Regelungen des SRL ein Schutz des Urhebers forciert wird, ist in Abgrenzung dazu in den Schrankenbestimmungen zu ephemeren Vervielfältigung vielmehr ein Schutz des Konsumenten zu sehen. Der Harmonisierungsrichtlinie kann mithin nicht der durch die SRL und DRL eingeleitete Paradigmenwechsel entnommen werden.

(4) Stufensystem der mittelbaren Erfassung des Endverbrauchers im digitalen Kontext

Bereits im Rahmen der Ausführungen zum Werkgenuss im digitalen Umfeld wurde darauf hingewiesen, dass für eine Freistellung der dem Werkgenuss vorausgehenden Vervielfältigungen der Ansatz streiten könnte, dass, wenn der Gesetzgeber einen Vorgang im Zusammenhang mit einem Werk verwertungsrechtlich nicht für relevant einordnet, auch kein legitimes Kontroll- und Partizipationsinteresse des Urhebers bzgl. Speicherungen angenommen werden kann, die lediglich technisch für diesen Vorgang notwendig sind und ausschließlich den Werkgenuss als solchen ermöglichen. Diese Freistellung soll dabei zusätzlich durch das sogenannte Stufensystem der mittelbaren Erfassung des Endverbrauchers kompensiert werden, welches als Anknüpfungspunkt für etwaige Rechte des Urhebers, d. h. u. a. Verwertungsrechte und Vergütungsansprüche, die zent-

365 Stieper, Rechtfertigung, Rechtsnatur und Disponibilität der Schranken des Urheberrechts, 2009, S. 8.

366 Peukert, in: Hilty/Peukert (Hrsg.), Interessenausgleich im Urheberrecht, 2004, S. 11 (36 ff.).

rale Werkvermittlung wählt. Diese Vermittlung mündet dann unmittelbar in den Werkgenuss aufseiten des Konsumenten.[367]

Nach dem Stufensystem der mittelbaren Erfassung des Endverbrauchers steht dem Genuss des Werkes durch den Rezipienten grundsätzlich jeweilig der Anspruch des Urhebers auf Sicherung des Wertes seines Werkes gegenüber. Dieser Wert ist in der unmittelbaren Nutzung bzw. in der tatsächlichen Eignung des Werkes zur Befriedigung geistiger Bedürfnisse, d. h. dem Werkgenuss, zu sehen. Durch das Stufensystem soll nun die Sicherung des Anspruchs erfolgen, der dem Urheber als Folge der Zuerkennung der Verwertungsrechte zusteht und der aus dem Werkgenuss des Einzelnen entspringt.[368] Bereits das Reichsgericht stellte 1926 fest, dass der Werkgenuss des Konsumenten die innere Rechtfertigung darstellt, den Urhebern eine Vergütung zu gewähren.[369] Soweit dieser Anspruch zwar dem Grunde nach durch die traditionelle Konzeption des Urheberrechts anzuerkennen ist, steht diesem die Tatsache gegenüber, dass der Werkgenuss regelmäßig in der unkontrollierten Öffentlichkeit oder im Privaten erfolgt. Insbesondere die Sphäre des Rezipienten kann sich in letzterem Fall auf Grundrechte rekurrieren – hier insbesondere die Unverletzlichkeit der Wohnung aus Art. 13 GG, soweit jedenfalls keine öffentliche Aufführung, wie z. B. bei Theater- und Kinoaufführungen gegeben ist –, womit sich der Werkgenuss als unmittelbarer Anknüpfungspunkt für die Durchsetzung des skizzierten Anspruchs und der Herrschaftsmacht des Urhebers aus rechtlichen und tatsächlichen Gründen verbieten muss.[370] Da der Werkgenuss indes nicht von der Herrschaftsmacht des Urhebers betroffen ist, setzt das Stufensystem der mittelbaren Erfassung des Endverbrauchers, die vorbenannte Problematik erkennend, schließlich eine Stufe vor dem Werkgenuss ein, d. h. in der Regel an der zentralen Stelle der Werkvermittlung. Diese Vermittlung kann dabei stets in körperlicher oder unkörperlicher Form erfolgen, sei es also durch ein körperliches Werkexemplar, z. B. durch die Erstellung mittels eines Fotokopierers, oder im Rahmen einer Online- oder Funkwellennutzung im Rahmen eines Radioprogramms.[371] Innerhalb des

---

367 Vgl. S. 75.

368 v. Ungern-Sternberg, in: Schricker/Loewenheim, UrhG, 4. Aufl. (2010), § 15 Rdnr. 11; Rehbinder/Hubmann, Urheberrecht, 16. Aufl. (2010), S. 123; Kälin, GRUR Int 1984, 267 (269).

369 RGZ 113, 413 (422 f.); Kälin, GRUR Int 1984, 267 (269).

370 Ulmer, Urheber- und Verlagsrecht, 3. Aufl. (1980), S. 227; BVerfG, GRUR 1997, 215 (217); BVerfG, GRUR 1972, 488 (491); BVerfG, GRUR 1997, 123 (123 f.); Schulze, in: Riesenhuber (Hrsg.), Systembildung im Europäischen Urheberrecht, 2007, S. 181 (187); Rehbinder/Hubmann, Urheberrecht, 16. Aufl. (2010), S. 123.

371 Poeppel, Die Neuordnung der urheberrechtlichen Schranken im digitalen Umfeld, 2005, S. 444 f.; Rehbinder/Hubmann, Urheberrecht, 16. Aufl. (2010), S. 125 ff.; v. Ungern-

Stufensystems erfolgt nun die Wahrung des Anspruchs des Urhebers auf Vergütung der spezifischen Nutzung dadurch, dass dem Urheber ein Anspruch gegen den Werkvermittler eingeräumt wird. Dieser legt das Entgelt, welches er z. B. für Vervielfältigungen oder öffentliche Wiedergaben an den Urheber zu zahlen hat, in der Regel auf den Endverbraucher um, der über die Kette Urheber – Vermittler dann mittelbar über das Stufensystem seine persönliche Werknutzung bezahlen muss.[372] Soweit nun im Rahmen des Stufensystems an die vorgelagerte Vermittlung angeknüpft wird, ist dies lediglich ein Mittel zum Zweck und den skizzierten Sachzwängen geschuldet.[373] Anknüpfungspunkt und innere Rechtfertigung für etwaige Ansprüche des Urhebers auf Vergütung sind immer noch der tatsächlich erfolgende Werkgenuss aufseiten des Konsumenten.[374]

Das System der mittelbaren Erfassung des Endverbrauchers soll einerseits nun auch im digitalen Kontext greifen und einerseits der Sicherung der Interessen des Urhebers genügen,[375] andererseits dazu führen, dass die Partizipationsinteressen des Urhebers bzgl. der ephemeren Vervielfältigungen nicht als schützenswert eingeordnet werden können. Der Werkgenuss, dem in der Regel als zentrale Werkvermittlung die öffentliche Zugänglichmachung i. S. d. § 19a UrhG vorausgeht, soll dann als Nutzung i. S. d. Art. 5 Abs. 1 HRL bzw. § 44a Nr. 2 UrhG erfasst werden, ohne dass eine Beeinträchtigung der Interessen

---

Sternberg, in: Schricker/Loewenheim, UrhG, 4. Aufl. (2010), § 15 Rdnr. 11; Rehbinder/Hubmann, Urheberrecht, 16. Aufl. (2010), S. 47; Rehbinder, ZUM 1996, 349 (350 f.); Poeppel, Die Neuordnung der urheberrechtlichen Schranken im digitalen Umfeld, 2005, S. 445.

372 BVerfG, GRUR 1972, 488 (491); Heerma, in: Wandtke/Bullinger, UrhG, 3. Aufl. (2009), § 15 Rdnr. 6; Rehbinder/Hubmann, Urheberrecht, 16. Aufl. (2010), Rdnr. 47.

373 Kälin, GRUR Int 1984, 267 (268).

374 Auch die vergütungspflichtige Schrankenbestimmung der Privatkopie wählt einen vergleichbaren Ansatz. Während aber der rezeptive Werkgenuss bereits nicht von den Verwertungsrechten erfasst wird, stellt die Vervielfältigung i. S. d. Privatkopie einen Eingriff in dieses Recht dar, wird sodann aber spezifisch durch § 53 UrhG privilegiert. Hier stellt dann die Abgabe, welche die Hersteller bestimmter Geräte zu zahlen haben, ebenfalls für diese einen durchlaufenden Posten dar, der auf den Endverbraucher abgewälzt wird. Vgl. BVerfG, GRUR 1972, 488 (491); Schulze, in: Dreier/Schulze, UrhG, 3. Aufl. (2008), § 13a UrhWG Rdnr. 6; v. Ungern-Sternberg, in: Schricker/Loewenheim, UrhG, 4. Aufl. (2010), § 15 Rdnr. 13; v. Ungern-Sternberg, in: Schricker/Loewenheim, UrhG, 4. Aufl. (2010), § 15 Rdnr. 10; Engels, Die verfassungsrechtlichen Grundlagen der Privatkopie, 2006, S. 129 ff.; Peukert, in: Hilty/Peukert (Hrsg.), Interessenausgleich im Urheberrecht, 2004, S. 11 (24 f.).

375 Poeppel, Die Neuordnung der urheberrechtlichen Schranken im digitalen Umfeld, 2005, S. 444; Hohagen, Die Freiheit der Vervielfältigung zum eigenen Gebrauch, 2004, S. 620.

der Urheber gegeben ist.[376] Insbesondere im digitalen Bereich ergibt sich, wie bereits im Rahmen des digitalen Werkgenusses skizziert, dass der Endverbraucher im Rahmen von „pay per use“ unter Verwendung von DRM-Systemen direkt zur Zahlung einer entsprechenden Vergütung veranlasst wird.[377] Hier wird also nicht mehr an eine zentrale Werkvermittlung angeknüpft, um den Partizipations- und Kontrollinteressen des Urhebers zu genügen, sondern der skizzierte Grundsatz durchbrochen und über den konkreten Werkgenuss die Vergütung und eine etwaige Kontrolle erreicht. Gleichwohl ist im Rahmen dieser Untersuchung bereits festgestellt worden, dass kein genereller Einsatz, insbesondere im Hinblick auf Streamingplattformen, One-Click-Hoster oder Filesharing, dieser Schutzsysteme zu verzeichnen ist.

In seiner Entscheidung aus dem Jahre 1971 spricht das *BVerfG* davon, dass die „Urhebervergütung für einen privaten Werkgenuss grundsätzlich durch einen unmittelbaren Anspruch gegen den Werkvermittler gewährleistet wird.“[378] Soweit das Gericht zur Vergütung etwaiger Privatkopien Stellung nimmt, wird ein Prozedere geschildert, dem der Grundgedanke immanent ist, der Urheber würde tatsächlich innerhalb des Stufensystems eine Vergütung erhalten. Mit der Verwendung des Begriffs „gewährleistet“ verdeutlicht sich, dass von einer gewissen Sicherheit bzgl. des Anspruchs gegen den zentralen Werkvermittler bzw. im Rahmen der Privatkopie bzgl. der Hersteller von Tonbandgeräten o. Ä. ausgegangen wird. Dem Anspruch liegt mithin eine tatsächliche Realisierbarkeit zugrunde. Gleiches muss konstatiert werden, wenn der Entscheidung des *BVerfG* bzgl. der Kopierläden aus dem Jahre 1996 entsprechende Bedeutung zuerkannt wird, innerhalb der festgehalten wird, dass ohne die „Betreibervergütung [...] die Ansprüche der Urheber gegen diesen Personenkreis (Anm.: d. h. diejenigen, die die Kopiergeräte letztlich benutzen) kaum durchgesetzt werden“ könnten.[379] Wenn hier aber bereits die Realisierung der Ansprüche gegen den Kopierenden infrage gestellt wird, muss das Gericht zumindest davon ausgehen, dass grundsätzlich eine solche gegenüber dem Betreiber des Kopierladens gegeben ist.

Werden diese Erwägungen auf das digitale Umfeld übertragen, muss angenommen werden, dass das Stufensystem dann als funktionierend zu erachten ist, soweit eine grundsätzliche Realisierbarkeit der Durchsetzung der Partizipations-

---

376 Fangerow/Schulz, GRUR 2010, 677 (681); Poeppel, Die Neuordnung der urheberrechtlichen Schranken im digitalen Umfeld, 2005, S. 451; Lehmann, in: Hilty/Nordemann/Drexl (Hrsg.), Schutz von Kreativität und Wettbewerb, 2009, S. 168 (172).

377 Heerma, in: Wandtke/Bullinger, UrhG, 3. Aufl. (2009), § 16 Rdnr. 6.

378 BVerfG, GRUR 1972, 488 (491).

379 BVerfG, GRUR 1997, 123.

und Kontrollinteressen der Urheber gegeben ist. Dies muss in den Fällen angenommen werden, in denen der Werkvermittler tatsächlich greifbar ist. Insbesondere bei den hier im Fokus stehenden Plattformen ist eine solche grundsätzliche Realisierbarkeit indes fraglich. Beispielsweise im Kontext zu den Streamingfilmportalen muss festgestellt werden, dass der Server im Ausland zu verorten und damit eine Anonymität der Anbieter verbunden ist. Insbesondere das Partizipationsinteresse kann daher weder gegenüber dem Anbieter noch gegenüber dem Konsument realisiert werden. Gleichwohl hat der Gesetzgeber die Partizipationsinteressen dann noch als gewahrt erachtet, wenn eine etwaige Insolvenz des Vergütungsschuldners droht.[380] Dies unterscheidet sich allerdings insofern von vielen Fällen im digitalen Kontext, als dass dabei zumindest noch der Anspruchsschuldner zu erkennen ist. Wird daneben zusätzlich das Kontrollinteresse des Urhebers berücksichtigt, mit dem beispielsweise die Vermittlung des Werkes untersagt werden kann,[381] muss diesbezüglich angenommen werden, dass sich in vielen Fällen eine Durchsetzung dieser Position im des Internet verbietet. Dies sowohl im Hinblick auf den Vermittler als auch auf den Konsumenten selbst. Zumindest bezüglich desjenigen, der für sich den Werkgenuss in Anspruch nimmt, erkennt das Stufensystem an, dass Konstellationen denkbar sind, bei denen der tatsächliche Rezipient nicht durch das System erfasst wird – so beispielsweise bei der Wiedergabe von Musik in Werkhallen oder bei gesponserten Veranstaltungen.[382] Allerdings bleibt hier anzuerkennen, dass zumindest der Vermittler zu erfassen ist. Dies ist, wie oben skizziert, zum Beispiel im Kontext zum Streaming aber nun gerade nicht der Fall.

Auch im digitalen Kontext ist folglich im Ergebnis ein grundsätzliches Funktionieren des Stufensystems der mittelbaren Erfassung des Endverbrauchers anzuerkennen.[383] Gleichwohl sind vielfältige Szenarien denkbar, bei denen gerade im Internet keine Sicherung der Partizipations- und Kontrollinteressen der Urheber erfolgt. Insbesondere aufgrund dieser Tatsache muss das Stufensystem im digitalen Kontext sogar dafür sprechen, den Werkgenuss nicht als Nutzung i. S. d. § 44a Nr. 2 UrhG zu qualifizieren.

(5) Browsing

Art. 5 Abs. 1 HRL führt in seinem Wortlaut keine Technologien auf, die an der Privilegierung partizipieren sollen. Erwägungsgrund 33 besagt, dass sich die Ausnahme des Art. 5 Abs. 1 HRL auf solche Vorgänge zu erstrecken hat, „die

380 Kunz-Hallstein/Loschelder, GRUR 2008, 499 (500).

381 Mitsdörffer/Gutfleisch, MMR 2009, 731 (733).

382 v. Ungern-Sternberg, in: Schricker/Loewenheim, UrhG, 4. Aufl. (2010), § 15 Rdnr. 12.

383 Fangerow/Schulz, GRUR 2010, 677 (681).

das Browsing sowie Handlungen des Cachings ermöglichen". Es stellt sich die Frage, inwieweit von diesen Begriffen auch das Streaming zu erfassen ist.

Die Begrifflichkeit des Browsings ist solchen Programmen geschuldet, die als Browser bezeichnet werden und die unter anderem der grafischen Betrachtung der Beschreibungssprache HTML sowie verschiedener Grafikformate oder Plugins wie Java oder Flash dienen. Bekannte Programme sind der Internet Explorer, Mozilla Firefox, Google Chrome oder Apple Safari. Die Begrifflichkeit „to browse" entstammt dem Englischen und ist u. a. mit „herumstöbern" bzw. „durchsuchen" zu übersetzen. Technisch einher mit der Nutzung der Programme und der Rezeption der aufgerufenen Inhalte geht eine ephemere Vervielfältigung. Diese erfolgt in jedem Fall im Arbeitsspeicher, in der Standardkonfiguration daneben im Cache des Browsers, um sodann die Werke anschließend der Betrachtung durch den Rezipienten zuzuführen. Jedenfalls die Speicherungen im Arbeitsspeicher werden nach dem Abschalten des Computers, ggf. bei beschränkter Kapazität bereits im laufenden Betrieb, gelöscht.[384]

Der deutsche Gesetzgeber verzichtet in seinem Gesetzesentwurf für ein Gesetz zur Regelung des Urheberrechts in der Informationsgesellschaft auf die Nennung des Browsings. Diese Technologie könnte demnach in einem deutschen Verständnis des § 44a Nr. 2 UrhG auszuschließen sein. Allerdings stellt der Gesetzesentwurf in Erwägungsgrund 8 fest, dass zu den technischen Vervielfältigungen insbesondere das Caching zu zählen ist.[385] Die grundsätzliche Funktionalität eines Caches lässt sich als ein Zwischenspeicher einordnen, der bestimmte angeforderte Daten aufnimmt, um sie dann wieder zur Verfügung zu stellen, wenn sie erneut benötigt werden. Die Aufnahme bildet dabei stets eine Vervielfältigung. Technisch ist beim Caching jedoch stets zwischen Caches aufseiten des Clients zu differenzieren und solchen, die im Rahmen des Proxy-Cachings beispielsweise bei Internetprovidern zu verorten sind.[386] Ein solcher Cache auf Client-Seite ist bei der Verwendung eines Internetbrowsers im oben benannten Sinne zu sehen. Während beim Arbeitsspeicher noch die automatische Löschung zeitnah erfolgt, ist dieser Cache zumeist so konfiguriert, dass

384 Ernst, in: Hoeren/Sieber (Hrsg.), Handbuch Multimedia-Recht, 21. Aufl. (2009), Teil 7.1 Rdnr. 57; v. Welser, in: Wandtke/Bullinger, UrhG, 3. Aufl. (2009), § 44a Rdnr. 3; Werner, in: Ensthaler/Weidert/Bosch (Hrsg.), Handbuch Urheberrecht und Internet, 2010, S. 152 (160 ff.); Bechtold, ZUM 1997, 427 (430); Poeppel, Die Neuordnung der urheberrechtlichen Schranken im digitalen Umfeld, 2005, S. 80 f.; Schmid/Wirth, in: Schmid/Wirth/Seifert, UrhG, 2. Aufl. (2009), § 44a Rdnr. 1; Vianello, CR 2010, 728 (729); Determann, Kommunikationsfreiheit im Internet, 1999, S. 53.

385 BT-Drucks. 15/38, S. 18.

386 v. Welser, in: Wandtke/Bullinger, UrhG, 3. Aufl. (2009), § 44a Rdnr. 4; Poeppel, Die Neuordnung der urheberrechtlichen Schranken im digitalen Umfeld, 2005, S. 80 f.

keine sofortige Löschung beim Beenden des Programms stattfindet, sondern die Inhalte für einen Zeitraum von mehreren Tagen bereitgehalten werden. Bei einem erneuten Abruf können diese dann ohne Zeitverzögerung aus dem Browser-Cache für die Darstellung zur Verfügung gestellt werden.[387] Begrifflich ist damit eine Überschneidung der technischen Vorgänge des Browsings und Cachings zu verzeichnen und mithin davon auszugehen, dass der deutsche Gesetzgeber das Browsing nicht ausschließen wollte – auch im Hinblick auf eine richtlinienkonforme Umsetzung.

Die vorliegende Untersuchung stellt auf das Streaming ab. Diese Technologie wird in Art. 5 Abs. 1 HRL und Erwägungsgrund 33 nicht benannt. Es stellt sich daher zunächst die Frage, inwieweit das Streaming überhaupt von der Richtlinie erfasst werden soll. Das vorliegend relevante Streaming läuft über Adobe Flash und den DivX Web Player im Rahmen des Internetbrowsers ab. Zudem ist in technologischer Hinsicht eine Vergleichbarkeit zwischen dem Browsing und Streaming gegeben, da hier jeweils vorübergehende Vervielfältigungen im Cache erfolgen. Adobe Flash setzt sogar den Cache des Internetbrowsers ein. Ferner stellt der *EuGH* in seiner Entscheidung bzgl. der territorialen Beschränkung von Ausstrahlungsrechten am Beispiel von Sport-TV-Übertragung fest, dass es sich bei Art. 5 Abs. 1 HRL zwar um eine Abweichung von den allgemeinen Regelungen der Urheberrechtsrichtlinie handelt, wonach der Urheber jeder Vervielfältigung seines geschützten Werkes zustimmen muss und spezifischer Gegenstand des Urheberrechts die Durchsetzung der Vergütungsinteressen ist, gleichwohl die Regelung des Art. 5 Abs. 1 HRL „die Entwicklung und den Einsatz neuer Technologien ermöglichen und gewährleisten" muss.[388] Im Hinblick auf diese Zielsetzung ist daher davon auszugehen, dass, selbst wenn Streaming 2000/2001, als die Richtlinie erlassen wurde, weitgehend unbekannt war, diese Technologie aufgrund der Vergleichbarkeit zum Browsing von Art. 5 Abs. 1 HRL zu erfassen ist. Nur so kann sichergestellt werden, dass die Regelung den Einsatz neuer Technologien ermöglicht und gewährleistet,[389] zumal die Technologie des Streamings eng mit dem Browsing verbunden ist.

Darüber hinaus stellt sich aber die Frage, ob dies gleichbedeutend damit ist, auch den Werkgenuss von Art. 5 Abs. 1 HRL zu erfassen und diesen mithin als Nutzung i. S. d. Art. 5 Abs. 1 HRL zu qualifizieren.[390]

---

387 Kreutzer, Das Modell des deutschen Urheberrechts und Regelungsalternativen, 2008, S. 271; Jacob/Ng/Wang/Rodriguez, Memory systems, 2008, S. 61.

388 EuGH, GRUR Int 2011, 1063 (1074); Pfeifer, GRUR-Prax 2011, 435 (436 f.).

389 Ähnlich inzwischen auch der EuGH, der in seiner Entscheidung in Sachen Murphy darlegt, dass Art. 5 Abs. 1 HRL die Entwicklung und den Einsatz neuer Technologien ermöglichen und gewährleisten muss, vgl. EuGH, GRUR Int 2011, 1063 (1074).

390 Mitsdörffer/Gutfleisch, MMR 2009, 731 (733).

Von den technischen Ausführungen losgelöst, ermöglicht das Browsing dem Konsumenten über die Darstellung auf dem Computerbildschirm und die Wiedergabe mittels Lautsprecher die Wahrnehmbarmachung eines Werkes. Dabei besteht eine Vergleichbarkeit zu solchen Vorgängen, die im analogen Kontext bei der Nutzung eines Buches durch das Umblättern und das Lesen sowie bei der Nutzung eines Fernsehers durch das Betrachten des Bildschirms zu erreichen sind. Auch das Streaming ermöglicht das Betrachten des Bildschirms, auf dem ein Filmwerk dargestellt wird. Im Hinblick auf die Definition des Werkgenusses, dem die Rezeption eines Werkes – sei es durch Lesen oder Hören – zugrunde liegt,[391] zeigt sich, dass das Browsing und das Streaming im Ergebnis allein der Ermöglichung dieses Werkgenusses – im digitalen Kontext – dienen. Im Ergebnis ist daher im Kontext des Erwägungsgrundes 33 und den Grundsätzen des *EuGH* zu bestätigen, dass das Streaming von Art. 5 Abs. 1 HRL zu erfassen ist. Im Hinblick auf die gestellte Rechtsfrage, wie der Begriff der Nutzung i. S. d. § 44a Nr. 2 UrhG auszulegen ist, muss im Kontext zur Erfassung des Browsings und Streamings angenommen werden, dass als Nutzung auch der Werkgenuss zu verstehen ist.

(6) Rechtmäßigkeit der Nutzung

Unbeantwortet bleibt damit gleichwohl, wann eine Nutzung i. S. d. Art. 5 Abs. 1 HRL rechtmäßig ist und inwieweit diese Voraussetzung für die Privilegierung der vorübergehenden Vervielfältigungen des Streamings überhaupt erforderlich ist.

Wie festgestellt, wird in der HRL das Streaming selbst nicht benannt. Ausgangslage soll folglich auch hier zunächst das in der HRL aufgenommene Browsing sein. Nach Erwägungsgrund 33 der HRL erfasst die Ausnahme des Art. 5 Abs. 1 HRL das Browsing, soweit die – zuvor in Erwägungsgrund 33 aufgeführten – Voraussetzungen des Art. 5 Abs. 1 HRL erfüllt sind. Bestandteil dieser Voraussetzungen ist ebenfalls, dass die Vervielfältigungen „die rechtmäßige Nutzung eines Werks“ ermöglichen. Sonach ist also beim Browsing nach dem Wortlaut des Erwägungsgrundes die Annahme der Rechtmäßigkeit der ephemeren Vervielfältigung erforderlich. Für den Werkgenuss kommt es auf eine Rechtmäßigkeit der Nutzung hingegen nicht an. Konkret ergeben sich in der Betrachtung daher zwei mögliche Ansätze für die Frage, inwieweit das Merkmal der Rechtmäßigkeit der Nutzung zu bestimmen ist.

Erstens könnte, wenn das Browsing pauschal dem Begriff des Werkgenusses unterworfen werden würde, entgegen dem Wortlaut des Erwägungsgrundes auf das Merkmal der *rechtmäßigen* Nutzung verzichtet werden. Erwägungsgrund 33

---

391 Schulze, ZUM 2000, 126 (130); Wimmers/Schulz, CR 2008, 170 (171).

würde dann, unter Berücksichtigung der übrigen Voraussetzungen des Art. 5 Abs. 1 HRL, eine generelle Zulässigkeit des Browsings entnommen werden.[392] Zweitens könnte aber ebenso angenommen werden, dass der Richtliniengeber in Erwägungsgrund 33 keine Einschränkungen bei dem Verweis auf die übrigen Voraussetzung des Art. 5 Abs. 1 HRL vorgenommen hat und so keine Relativierung dahin gehend anzunehmen wäre, beim Browsing sei das Merkmal der Rechtmäßigkeit entbehrlich. Dies würde zunächst vor allem mit dem von der europäischen Kommission skizzierten Gedanken korrelieren, dass ein angemessenes Maß an Schutz für den intellektuellen und industriellen Aufwand gewährleistet sein muss.[393]

Problematisch erscheint, dass die Zielsetzung der Schrankenregelung unterlaufen werden würde, wenn beim Browsing stets erforderlich wäre, dass die aufgerufenen Inhalte rechtmäßig in das Internet gestellt worden sind. Urheberrechtswidrige Handlungen sind beim Browsing nicht zu vermeiden, da für den Nutzer nicht erkenntlich ist, wann die Inhalte mit der Zustimmung des Urhebers online gestellt worden sind.[394] Gerade im digitalen Kontext ist mithin anzuerkennen, dass viele Angebote bestehen, bei denen mindestens einzelne Bestandteile ohne eine entsprechende Zustimmung des Urhebers bzw. Rechteinhabers verwendet werden. Wird beim Browsing eine Rechtmäßigkeit im Sinne des Art. 5 Abs. 1 HRL vorausgesetzt, würde in diesen Fällen eine Privilegierung ausscheiden.[395] Inwieweit die Handlung des Konsumenten dann insgesamt einen Eingriff in die Rechte des Urhebers darstellt, hängt sodann nur noch davon ab, ob nicht eine andere Schrankenbestimmung den konkreten Vorgang rechtfertigt.

Dabei könnte § 53 UrhG in Betracht gezogen werden,[396] der auf Art. 5 Abs. 2 lit. b HRL zurückzuführen ist. Die Schranke der Privatkopie erlaubt jedoch nur die Anfertigung einzelner Kopie. Jedenfalls im digitalen Kontext ist aber nicht nur ein einzelnes Vervielfältigungsstück festzustellen. Dies ist der Tatsache geschuldet, dass in der Regel – so auch beim Browsing – beim einmaligen Werkgenuss von mind. drei Vervielfältigungen auszugehen ist: im Proxy-Cache, RAM und Festplatten-Cache.[397] Gleichwohl die exakte Anzahl der von § 53 Abs. 1 UrhG zu privilegierenden Werkstücke umstritten ist, wird in der

392 Walter, in: Walter, Europ. UrhR, 2001, Info-RL Rdnr. 110.

393 Kress, Die private Vervielfältigung im Urheberrecht, 2004, S. 60.

394 Busch, GRUR 2011, 496 (502).

395 Loewenheim, in: Schricker/Loewenheim, UrhG, 4. Aufl. (2010), § 44a Rdnr. 9; Heinz, Urheberrechtliche Gleichbehandlung von alten und neuen Medien, 2006, S. 189; Bechtold, ZUM 1997, 427 (430).

396 Busch, GRUR 2011, 496 (502).

397 Engels, Die verfassungsrechtlichen Grundlagen der Privatkopie, 2006, S. 100.

Regel von maximal sieben Vervielfältigungsstücken ausgegangen.[398] Der Rückgriff auf § 53 Abs. 1 UrhG ist daher insofern mit spezifischen Rechtsunsicherheiten verbunden, als dass spätestens nach dem zwei- oder dreimaligen Aufruf eines Inhalts die Anzahl der maximalen Vervielfältigungsstücke überschritten ist.[399] Dies erscheint gerade im Hinblick auf das Browsing nicht als unrealistisches Szenario, wenn bestimmte Text- oder Bildinhalte regelmäßig aufgerufen werden. Zudem muss berücksichtigt werden, dass die Schrankenprivilegierung lediglich insoweit greift, als der Nutzer zum privaten Gebrauch handelt – d. h., der Gebrauch muss in der Privatsphäre zur Befriedigung rein persönlicher Bedürfnisse erfolgen.[400] Damit ist ein bestimmter Personenkreis ohnehin von der Privilegierungswirkung des § 53 UrhG ausgeschlossen, wenn dieser beispielsweise freiberuflich handelt.[401] Nach dem Wortlaut des Art. 5 Abs. 2 HRL ist die Umsetzung für die Mitgliedstaaten ohnehin für die Mitgliedstaaten nicht zwingend.[402] Darin manifestiert sich ebenso, dass diese Regelung nicht als Auffangmöglichkeit für eine etwaige Privilegierung des Browsings herangezogen werden kann. Denn diese muss sich – entgegen der Schrankenbestimmung des Art. 5 Abs. 1 HRL – als bloß fakultative Regelung einordnen lassen.

Kommt im digitalen Kontext keine darüber hinaus gehende Privilegierung in Betracht, würde der Nutzer mit dem Aufrufen von Internetseiten, auf denen unrechtmäßig Inhalte öffentlich zugänglich gemacht werden, ohne Privilegierung in das ausschließliche Vervielfältigungsrecht des Urhebers i. S. d. § 16 UrhG eingreifen.[403] Dies würde den Grundgedanken des Erwägungsgrundes 33 der HRL konterkarieren, mit der Regelung des Art. 5 Abs. 1 HRL die mit dem Browsing einhergehenden Vervielfältigungen zu privilegieren.

Bestätigung findet dies in der Kontrollüberlegung, dass nach den Feststellungen innerhalb dieser Untersuchung das Browsing in seinem Vorgang dem Werkgenuss unterfällt und sich bei diesem eine Prüfung der Rechtmäßigkeit der Rezeption ebenfalls nicht ergibt. Es ist sonach davon auszugehen, dass es im Hinblick auf das Browsing nicht auf das Merkmal der Rechtmäßigkeit ankommen kann. Da nach den Ausführungen innerhalb der europarechtskonformen

398 Laut BGH ist diesbzgl. jedenfalls eine statische Obergrenze von sieben Kopien anzunehmen, BGH, GRUR 1978, 474 (476). Vgl. dazu auch S. 144 und m. w. N. Röhl/Bosch, NJOZ 2008, 1197 (1203).

399 Kreutzer, Das Modell des deutschen Urheberrechts und Regelungsalternativen, 2008, S. 274 f.

400 Dreier, in: Dreier/Schulze, UrhG, 3. Aufl. (2008), § 53 Rdnr. 7.

401 Stieper, Rechtfertigung, Rechtsnatur und Disponibilität der Schranken des Urheberrechts, 2009, S. 8.

402 Heinz, Urheberrechtliche Gleichbehandlung von alten und neuen Medien, 2006, S. 191.

403 Busch, GRUR 2011, 496 (502).

Auslegung zudem das Streaming von der Begrifflichkeit des Browsings zu erfassen ist,[404] kommt es bei der Verwendung der vorliegenden Streamingfilmportale bzw. Streamingplattformen ebenfalls nicht darauf an, inwieweit die Nutzung rechtmäßig ist.

(7) Übertragung in einem Netz zwischen Dritten durch einen Vermittler (Art. 5 Abs. 1 lit. a) in Abgrenzung zur rechtmäßigen Nutzung (Art. 5 Abs. 1 lit. b)

Bestätigung findet dieses Auslegungsergebnis auch damit, dass die Norm des Art. 5 Abs. 1 lit. a HRL in ihrem Wortlaut die Formulierung „eine Übertragung in einem Netz zwischen Dritten durch einen Vermittler" enthält, womit – in Abgrenzung zu Art. 5 Abs. 1 lit. b – auf die Voraussetzung der rechtmäßigen Nutzung verzichtet wird. Eine diesbezüglich einschlägige Privilegierungswirkung ist also unabhängig davon gegeben, ob eine rechtmäßige Nutzung des urheberrechtlich relevanten Materials erfolgt bzw. eine Zustimmung des Rechteinhabers gegeben ist.[405] Die Auslegung von Art. 5 Abs. 1 lit. b HRL könnte aus systematischen Gründen über das bisher gezogene Ergebnis hinaus auch im Kontext zur Regelung des lit. a erfolgen, da es im Rahmen der Auslegung stets erforderlich ist, eine gesetzliche Bestimmung in ihrem Gesamtkontext zu betrachten. Der Sinn eines einzelnen Rechtssatzes soll sich erschließen, wenn dieser als Teil der Regelung betrachtet wird, welcher er zugeordnet ist.[406]

Gleichwohl in der systematischen Auslegung die Überlegung angestellt werden könnte, dass mit lit. b eine Voraussetzung geschaffen werden sollte, die gerade in Abgrenzung zu lit. a die Interessen des Urhebers besonders berücksichtigen möchte, infolgedessen also die Qualifizierung des Werkgenusses als Nutzung ausschließen müsste, da sich hier der Einfluss des Urhebers auf die Vervielfältigungsvorgänge aufseiten des Konsumenten verbieten würde, bietet sich im Kontext zu den bisher getroffenen Feststellungen und insbesondere dem Erwägungsgrund 33 eine andere Auslegung an. Denn es muss – auch innerhalb der systematischen Auslegung – weniger eine Abgrenzung zwischen lit. b und lit. a erfolgen, sondern vielmehr die Durchsetzung eines generellen Gedankens, dass in letzter Konsequenz der Einfluss des Urhebers innerhalb der Norm des Art. 5 Abs. 1 HRL zurücktreten muss und so eine Norm geschaffen werden sollte, die für den digitalen Kontext mit lit. b eine Sicherung des im analogen Kontext geltenden Prinzips des Werkgenusses ermöglichen sollte. Insofern unter-

---

404 Vgl. S. 90 ff.

405 Heinz, Urheberrechtliche Gleichbehandlung von alten und neuen Medien, 2006, S. 395.

406 Larenz/Canaris, Methodenlehre der Rechtswissenschaft, 3. Aufl. (1995), S. 146; Findeisen, Die Auslegung urheberrechtlicher Schrankenbestimmungen, 2005, S. 57; Pawlowski, Methodenlehre für Juristen, 3. Aufl. (1999), S. 173 f.

stützt die systematische Gegenüberstellung des Art. 5 lit. b und lit. a HRL die Annahme, als Nutzung insbesondere auch den Werkgenuss zu qualifizieren.

(8) WIPO-Urheberrechtsvertrag

Eine begriffliche Ausfüllung der hier infrage stehenden Voraussetzung könnte sich dessen ungeachtet im Kontext zu den WIPO-Verhandlungen 1996 ergeben. Bei diesen wurde diskutiert, eine Regelung aufzunehmen, die Art. 5 Abs. 1 HRL ähnelt. In dem Entwurf war daher vorgesehen, die Erlaubnis vorübergehender Vervielfältigungen vorzusehen, soweit diese ausschließlich dazu bestimmt sind, das Werk wahrnehmbar zu machen und die Vervielfältigungen als flüchtig oder beiläufig einzuordnen sind. Die Erlaubnis vorübergehender Vervielfältigungen hätte ferner unter dem Vorbehalt gestanden, dass diese Vervielfältigungen im Zuge einer vom Urheber genehmigten oder gesetzlich zulässigen Nutzung erfolgen.[407] Indem mit diesem Entwurf aber die WIPO-Konferenz eindeutig auf die Wahrnehmbarmachung bzw. den Werkgenuss Bezug nimmt und sich der europäische Richtliniengeber zu keiner solchen Formulierung hat hinreißen lassen, kann aber kein Indikator dafür gesehen werden, die Richtlinie würde nun den Werkgenuss nicht erfassen wollen. Sicher wäre mit der Wahl einer solchen ausdrücklichen Formulierung ein Baustein für eine etwaige Auslegung gegeben, dennoch muss dem europäischen Richtliniengeber eine Gestaltungsfreiheit gegeben sein, von einer nicht bindenden Entwurfsfassung der WIPO-Konferenz abzuweichen, ohne sich hiermit gleichsam einer Erfassung des Werkgenusses zu verschließen. Der Diskussion aus den WIPO-Verhandlungen kann daher vorliegend keine ausschlaggebende Wirkung zukommen.

(9) Stellungnahme und Fazit

Wie die europarechtliche Auslegung gezeigt hat, muss der Wille des europäischen Gesetzgebers aus verschiedenen Blickwinkeln analysiert werden. Dabei lassen sich Gründe vorbringen, die für und gegen eine Erfassung des Werkgenusses über die Begrifflichkeit der Nutzung sprechen können. Werden im deutschen Recht Schrankenbestimmungen ausgelegt, die sich auf die Privilegierung technischer Vervielfältigungen beziehen, müssen diese eng ausgelegt werden. Dies ist damit zu begründen, dass Schrankenbestimmungen, die im Interesse der Allgemeinheit normiert sind, eine dem Urheberrecht unmittelbar entspringende Rechtfertigung erfahren. Diese Schrankenbestimmungen sind als wesensmäßige Begrenzung des Urheberrechts zu verstehen. Die vorliegend relevante Schranke des § 44a UrhG ist allerdings auf technische Gründe zurückzuführen. Technische Zwecke sind der Natur des Urheberrechts indes bisher nicht eigen. Solche Schrankenbestimmungen sind dementsprechend als Ausnahmen vom Grundsatz

407 Walter, in: Walter, Europ. UrhR, 2001, Info-RL Rdnr. 100.

zu qualifizieren, dass der Urheber tunlichst angemessen an der Verwertung seines Werkes zu beteiligen ist. Diese Regelungen sind folglich eng auszulegen.[408] Innerhalb des sich daraus eröffnenden Auslegungsspielraums hat die Auslegung richtlinienkonform zu erfolgen.

Abstrakt stellt der europäische Gesetzgeber in Erwägungsgrund 44 der HRL fest: „Die von den Mitgliedstaaten festgelegten Ausnahmen oder Beschränkungen sollten insbesondere die gesteigerte wirtschaftliche Bedeutung, die solche Ausnahmen oder Beschränkungen im neuen elektronischen Umfeld erlangen können, angemessen berücksichtigen. Daher ist der Umfang bestimmter Ausnahmen oder Beschränkungen bei bestimmten neuen Formen der Nutzung urheberrechtlich geschützter Werke und sonstiger Schutzgegenstände möglicherweise noch enger zu begrenzen." Gleichzeitig wird über die Richtlinie eine Neubewertung der von den Mitgliedstaaten festgelegten Ausnahmen und Beschränkungen in Bezug auf Schutzrechte der neuen elektronischen Medien gefordert.

Dies könnte konkret dazu führen, dass ein Schutz des Werkgenusses im digitalen Umfeld im Rahmen der HRL nunmehr bewusst aufgegeben wird, um einen Schutz der Urheber im benannten Sinne zu erreichen. Ein solcher Paradigmenwechsel wurde schließlich im Kontext zur SRL und DRL vorliegend begründet und könnte demzufolge dieser Neubewertung der Ausnahmen gerecht werden. Ein rechtlicher Einfluss der Urheber auf den digitalen Werkgenuss mag für diese wünschenswert sein und dem Grundsatz des Richtliniengebers entsprechen, ein angemessenes Maß an Schutz für den intellektuellen und industriellen Aufwand zu gewährleisten.[409] Allerdings wurde in der vorliegenden Untersuchung herausgearbeitet, inwieweit eine Differenzierung zwischen der HRL einerseits und der SRL und DRL andererseits anzunehmen ist. Ein Paradigmen-

---

408 Findeisen, Die Auslegung urheberrechtlicher Schrankenbestimmungen, 2005, S. 208.

409 Kress, Die private Vervielfältigung im Urheberrecht, 2004, S. 60; Lehmann, in: Loewenheim (Hrsg.), Handbuch des Urheberrechts, 2. Aufl. (2010), § 54 Rdnr. 41. In diesem Kontext ebenso Erwägungsgrund 9 der HRL: „Jede Harmonisierung des Urheberrechts und der verwandten Schutzrechte muss von einem hohen Schutzniveau ausgehen, da diese Rechte für das geistige Schaffen wesentlich sind. Ihr Schutz trägt dazu bei, die Erhaltung und Entwicklung kreativer Tätigkeit im Interesse der Urheber, ausübenden Künstler, Hersteller, Verbraucher, von Kultur und Wirtschaft sowie der breiten Öffentlichkeit sicherzustellen. Das geistige Eigentum ist daher als Bestandteil des Eigentums anerkannt worden." Gleichsam Erwägungsgrund 11 der HRL: „Eine rigorose und wirksame Regelung zum Schutz der Urheberrechte und verwandten Schutzrechte ist eines der wichtigsten Instrumente, um die notwendigen Mittel für das kulturelle Schaffen in Europa zu garantieren und die Unabhängigkeit und Würde der Urheber und ausübenden Künstler zu wahren." Soweit die Erwägungsgrunde zwar Grundsätze für die HRL aufstellen, sind diese jedoch eher als allgemeine Feststellungen zu werten, die einer konkreten Auslegung der Regelungen der HRL nicht vorgehen können.

wechsel lässt sich hier mithin nicht verzeichnen, sodass in der Abgrenzung vielmehr die Grundlage dafür zu sehen ist, mit der HRL eine Sicherung des Werkgenusses solcher Werke anzunehmen, die auch bereits in ähnlicher Weise im analogen Kontext existierten – so zum Beispiel dem Filmwerk, verfügbar auf einer Videokassette, das nunmehr im digitalen Kontext stattdessen inhaltlich über das Streaming vermittelt wird.

Dies wird abschließend auch durch die folgende Kontrollüberlegung unterstützt: So würde im analogen Umfeld niemand auf die Idee kommen, den Rezipienten eines Piratensenders in Anspruch zu nehmen.[410] Zudem würde dem Konsumenten eines rechtswidrig hergestellten Werkexemplars niemals der Werkgenuss untersagt werden.

Die Erfassung des Werkgenusses im digitalen Umfeld erscheint aus diesem Grund, insbesondere als Gleichsetzung zum analogen Umfeld, als geeignet, erforderlich und angemessen. Denn letztlich wird trotz der Erfassung des Werkgenusses über die übrigen Voraussetzungen des Art. 5 Abs. 1 HRL sichergestellt, dass durch ein zu weites Verständnis eine unangemessene Beeinträchtigung der Interessen der Urheber erfolgt.[411] Eine Verengung des Anwendungsbereichs der Norm auf die Zustimmung des Urhebers oder das Eingreifen anderer Schrankenbestimmungen[412] würde dem hier skizzierten Verständnis des europäischen Gesetzgebers nicht gerecht werden. Mit der europarechtskonformen Auslegung ist daher der digitale private Werkgenuss und damit ebenfalls das Streaming als Nutzung i. S. d. Art. 5 Abs. 1 HRL zu qualifizieren. Eine Prüfung der Rechtmäßigkeit der Nutzung hat dabei nicht zu erfolgen.

ee. Teleologische Auslegung

Im Fortgang ist § 44a UrhG unter der teleologischen Methode zu beurteilen – diese Methode stellt auf den Sinn und Zweck des Gesetzes und die Grundabsicht ab,[413] die der Gesetzgeber mit dem Gesetz verwirklichen will.[414] Dabei sollen die Wertentscheidungen des Gesetzgebers sowie die angestellten allgemeinen

---

410 Poeppel, Die Neuordnung der urheberrechtlichen Schranken im digitalen Umfeld, 2005, S. 451; Fangerow/Schulz, GRUR 2010, 677 (681).

411 Heinz, Urheberrechtliche Gleichbehandlung von alten und neuen Medien, 2006, S. 394 ff.; Lauber/Schwipps, GRUR 2004, 293 (295 f.); Haupt/Ullmann, in: Mestmäcker/Schulze, UrhG, 1962, § 44a Rdnr. 27.

412 Radmann, ZUM 2010, 387 (391); Hullen, ITRB 2008, 230 (232).

413 Auch: Teleos bzw. ratio legis.

414 Larenz/Canaris, Methodenlehre der Rechtswissenschaft, 3. Aufl. (1995), S. 153; Larenz/Canaris, Methodenlehre der Rechtswissenschaft, 3. Aufl. (1995), S. 150; Herzberg, NJW 1990, 2525; Findeisen, Die Auslegung urheberrechtlicher Schrankenbestimmungen, 2005, S. 57.

Zweckmäßigkeits- und Gerechtigkeitserwägungen des Normerstellers berücksichtigt werden.[415]

Nach der vorbenannten europarechtskonformen Auslegung wurde bereits umfassend auf den Sinn und Zweck abgestellt, den der europäische Gesetzgeber mit dieser Norm umsetzen wollte. Soweit der deutsche Gesetzgeber eine inhaltlich identische Umsetzung der Norm vornimmt, ist davon auszugehen, dass, nach dem Sinn und Zweck des § 44a Nr. 2 UrhG der deutsche Gesetzgeber einen identischen Regelungsgehalt in das deutsche UrhG übernehmen wollte. Nach diesem Verständnis wäre sodann auch nach der teleologischen Auslegung der Werkgenuss als Nutzung i. S. d. § 44a Nr. 2 UrhG zu erachten.

ff. Historische Auslegung

Mit der historischen Auslegung ist vorliegend zu untersuchen, inwieweit der Gesetzgeber bei Normierung des § 44a Nr. 2 UrhG den vorliegend infrage stehenden Werkgenuss erfassen wollte. Im Hinblick auf die historische Auslegung von Schrankenbestimmungen hat der *BGH* erkennen lassen, dass bei neuen technischen Nutzungsarten zu prüfen sei, ob diese nicht eine von den Schrankenbestimmungen bereits erfasste Nutzungsart ergänzen oder ersetzen sollen. Damit ist zu prüfen, inwieweit die infrage stehende Nutzungsart bereits von der ursprünglichen Intention des Gesetzgebers erfasst und so im Einzelfall eine erweiternde Auslegung möglich ist. Dabei ist nach der Rechtsprechung des *BGH* indes zu beachten, dass der verfassungsrechtliche Beteiligungsgrundsatz und der mit der Schranke verfolgte Zweck erhalten bleiben.[416] Im Rahmen einer Auslegung ist folglich nicht nur das zum Zeitpunkt des Normerlasses vorherrschende Verständnis zugrunde zu legen. Dennoch sind bei der Auslegung die korrespondieren Rechte der Urheber angemessen zu berücksichtigen.[417]

Spezifisch zu § 44a Nr. 2 UrhG wird dabei unter dem Begriff der Einzelkommunikation diskutiert, inwieweit mit der Bezugnahme auf das Browsing in Erwägungsgrund 33 nun zusätzlich andere digitale Kommunikationsmöglichkeiten wie E-Mail und Telefax zu erfassen sind.[418] Dies erscheint unter den vorgenannten Grundsätzen durchaus naheliegend, da es sich bei der Benennung des

415 Larenz/Canaris, Methodenlehre der Rechtswissenschaft, 3. Aufl. (1995), S. 154; Herzberg, NJW 1990, 2525; Findeisen, Die Auslegung urheberrechtlicher Schrankenbestimmungen, 2005, S. 57.

416 BGH, MMR 2002, 739 (741 f.); Czychowski, NJW 2003, 118 (119); Findeisen, Die Auslegung urheberrechtlicher Schrankenbestimmungen, 2005, S. 179; Melichar, in: Schricker/Loewenheim, UrhG, 4. Aufl. (2010), Vor §§ 44a ff. Rdnr. 15b.

417 BGH, MMR 1999, 665 (665 ff.); Haupt/Ullmann, in: Mestmäcker/Schulze, UrhG, 1962, § 44a Rdnr. 36.

418 Haupt/Ullmann, in: Mestmäcker/Schulze, UrhG, 1962, § 44a Rdnr. 29 ff.

Cachings und Browsings nicht um eine abschließende Aufzählung handeln kann. Gleiches muss dann – zusätzlich zu dem bisher gezogenen Ergebnis im Rahmen der europarechtskonformen Auslegung – auch hinsichtlich des Streamings gelten.

gg. Zusammenfassung

Die gestellte Rechtsfrage, wann eine Nutzung i. S. d. § 44a Nr. 2 UrhG vorliegt, ist mithin insbesondere unter Berücksichtigung der europarechtskonformen Auslegung dahin gehend zu beantworten, dass davon der Werkgenuss und insbesondere das Browsing und Streaming erfasst werden. Das Merkmal der Rechtmäßigkeit der mit der vorübergehenden Vervielfältigung verbundenen Nutzungshandlung ist nicht gesondert zu prüfen, soweit die Nutzungshandlung unter den Werkgenuss zu subsumieren ist.

e. Drei-Stufen-Test

Die spezifische Privilegierung über die Schrankenbestimmung des § 44a UrhG muss zusätzlich aber noch nach dem Drei-Stufen-Test beurteilt werden. Seinen Ursprung findet der Drei-Stufen-Test im internationalen Urheberrecht in den Art. 9 Abs. 2 RBÜ, Art. 13 TRIPs, Art. 10 WCT und Art. 16 Abs. 2 WPPT. Spezifisch ist dieser auf die Einführung im Jahre 1967 im Rahmen der Konferenz zur Revision der Berner Übereinkunft zurückzuführen.[419] Generell sind nach dem Drei-Stufen-Test lediglich in bestimmten Sonderfällen Ausnahmen und Beschränkungen der Verwertungsrechte gerechtfertigt, wenn die normale Verwertung des Werkes und die berechtigten Interessen des Urhebers nicht übermäßig beeinträchtigt werden.[420] Diese Voraussetzungen müssen kumulativ vorliegen, damit eine Privilegierung unter Berücksichtigung des Drei-Stufen-Tests als zulässig erachtet werden kann. Damit wird bereits deutlich, in welchen Fällen der Drei-Stufen-Test überhaupt angewendet wird: Erstens müssen ausschließliche Rechte des Urhebers bestehen, und zweitens müssen diesen Rechts-

---

419 Senftleben, CR 2003, 914; Senftleben, Copyright, Limitations and the Three-Step Test, 2004, S. 1 ff.; Senftleben, Copyright, Limitations and the Three-Step Test, 2004, S. 43 ff.; Senftleben, GRUR Int 2004, 200; Poeppel, Die Neuordnung der urheberrechtlichen Schranken im digitalen Umfeld, 2005, S. 111; Reinbothe, GRUR Int 2001, 733 (740); Meschede, Der Schutz digitaler Musik- und Filmwerke vor privater Vervielfältigung nach den zwei Gesetzen zur Regelung des Urheberrechts in der Informationsgesellschaft, 2007, S. 153.

420 "The three-step test sets limits to limitations on authors‘ rights", vgl. Senftleben, Copyright, Limitations and the Three-Step Test, 2004, S. 5.

positionen Begrenzungen auferlegt werden.[421] Im europäischen Kontext wird der Drei-Stufen-Test in der HRL durch Art. 5 Abs. 5 aufgenommen und dort wörtlich wiedergegeben.[422]

aa. Anwendungsbereich

Der deutsche Gesetzgeber weist in der Gesetzesbegründung zu § 44a UrhG darauf hin, dass die Ausgestaltung der Norm bereits den Anforderungen des Art. 5 Abs. 5 HRL entspricht und er infolgedessen von der Aufnahme des Drei-Stufen-Tests in das deutsche Urheberrecht abgesehen hat.[423] Fraglich erscheint sonach, ob und ggf. wie sich der Drei-Stufen-Test als Schranken-Schranke – d. h. als Regelung, die den Schranken des Urheberrechts Schranken setzt –[424] an eine etwaige Privilegierung durch § 44a UrhG überhaupt noch anzuschließen hat. Der Gesetzgeber führt anhand der benannten Stufen auf, dass sich die Norm des § 44a UrhG genau diesen bereits unterwirft: So sollen die Interessen des Urhebers schon ausführlich berücksichtigt sein, mit der Norm des § 44a UrhG bereits eine Beschränkung auf Einzelfälle vorliegen und, soweit Ausnahmen zugelassen werden, diese nicht unangemessen die normale Verwertung des Werkes durch den Urheber beeinträchtigten.[425]

Der Deutsche Bundesrat hatte jedoch aus Klarstellungs- und Verständlichkeitsgründen auf eine Aufnahme der Schranken-Schranke gedrängt.[426] Nach Ansicht der Bundesregierung, die diese in Erwiderung auf die Forderung des Bundesrates darlegte, erschiene es allerdings „zweifelhaft, ob mit einer Aufnahme des Drei-Stufen-Tests in das Gesetz die angestrebte Klarstellung bewirkt werden könnte. Für den Rechtsunterworfenen werden nämlich dadurch die klar und bestimmt gefassten Schrankenvorschriften unberechenbar. Er sollte sich ohne zu-

---

421 Senftleben, Copyright, Limitations and the Three-Step Test, 2004, S. 5; Senftleben, Copyright, Limitations and the Three-Step Test, 2004, S. 125 ff.; Poeppel, Die Neuordnung der urheberrechtlichen Schranken im digitalen Umfeld, 2005, S. 111 f.

422 RL 2001/29/EG, Erwägungsgrund 44; Spindler, GRUR 2002, 105 (115); Fangerow/Schulz, GRUR 2010, 677 (681 f.); Senftleben, GRUR Int 2004, 200; Senftleben, Copyright, Limitations and the Three-Step Test, 2004, S. 10; Walter, in: Walter, Europ. UrhR, 2001, Info-RL Rdnr. 93; Flechsig, ZUM 2002, 1 (13).

423 BT-Drucks. 15/38, S. 15; Melichar, in: Schricker/Loewenheim, UrhG, 4. Aufl. (2010), Vor §§ 44a ff. Rdnr. 11b; v. Welser, in: Wandtke/Bullinger, UrhG, 3. Aufl. (2009), § 44a Rdnr. 22; Lüft, in: Wandtke/Bullinger, UrhG, 3. Aufl. (2009), Vor §§ 44a ff. Rdnr. 8; Senftleben, GRUR Int 2004, 200; Bayreuther, ZUM 2001, 828 (839); Schmid/Wirth, in: Schmid/Wirth/Seifert, UrhG, 2. Aufl. (2009), Vor § 44a Rdnr. 2.

424 Senftleben, GRUR Int 2004, 200; Zecher, ZUM 2002, 52 (53).

425 BT-Drucks. 15/38, S. 15.

426 BT-Drucks. 15/38, S. 15; Kress, Die private Vervielfältigung im Urheberrecht, 2004, S. 154.

sätzliche Prüfungspflichten auf die jeweilige Schranke einstellen können.“[427] Bereits die Benennung der Voraussetzungen des Drei-Stufen-Tests hat gezeigt, dass sich hier aus den Begrifflichkeiten keine klare Konturierung ergibt und sich vielmehr die Verwendung unbestimmter Rechtsbegriffe abzeichnet und so der Test von einer gewissen tatbestandlichen Weite gekennzeichnet ist. Dies ist der Tatsache geschuldet, dass sich mit dem Drei-Stufen-Test eine Regelung ergibt, die aufgrund ihrer Elastizität eine nationale Nuancierung zulässt,[428] die dem jeweiligen Gesetzgeber eine Gestaltungsfreiheit eröffnet. Aufgrund dieser Vorteile für den Gesetzgeber sah der Gesetzgeber daher mit der o. g. Begründung schließlich von der Aufnahme des Drei-Stufen-Tests ab.[429]

Fraglich ist, ob der Gesetzgeber damit eine Entscheidung dahin gehend getroffen hat, dass nach seiner Ansicht in den Voraussetzungen des § 44a UrhG bereits die Voraussetzungen des Drei-Stufen-Tests Berücksichtigung finden, oder ob weiterhin nach der Prüfung der Schrankenregelung der Drei-Stufen-Test separat zu prüfen ist. Innerhalb der Rechtsprechung ist anerkannt, dass eine Privilegierung zusätzlich anhand des Drei-Stufen-Tests aus Art. 9 Abs. 2 RBÜ zu prüfen ist, da das inländische Recht konventionsfreundlich auszulegen sei.[430]

Gleichzeitig stellt Art. 5 Abs. 5 HRL klar, dass die in den Absätzen 1, 2, 3 und 4 genannten Ausnahmen und Beschränkungen nur in bestimmten Sonderfällen angewandt werden dürfen, in denen die normale Verwertung des Werkes nicht beeinträchtigt wird und die berechtigten Interessen des Rechtsinhabers nicht ungebührlich verletzt werden. Insoweit Art. 5 Abs. 5 HRL damit inhaltlich den Drei-Stufen-Test im Sinne der RBÜ im Wesentlichen abbildet, muss nach der vorliegenden Bezugnahme auf die Rechtsprechung des *BGH* davon ausgegangen werden, dass nach der Prüfung der einschlägigen Schrankenbestimmung noch eine gesonderte Prüfung des Drei-Stufen-Tests zu erfolgen hat. Dies hat vorliegend auch für die Schrankenbestimmung des § 44a UrhG zu gelten, sodass es einer expliziten Aufnahme des Regelungsinstruments in das UrhG ohnehin

---

427 BT-Drucks. 15/38, S. 40.

428 Senftleben, GRUR Int 2004, 200 (202); Nordemann/Vinck/Hertin, in: Nordemann/Vinck/Hertin, Int. UrhR, 1977, Art. 9 Rdnr. 4; Reimer/Ulmer, GRUR Int 1967, 431 (444).

429 BT-Drucks. 15/38, S. 15; Melichar, in: Schricker/Loewenheim, UrhG, 4. Aufl. (2010), Vor §§ 44a ff. Rdnr. 11b; v. Welser, in: Wandtke/Bullinger, UrhG, 3. Aufl. (2009), § 44a Rdnr. 22; Lüft, in: Wandtke/Bullinger, UrhG, 3. Aufl. (2009), Vor §§ 44a ff. Rdnr. 8; Senftleben, GRUR Int 2004, 200; Bayreuther, ZUM 2001, 828 (839); Schmid/Wirth, in: Schmid/Wirth/Seifert, UrhG, 2. Aufl. (2009), Vor § 44a Rdnr. 2.

430 BGH, MMR 1999, 665 (669 ff.).

nicht bedurfte. Der Drei-Stufen-Test ist stets in Form einer Schranken-Schranke zu berücksichtigen.[431]

Im Hinblick auf die im Rahmen dieser Untersuchung konkret erfolgende Prüfung des § 44a UrhG sind dafür im Folgenden zunächst die grundsätzlichen Elemente des Drei-Stufen-Tests zu erarbeiten.

bb. Bestimmter Sonderfall

Generell kann ein bestimmter Sonderfall i. S. d. Drei-Stufen-Tests angenommen werden, soweit sich der Wirkungsgrad der Ausnahme eindeutig bestimmen lässt und so eine Abgrenzung der erfassten Nutzung zu anderen Fällen erfolgen kann.[432] Im Kontext zu Art. 5 Abs. 5 HRL wird vertreten, dass sich keine empirisch nachweisbaren Anwendungsfälle der ersten Stufe ergeben sollen. Bestätigt wird dies durch Erwägungsgrund 44 Satz 2 HRL, der lediglich auf die zweite und dritte Stufe Bezug nimmt. Gleichzeitig stellt aber Art. 5 Abs. 5 HRL klar, dass als bestimmte Sonderfälle die Voraussetzungen des Art. 5 Abs. 1 bis 4 HRL zu werten sind. Eine gesonderte Prüfung eines bestimmten Sonderfalls scheidet dann aber aus, wenn im Fokus der rechtlichen Bewertung eine Regelung steht, die auf einen dieser Absätze zurückgeht.[433] Soweit eine Privilegierung auf der Grundlage des § 44a UrhG dann noch dem Drei-Stufen-Test zu unterwerfen ist, wird folglich lediglich ein Zwei-Stufen-Test zur Anwendung gebracht. Die Voraussetzungen des bestimmten Sonderfalls sind bereits im Rahmen der Voraussetzungen der auf

431 Walter, in: Walter, Europ. UrhR, 2001, Info-RL Rdnr. 96; Fangerow/Schulz, GRUR 2010, 677 (681); Rehbinder/Hubmann, Urheberrecht, 16. Aufl. (2010), S. 174 f.; Loewenheim, in: Schricker/Loewenheim, UrhG, 4. Aufl. (2010), § 44a Rdnr. 2; Kress, Die private Vervielfältigung im Urheberrecht, 2004, S. 154 f.; Melichar, in: Schricker/Loewenheim, UrhG, 4. Aufl. (2010), Vor §§ 44a ff. Rdnr. 11b; Senftleben, Copyright, Limitations and the Three-Step Test, 2004, S. 256; v. Welser, in: Wandtke/Bullinger, UrhG, 3. Aufl. (2009), § 44a Rdnr. 22; Bornkamm, in: Ahrens/Erdmann (Hrsg.), Festschrift für Willi Erdmann, 2002, S. 29 (35). Anders noch ursprünglich nach Art. 9 Abs. 2 RBÜ, der lediglich als Schranke für das Vervielfältigungsrecht galt und zudem hinter speziellen Regelungen zurücktrat, vgl. Bornkamm, in: Ahrens/Erdmann (Hrsg.), Festschrift für Willi Erdmann, 2002, S. 29 (33).

432 Fangerow/Schulz, GRUR 2010, 677 (682); Meschede, Der Schutz digitaler Musik- und Filmwerke vor privater Vervielfältigung nach den zwei Gesetzen zur Regelung des Urheberrechts in der Informationsgesellschaft, 2007, S. 154 ff.

433 Dreier, ZUM 2002, 28 (35); Senftleben, CR 2003, 914 (915); Poeppel, Die Neuordnung der urheberrechtlichen Schranken im digitalen Umfeld, 2005, S. 129.

Art. 5 Abs. 1 HRL zurückgehenden Schrankenbestimmung des § 44a UrhG zu prüfen.[434]

cc. Keine Beeinträchtigung der normalen Verwertung

Im Fortgang der Prüfung ist sodann darauf abzustellen, ob eine Beeinträchtigung der normalen Verwertung vorliegt. Ob damit nun jegliche Beeinträchtigung oder nur eine Beeinträchtigung des wirtschaftlichen Kerns erfasst wird, ist umstritten.[435] Generell kommt der zweiten Stufe aber die Funktion zu, Fälle evidenter Unverhältnismäßigkeit auszusondern. Erst in der dritten Stufe soll nach herrschendem Verständnis ein abschließender Interessenausgleich zwischen den Rechten und den Schranken hergestellt werden. Diese zweite Stufe würde nun ihre Rolle als Grobfilter verlieren, wenn bereits jegliche Beeinträchtigung genügen würde, um eine Unvereinbarkeit mit dem Drei-Stufen-Test anzunehmen. Zu einem Interessenausgleich innerhalb der dritten Stufe würde es dann nicht mehr kommen können. Diese abschließende Prüfung würde fast bedeutungslos werden.[436]

---

434 Ohnehin wurde der Drei-Stufen-Test ursprünglich eher in den hier benannten zwei Stufen geprüft, vgl. Bornkamm, in: Ahrens/Erdmann (Hrsg.), Festschrift für Willi Erdmann, 2002, S. 29 (33). Wenn im Zusammenhang mit der ersten Stufe daneben die Anwendung bzw. Bestimmtheit zur Diskussion gebracht wird, mag dies an dieser Stelle keine Relevanz ausstrahlen. Vgl. dazu insbesondere: Senftleben, CR 2003, 914 (915 f.); Poeppel, Die Neuordnung der urheberrechtlichen Schranken im digitalen Umfeld, 2005, S. 112 f. Zusätzlich wird darauf hingewiesen, dass mit Art. 5 Abs. 5 HRL keine korrekte Wiedergabe des Drei-Stufen-Tests erfolge. Denn nach Art. 13 TRIPs sind Beschränkungen und Ausnahmen von ausschließlichen Rechten schließlich abstrakt in bestimmten Ausnahmefällen gestattet. Der europäische Wortlaut beschränkt nun diese bestimmten Ausnahmefälle aber auf die Regelungen in den Abs. 1 bis 4. Dies könnte nun als eine begriffliche Verschärfung erachtet werden, vgl. Senftleben, Copyright, Limitations and the Three-Step Test, 2004, S. 258 ff.; Dreier, ZUM 2002, 28 (35); Poeppel, Die Neuordnung der urheberrechtlichen Schranken im digitalen Umfeld, 2005, S. 129 f. Der ersten Stufe soll aber ohnehin lediglich die Funktion zukommen, Regelungen auszuschließen, die im Sinne einer „faire use"-Vorschrift zu verstehen sind, vgl. Bornkamm, in: Ahrens/Erdmann (Hrsg.), Festschrift für Willi Erdmann, 2002, S. 29 (46). In diesem Sinne sind aber auch die Regelungen des Art. 5 Abs. 1 bis 4 HRL, insbesondere aufgrund der Tatsache, dass hier jeweils sehr spezifisch auf bestimmte Nutzungszwecke abgezielt wird, nicht zu verstehen.

435 Fangerow/Schulz, GRUR 2010, 677 (682); Geiger, GRUR Int 2008, 459 (467 f.); Senftleben, Copyright, Limitations and the Three-Step Test, 2004, S. 268 ff.; Senftleben, CR 2003, 914 (916 ff.). Letzte Quelle mit Hinweis u. a. auf die neoklassizistische ökonomische Theorie, den historischen und empirischen Ansatz.

436 Senftleben, CR 2003, 914 (918); Fangerow/Schulz, GRUR 2010, 677 (682).

Gleichwohl die vorliegende Prüfung den Drei-Stufen-Test innerhalb des § 44a UrhG anwendet, findet dieser über Art. 5 Abs. 5 HRL seinen Ursprung im internationalen Urheberrecht und ist dort auf die Konferenz zur Revision der Berner Übereinkunft zurückzuführen.[437] Art. 5 Abs. 5 HRL hat den Drei-Stufen-Test der Berner Übereinkunft wörtlich übernommen, sodass das in der Konferenz angelegte Verständnis an den Drei-Stufen-Test auch innerhalb der HRL Berücksichtigung finden muss. Die Annahme, im Hinblick auf die Beeinträchtigung der normalen Verwertung eine Beeinträchtigung des wirtschaftlichen Kerns vorauszusetzen, findet ihre Bestätigung dann auch im Abschlussbericht der RBÜ. Danach wird als Beispiel für eine Beeinträchtigung der normalen Verwertung die Anfertigung einer großen Anzahl an Kopien benannt. Erst mit einer großen Anzahl ist nun aber ein gewisser Umsatzverlust verbunden, der dann den wirtschaftlichen Kern im oben genannten Sinne betrifft und eine Eingriffsintensität bedeutet, die über eine bloße Beeinträchtigung hinausgeht. Im Umkehrschluss kann aber nicht jede Vervielfältigung genügen, die zu irgendeiner Schadensfolge für den Urheber führt. Ein Verständnis der Voraussetzung, nach dem bereits jegliche Beeinträchtigung genügt, würde sich daher gegen den erklärten Willen des Abschlussberichts stellen.[438]

Auch wenn zu strenge Anforderungen an die negativen Auswirkungen einer Beeinträchtigung dem generell bestehenden Schutz des Urhebers entgegenlaufen würden,[439] kann eine Beeinträchtigung der normalen Verwertung erst dann angenommen werden, wenn der ökonomische Kern betroffen ist.[440]

Die Beeinträchtigung des ökonomischen Kerns ist anzunehmen, wenn die Nutzung zu einer herkömmlichen anerkannten Nutzung des Werkes in eine unmittelbare Konkurrenz tritt. Dieser Nutzung muss erhebliches Gewicht bei der Gesamtverwertung des relevanten Werkes zu kommen, wobei diese Beurteilung für jedes Verwertungsrecht einzeln zu erfolgen und die Verwertungssituation je Werkart zu berücksichtigen hat. Dies erfordert im Einzelfall eine differenzierende Analyse.[441]

---

437 Vgl. S. 101.

438 Masouyé/Walter, Kommentar zur Berner Übereinkunft zum Schutz von Werken der Literatur und Kunst, 1981, S. 59; Senftleben, GRUR Int 2004, 200 (205 ff.).

439 Frotz, in: Dittrich (Hrsg.), Festschrift 50 Jahre Urheberrechtsgesetz, 1986, S. 119 (133 f.).

440 Meschede, Der Schutz digitaler Musik- und Filmwerke vor privater Vervielfältigung nach den zwei Gesetzen zur Regelung des Urheberrechts in der Informationsgesellschaft, 2007, S. 157; Geiger, GRUR Int 2008, 459 (467 f.).

441 Bornkamm, in: Ahrens/Erdmann (Hrsg.), Festschrift für Willi Erdmann, 2002, S. 29 (46); Poeppel, Die Neuordnung der urheberrechtlichen Schranken im digitalen Umfeld, 2005, S. 116.

dd. Unzumutbare Beeinträchtigung berechtigter Interessen

Abschließend erfolgt sodann die Prüfung der unzumutbaren Beeinträchtigung berechtigter Interessen. Bereits der Wortlaut dieser Stufe verdeutlicht, dass nicht jede, sondern nur unzumutbare Beeinträchtigungen erfasst werden sollen. Darauf aufbauend ist zu bestimmen, wann berechtigte Interessen beeinträchtigt sind und wann hierbei die Schwelle der Unzumutbarkeit erreicht ist. Eine inhaltliche Ausfüllung dieser Voraussetzungen kann dabei nicht durch den Wortlaut der HRL oder der RBÜ erfolgen. Die konkrete Bestimmung ist demnach vielmehr als eine Wertungsfrage zu erachten.[442] In der Bestimmung der Begrifflichkeiten ist dabei zu berücksichtigten, dass der dritten Stufe insgesamt die Funktion einer Interessenabwägung zukommt, die dem im Drei-Stufen-Test verankerten Dualismus bzw. der Aussöhnung der gegensätzlichen Positionen zu dienen hat.[443]

(1) Berechtigte Interessen

Soweit zunächst ein berechtigtes Interesse vorauszusetzen ist, muss sich dieses aus der Berücksichtigung wirtschaftlicher, sozialer oder kultureller Aspekte ergeben. Damit sind also insbesondere ökonomische und ideelle Interessen zu erfassen.[444] Auch der *BGH* bestätigt, dass sich unter den Begriff der berechtigten Interessen vor allem wirtschaftliche Aspekte des Urhebers fassen lassen.[445] Im Umkehrschluss lassen sich dann aber bereits solche aussondern, die sich als Kritik, Parodie oder Zitat erachten lassen müssen. Hier ist bereits kein wirtschaftliches Interesse tangiert.[446]

(2) Unzumutbare Beeinträchtigung

Die Schwelle der Unzumutbarkeit bei der Beeinträchtigung dieser wirtschaftlichen oder ideellen Interessen ist erreicht, soweit der für den Urheber entstehende Nachteil als ungerechtfertigt einzuordnen ist.[447] Diese Bewertung hat sich in einer Zumutbarkeitsprüfung abzubilden, bei der eher solche Verletzungen hinzu-

---

442 Frotz, in: Dittrich (Hrsg.), Festschrift 50 Jahre Urheberrechtsgesetz, 1986, S. 119 (126).

443 Senftleben, GRUR Int 2004, 200 (201); Senftleben, Copyright, Limitations and the Three-Step Test, 2004, S. 273; Bornkamm, in: Ahrens/Erdmann (Hrsg.), Festschrift für Willi Erdmann, 2002, S. 29 (47); Frotz, in: Dittrich (Hrsg.), Festschrift 50 Jahre Urheberrechtsgesetz, 1986, S. 119 (126 f.).

444 Poeppel, Die Neuordnung der urheberrechtlichen Schranken im digitalen Umfeld, 2005, S. 119; Frotz, in: Dittrich (Hrsg.), Festschrift 50 Jahre Urheberrechtsgesetz, 1986, S. 119 (126); Senftleben, GRUR Int 2004, 200 (210).

445 BGH, MMR 1999, 665 (670).

446 Frotz, in: Dittrich (Hrsg.), Festschrift 50 Jahre Urheberrechtsgesetz, 1986, S. 119 (126); Senftleben, GRUR Int 2004, 200 (210).

447 Nordemann/Vinck/Hertin, in: Nordemann/Vinck/Hertin, Int. UrhR, 1977, Art. 9 Rdnr. 3; Senftleben, GRUR Int 2004, 200 (210).

nehmen sind, die sich als Verletzung unberechtigter Interessen oder zumutbarer Beeinträchtigungen berechtigter Interessen herausstellen.[448] Um eine Beeinträchtigung anzunehmen, ist jeweils eine Abwägung zwischen den Interessen des Urhebers einerseits und den Interessen der Allgemeinheit andererseits erforderlich. Per se kann die Beeinträchtigung indes nicht generell mit einem Verbot der Privilegierung belegt werden, es muss vielmehr ein unzumutbares bzw. ungebührliches Maß erreicht werden.[449]

Eine Zumutbarkeit dieser Beeinträchtigung bzw. die Beseitigung einer ungebührlichen Verletzung kann insbesondere nach herrschender Ansicht dann hergestellt werden, wenn eine angemessene Vergütung eingeräumt wird und damit der ökonomische Kern der dem Urheber eingeräumten Rechte gewahrt bleibt. Wobei allerdings nicht jede Abstufung des wirtschaftlichen Interesses auf einen Vergütungsanspruch mit der dritten Stufe konform geht – dies ist jedoch als eine Wertungsfrage im Einzelfall darzustellen. Gleichzeitig können aber auch praktische Erwägungen dazu führen, dass eine Beeinträchtigung als zumutbar eingeordnet wird. Hier ist insbesondere an Fälle zu denken, bei denen der Urheber keine Kontrolle über sein Werk ausüben kann, so mithin bei der digitalen Nutzung im Internet. Dabei ist der finanzielle Ausgleich aber nicht als Äquivalent zu einer entgangenen Lizenzgebühr zu werten, sondern eher als ein Ersatz für eine Beschränkung der berechtigten Interessen des Urhebers. Eine volle Entschädigung ist nicht zwingend herzustellen, vielmehr hat eine konkrete Berücksichtigung jener der Schrankenbestimmung zugrunde liegenden Rechtfertigung zu erfolgen. Spezifisch kann das Bestehen einer solchen Vergütung allerdings dazu führen, dass sich die Angemessenheitsprüfung zugunsten der Schrankenbestimmung auflöst.[450]

---

448 Frotz, in: Dittrich (Hrsg.), Festschrift 50 Jahre Urheberrechtsgesetz, 1986, S. 119 (126); Nordemann/Vinck/Hertin, in: Nordemann/Vinck/Hertin, Int. UrhR, 1977, Art. 9 Rdnr. 3; Poeppel, Die Neuordnung der urheberrechtlichen Schranken im digitalen Umfeld, 2005, S. 119.

449 Runge, GRUR Int 2007, 130 (134); Poeppel, Die Neuordnung der urheberrechtlichen Schranken im digitalen Umfeld, 2005, S. 118; Frotz, in: Dittrich (Hrsg.), Festschrift 50 Jahre Urheberrechtsgesetz, 1986, S. 119 (128).

450 Reimer/Ulmer, GRUR Int 1967, 431 (444); Senftleben, GRUR Int 2004, 200 (210); BGH, MMR 1999, 665 (670); Bornkamm, in: Ahrens/Erdmann (Hrsg.), Festschrift für Willi Erdmann, 2002, S. 29 (48); Senftleben, CR 2003, 914 (919); Poeppel, Die Neuordnung der urheberrechtlichen Schranken im digitalen Umfeld, 2005, S. 119; Meschede, Der Schutz digitaler Musik- und Filmwerke vor privater Vervielfältigung nach den zwei Gesetzen zur Regelung des Urheberrechts in der Informationsgesellschaft, 2007, S. 160 f.

(3) Praktischer Abwägungsvorgang

Die grundsätzliche bestehende Unschärfe der vorstehenden Voraussetzungen wird dann als Grundlage dafür gesehen, dass insgesamt in der dritten Stufe vornehmlich eine Verhältnismäßigkeitsprüfung zu erfolgen hat.[451] In der praktischen Abwägung kommt dem Drei-Stufen-Test dadurch eine besondere Elastizität zu,[452] woraus resultiert, dass die Voraussetzungen der Angemessenheitsprüfung, die sich stets am Verhältnismäßigkeitsgrundsatz orientieren, nicht im Detail festzulegen sind, sich aber zumindest in dem oben skizzierten Raster bewegen müssen. Die exakte Prüfung der Angemessenheit hat sich an diesen Rahmen zu halten, ist sodann aber von den Kriterien des jeweiligen Einzelfalls abhängig und muss die widerstreitenden Interessen zu einem schonenden Ausgleich bringen.[453]

ee. Zusammenfassung

Im Ergebnis sind folglich nach der Prüfung des § 44a UrhG die Voraussetzungen des Drei-Stufen-Tests im Sinne einer Schranken-Schranke zu berücksichtigen. Während der ersten Stufe dabei nach überzeugender Ansicht vorliegend keine gesonderte Wirkung zukommt, ist mit der zweiten Stufe als Grobfilter zunächst die etwaige Beeinträchtigung des ökonomischen Kerns zu beleuchten. Abschließend wird sodann über die dritte Stufe eine Verhältnismäßigkeitsprüfung erfolgen müssen, in deren Fokus im Rahmen einer Interessenabwägung die Frage zu stehen hat, ob eine ungebührliche Verletzung der berechtigten Interessen des Urhebers vorliegt. Die dritte Stufe ist dabei ganz besonders von den Kriterien des Einzelfalls beeinflusst. Insgesamt zeigt sich mit den skizzierten Voraussetzungen, dass dem Drei-Stufen-Test insbesondere durch seine Aufnahme in Art. 5 HRL die Rolle zuzukommen vermag, ein Korrektiv zu den technischen Entwicklungen zu repräsentieren. Über den Drei-Stufen-Test bietet sich hier die Chance, etwaige Privilegierungen zu beschneiden, die zwar im Sinne der jewei-

---

451 Senftleben, Copyright, Limitations and the Three-Step Test, 2004, S. 210.

452 Walter, in: Walter, Europ. UrhR, 2001, Info-RL Rdnr. 97; Nordemann/Vinck/Hertin, in: Nordemann/Vinck/Hertin, Int. UrhR, 1977, Art. 9 Rdnr. 4; Masouyé/Walter, Kommentar zur Berner Übereinkunft zum Schutz von Werken der Literatur und Kunst, 1981, S. 59; Poeppel, Die Neuordnung der urheberrechtlichen Schranken im digitalen Umfeld, 2005, S. 121; Frotz, in: Dittrich (Hrsg.), Festschrift 50 Jahre Urheberrechtsgesetz, 1986, S. 119 (130). Letzterer möchte diese Elastizität sogar als einen unbezweifelbaren Vorzug des Drei-Stufen-Tests verstehen, da sich so aus dem Test heraus eine Anpassung an die sich wandelenden Verhältnisse ergeben könne.

453 So im Ergebnis: Senftleben, GRUR Int 2004, 200; Senftleben, GRUR Int 2004, 200 (211); Fangerow/Schulz, GRUR 2010, 677 (681 f.).

ligen Schranke zu sein scheinen, dann jedoch unter Berücksichtigung des Drei-Stufen-Tests als unangemessen zu bewerten sind.

3. Relevanz im Rahmen des Streamings

Im Hinblick auf die bisher erfolgte abstrakte Darstellung der Voraussetzungen des § 44a UrhG hat nunmehr die konkrete Prüfung anhand der Vorgänge im Rahmen des Streamings stattzufinden. Diesbezüglich können bereits solche Nutzungsvorgänge ohnehin nicht von der Schrankenbestimmung des § 44a UrhG erfasst werden, denen keine bloß ephemeren Vervielfältigungen zugrunde liegen. Dies ist bei den Vorgängen des Erhalts der Dateien, des Verlinkens, des Bereithaltens und des Onlinestellens anzunehmen. Entweder liegen hier bereits keine Vervielfältigungen vor, oder diese sind zumindest nicht als vorübergehend zu bezeichnen.

a. Vermitteln

Zunächst ist zu beurteilen, inwieweit sich der Access- und Service-Provider, der die Inhalte zwischen Server und Konsument überträgt, auf eine Privilegierung aus § 44a Nr. 1 UrhG im Hinblick auf die bei der Übermittlung anfallenden Vervielfältigungen i. S. d. § 16 UrhG berufen kann. Dabei sei an dieser Stelle bereits auf den oben benannten Erwägungsgrund 8 des Entwurfs des Gesetzes zur Regelung des Urheberrechts in der Informationsgesellschaft der deutschen Bundesregierung verwiesen,[454] der die Access-Provider ausdrücklich als zu privilegierende Anbieter i. S. d. § 44a UrhG benennt.

aa. Vorübergehende Vervielfältigungen sowie integraler und wesentlicher Bestandteil des technischen Verfahrens

Diese Zwischenspeicherungen müssten dafür zunächst als vorübergehend, d. h. flüchtig oder begleitend, i. S. d. § 44a UrhG einzuordnen sein. Vervielfältigungen sind begleitend, soweit diese im Zuge eines technischen Verfahrens auftreten und nur über einen begrenzen Zeitraum gespeichert werden.[455]

Soweit die Proxy-Caches zur Beschleunigung des Abrufs von an einem anderen Ort befindlichen Inhalten eingesetzt werden, muss dabei, soweit sich die Inhalte an ihrem ursprünglichen Ort verändert haben, in regelmäßigen Abständen eine Erneuerung der Zwischenspeicherungen erfolgen. Dabei werden vorhergehende Speicherungen überschrieben. Ebenso ist der Speicher des Proxy-Caches nicht unendlich, sodass in bestimmten Intervallen Inhalte gelöscht wer-

454 Vgl. S. 66.
455 Vgl. S. 67.

den müssen.[456] Die Speicherungen entstehen daher im Rahmen eines technischen Verfahrens und werden dabei auch nur eine bestimmte Zeit gespeichert, sind mithin als begleitend i. S. d. § 44a UrhG einzuordnen.

bb. Keine eigene wirtschaftliche Bedeutung

Zusätzlich dürften diese Speicherungen keine eigene wirtschaftliche Bedeutung besitzen. Eine solche würde bestehen, soweit den ephemeren Vervielfältigungen aufseiten der Access-Provider eine neue und eigenständige Nutzungsmöglichkeit entnommen werden könnte.[457]

Das Proxy-Caching ist zwar der Geschwindigkeit und der Leistungsfähigkeit der Netzwerke zuträglich, kommt dabei Providern und Nutzern zugute, zielt aber darauf ab, die Leitungskosten zu minimieren. Für eine eigene wirtschaftliche Bedeutung wäre erforderlich, dass die gespeicherten Inhalte in irgendeiner Form verwertet werden. Verwerten setzt allein vom Wortsinn her eine Bedeutung voraus, die über die bloße Speicherung zum Zwecke der Weiterübertragung, die zudem allein vom Nutzer und dem Serveranbieter veranlasst wird, hinausgeht.[458] Bestätigung findet dieses Ergebnis auch in Erwägungsgrund 33 der HRL, der ausdrücklich davon spricht, dass diese Ausnahme auch Handlungen erfasst, die das „Browsing“ sowie Handlungen des „Cachings“ ermöglichen. Weiter heißt es in Erwägungsgrund 33 der HRL: „Dies schließt Handlungen ein, die das effiziente Funktionieren der Übertragungssysteme ermöglichen.“ Da vonseiten der Access-Provider die vorübergehenden Speicherungen lediglich aus den oben genannten Gründen vorgenommen werden, die Minimierung der Leitungskosten nicht mit der Verwertung der gespeicherten Inhalte verbunden ist und daneben diese Speicherungen dem effizienten Funktionieren der Übertragungssysteme insofern dienen, als bereits aufgerufene und übermittelte Daten nicht erneut von den eigentlichen Servern abgerufen werden müssen, kann den vorübergehenden Speicherungen aufseiten der Access-Provider auch keine eigene wirtschaftliche Bedeutung zugesprochen worden.

cc. Übertragung in einem Netz, § 44a Nr. 1 UrhG

Alleiniger Zweck der Vervielfältigungen dürfte gem. § 44a Nr. 1 UrhG die Übertragung eines Werkes in einem Netz zwischen Dritten durch einen Vermitt-

---

456 v. Welser, in: Wandtke/Bullinger, UrhG, 3. Aufl. (2009), § 44a Rdnr. 6; Dustmann, in: Fromm/Nordemann, UrhG, 10. Aufl. (2008), § 16 Rdnr. 13.

457 Dreier, in: Dreier/Schulze, UrhG, 3. Aufl. (2008), § 44a Rdnr. 9.

458 v. Welser, in: Wandtke/Bullinger, UrhG, 3. Aufl. (2009), § 44a Rdnr. 21; Walter, in: Walter, Europ. UrhR, 2001, Info-RL Rdnr. 107; Loewenheim, in: Schricker/Loewenheim, UrhG, 4. Aufl. (2010), § 44a Rdnr. 10; Spindler, GRUR 2002, 105 (111).

ler sein. Soweit die Access-Provider zunächst als Vermittler eingeordnet werden müssen, ist hierzu auf die generelle technische Definition zurückzugreifen, wonach diese Provider den Zugang des Nutzers zu den jeweiligen fremden Informationen ermöglichen, mithin also i. S. d. § 44a Nr. 1 UrhG vermitteln.[459] Ausführungen zur inhaltlichen Ausformung dieser Voraussetzung finden sich zusätzlich in Erwägungsgrund 33 zu Art. 5 HRL und Erwägungsgrund 8 zu § 44a UrhG.[460] Danach ist für die Privilegierung ebenso erforderlich, dass durch die Vermittler keine Veränderung der Informationen und keine Beeinträchtigung der erlaubten Anwendung von Technologien zur Sammlung über die Nutzung der Informationen erfolgt. Eine solche Veränderung bzw. Beeinträchtigung lässt sich im Rahmen der Vervielfältigungen aufseiten der Access-Provider nicht feststellen, da durch diese die Daten lediglich gespeichert und übertragen werden. Auch erfolgen die Vervielfältigungen mit der Zielsetzung, die spezifischen Inhalte über das Internet zwischen dem Vermittler und dem aufrufenden Dritten, d. h. den Endnutzer des Internetanschlusses, zu übertragen. Es liegt folglich eine Übertragung in einem Netz i. S. d. § 44a Nr. 1 UrhG vor, sodass eine Privilegierung gegeben ist.[461] Inwieweit sich an diese Vermittlung aufseiten des Endnutzers eine rechtmäßige Nutzung anschließt, ist für die Voraussetzungen des § 44a Nr. 1 UrhG hingegen nicht relevant.[462]

dd. Drei-Stufen-Test

Die konkrete Privilegierung muss zudem an den Voraussetzungen des Drei-Stufen-Tests gemessen werden,[463] d. h., es dürften keine Beeinträchtigung der normalen Verwertung und keine unzumutbare Beeinträchtigung der Interessen des Urhebers festzustellen sein.

(1) Keine Beeinträchtigung der normalen Verwertung

Zunächst dürfte die normale Verwertung, d. h. der ökonomische Kern, nicht beeinträchtigt werden.[464] Damit dürfen die Urheber nicht einer aktuellen oder potenziellen Einnahmequelle beraubt werden, die typischerweise innerhalb der Gesamtverwertung ein erhebliches Gewicht hat. Die vorübergehenden Vervielfälti-

---

459 v. Wolff, in: Wandtke/Bullinger, UrhG, 3. Aufl. (2009), § 97 Rdnr. 26; v. Welser, in: Wandtke/Bullinger, UrhG, 3. Aufl. (2009), § 44a Rdnr. 9; Radmann, ZUM 2010, 387 (391); Hartmann, Unterlassungsansprüche im Internet, 2009, S. 11 f.; Czernik, in: Wandtke (Hrsg.), Medienrecht, 2. Aufl. (2011), Kapitel 2 Rdnr. 264.

460 BT-Drucks. 15/38, S. 18.

461 Radmann, ZUM 2010, 387 (391).

462 Loewenheim, in: Schricker/Loewenheim, UrhG, 4. Aufl. (2010), § 44a Rdnr. 8; v. Welser, in: Wandtke/Bullinger, UrhG, 3. Aufl. (2009), § 44a Rdnr. 9.

463 Vgl. S. 101.

464 Vgl. S. 105.

gungen aufseiten der Vermittler dürften also nicht in den Wettbewerb zu den Ausschließlichkeitsrechten der Urheber treten.[465]

Vorübergehende Vervielfältigungen sind stets mit einem Eingriff in das ausschließliche Vervielfältigungsrecht des Urhebers verbunden. Soweit vorausgesetzt wird, dass die Vervielfältigungen nicht zu den Ausschließlichkeitsrechten des Urhebers in einem Wettbewerb stehen, muss diese Voraussetzung erforderlich machen, dass den vorübergehenden Speicherungen eine darüber hinaus gehende Wirkung zukommt und erst dann die normale Verwertung beeinträchtigt ist. Bereits fragwürdig erscheint es – auch im Hinblick auf die Voraussetzungen des § 44a UrhG – nun im Rahmen des Drei-Stufen-Tests den vorübergehenden Vervielfältigungen eine Beeinträchtigung der normalen Verwertung zuzusprechen, nur weil diese aufseiten der Access-Provider zur Minimierung der Leitungskosten führt. Über das Vervielfältigungsrecht hinaus besteht aufseiten der Urheber aber insbesondere auch kein ausschließliches Recht, an solchen Technologien zu partizipieren, die dem Anbieter irgendeinen ökonomischen Vorteil bei der Übertragung erbringen. Selbst wenn diesem ein ökonomischer Vorteil entspringt, ist dieser indes noch nicht dem Kern der normalen Verwertung zuzuschreiben, da der Urheber seine wesentlichen Einnahmequellen jedenfalls nicht aus Speicherungen geniert, die Leitungskosten minimieren. Eine Beeinträchtigung der normalen Verwertung ist folglich nicht festzustellen.

(2) Unzumutbare Beeinträchtigung der Interessen des Urhebers

Zusätzlich dürfte keine unzumutbare Beeinträchtigung der Interessen der Urheber vorliegen. Selbst wenn mit der Übertragung ggf. rechtswidriger Inhalte zunächst eine Beeinträchtigung angenommen werden könnte, müsste diese auch als unzumutbar zu erachten sein. Die dann erforderliche Abwägung zwischen den Interessen der Urheber und den Interessen der Vermittler, für die hier insbesondere das Recht – geformt aus dem Grundrecht des Art. 12 GG – der Ermöglichung der Aufnahme der Tätigkeit unter Speicherung von Inhalten zum Zwecke der Minimierung der Leitungskosten streiten muss, ist dann allerdings zugunsten der technischen Dienstleister aufzulösen. Zu eminent wichtig ist die Tätigkeit für das Funktionieren der technischen Netze. Eine kostengünstige Erbringung dieser Dienstleistungen ist daneben auch der generellen Verfügbarkeit der Netzzugänge zuträglich. Die Schwelle der Unzumutbarkeit ist jedoch allein deshalb schon nicht erreicht, als sich bzgl. dieser Übertragung keine offensichtliche Differenzierung zwischen der Art der Inhalte anbietet und folglich kein Zugriff darauf besteht, ob Daten übertragen werden, die durch die Urheber oder mit de-

465 Runge, GRUR Int 2007, 130 (134).

ren Einverständnis im Internet verfügbar gemacht wurden.[466] Eine unzumutbare Beeinträchtigung der Interessen des Urhebers kann mithin nicht angenommen werden.

ee. Zusammenfassung

Die ephemeren Vervielfältigungen im Rahmen der Zugangsvermittlung sind durch § 44a Nr. 1 UrhG zu privilegieren. Ein Ausschluss über den Drei-Stufen-Test kann nicht angenommen werden.

b. Konsum

Fraglich ist, inwieweit sich der Konsument der Streamingangebote bei den ephemeren Vervielfältigungen i. S. d. § 16 UrhG auf eine Privilegierung aus § 44a UrhG berufen kann. Die Darstellung hat dabei insbesondere die Differenzierung bzgl. der unterschiedlichen Abruf- und Konfigurationsmöglichkeiten zu achten[467] und zudem die Kontroverse bzgl. der Auslegung der Voraussetzungen der Norm angemessen zu berücksichtigen. Abschließend ist der Drei-Stufen-Test zu prüfen.

Eine Privilegierung aus § 44a Nr. 1 UrhG ist grundsätzlich auszuschließen, da diese Regelung lediglich auf den Vermittler, nicht aber auf den Empfänger des Vervielfältigungsstücks abzielt.[468] Daneben kommt dann allerdings immer noch eine Rechtfertigung durch die Bestimmung des § 44a Nr. 2 UrhG in Betracht.

aa. Vorübergehende Vervielfältigung

Die Vervielfältigungen aufseiten des Konsumenten müssten gem. § 44a Nr. 2 UrhG vorübergehend, d. h. flüchtig oder begleitend, sein. Innerhalb der vorliegenden Betrachtung ist zwischen Vervielfältigungen auf der Computerfestplatte und dem Arbeitsspeicher zu differenzieren. Die stromabhängigen Speicherungen im RAM werden ständig neu beschrieben und damit stets im Rahmen der Speichervorgänge des Computers gelöscht.[469] Die Abhängigkeit von der Stromversorgung des Computers führt bereits dazu, dass die Speiche-

---

466 Zumal ohnehin im Lichte des Fernmeldegeheimnisses aus Art. 10 Abs. 1 GG die Vereinbarkeit eines solchen Zugriffs fraglich wäre, vgl. Schnabel, MMR 2008, 281 (283 ff.).

467 Vgl. S. 15 f. mit einer differenzierten Darstellung der möglichen Abrufmöglichkeiten im Rahmen der Streamingfilmportale bzw. Streamingplattformen.

468 Koch, GRUR 2010, 574 (575); Bernhöft, Die urheberrechtliche Zulässigkeit der digitalen Aufzeichnung einer Sendung, 2009, S. 213; Radmann, ZUM 2010, 387 (391); Czernik, in: Wandtke (Hrsg.), Medienrecht, 2. Aufl. (2011), Kapitel 2 Rdnr. 266.

469 Mitsdörffer/Gutfleisch, MMR 2009, 731 (733); v. Welser, in: Wandtke/Bullinger, UrhG, 3. Aufl. (2009), § 44a Rdnr. 2; Busch, GRUR 2011, 496 (501).

rung als flüchtig i. S. d. § 44a Nr. 2 UrhG zu verstehen ist. Ferner ist die Dauer der Speicherung auch von der Limitierung des Arbeitsspeichers abhängig, sodass infolge des – aus Kapazitätsgründen – erfolgenden regelmäßigen Überschreibens insgesamt von einer flüchtigen bzw. vorübergehenden Vervielfältigung im Hinblick auf den Arbeitsspeicher auszugehen ist.

Der Speicherplatz der Computerfestplatte ist großzügiger bemessen, sodass hier nicht stets ein erneutes Überschreiben der Daten erfolgen muss. Daneben kann der Nutzer über die verwendete Technologie unmittelbar Einfluss auf die – im Regelfall stattfindende – automatische Löschung der Speicherungen nehmen.[470] Sowohl bei der Nutzung des Adobe Flash Plugins als auch bei der Verwendung des DivX Web Players erfolgt eine Speicherung im Rahmen eines Caches – beim DivX Web Player in einem separaten Cache, bei Flash im Rahmen des Festplattencaches des Internetbrowsers. Der Ort der Speicherung ist für die Voraussetzung der vorübergehenden Vervielfältigung aber irrelevant. Entscheidend ist, dass diese lediglich flüchtig und begleitend ist. Bei beiden Technologien endet die Speicherung in der Regel, sobald das Programm geschlossen wird. Soweit ein erneutes Betrachten des Streams erwünscht ist, muss ein neuer Übertragungsvorgang gestartet werden. Dabei ist kein Rückgriff auf die vorherigen ephemeren Vervielfältigungen möglich. Für beide Technologien gilt, dass die Speicherungen automatisch im Rahmen des technischen Verfahrens des Streamings vonstattengehen. Für eine flüchtige Vervielfältigung ist es nach der vorbenannten Definition gerade symptomatisch, dass diese im Zuge eines aufgrund einer bestimmten Technologie erfolgenden Ablaufs erzeugt werden.[471]

Gleichwohl dürfen diese Vervielfältigungen nur von einer bestimmten Dauer sein. Dies ist beispielsweise anzunehmen, wenn die Speicherungen nach dem Herunterfahren des Computers nicht mehr vorhanden sind. Da bei den skizzierten Technologien – im Rahmen der Standardkonfiguration – eine automatische Löschung bei Beendigung des Internetprogramms oder dem Herunterfahren des Computers erfolgt,[472] sind die dort auftretenden Vervielfältigungen mithin auch nur von einer bestimmten Dauer im Cache vorhanden. Bei den Speicherungen im Rahmen des DivX Web Players und des Adobe Flash Plugins ist demnach das Merkmal der bloß vorübergehenden Vervielfältigung erfüllt.[473]

---

470 Vgl. S. 15 ff.

471 v. Welser, in: Wandtke/Bullinger, UrhG, 3. Aufl. (2009), § 44a Rdnr. 2; Loewenheim, in: Schricker/Loewenheim, UrhG, 4. Aufl. (2010), § 44a Rdnr. 5; Busch, GRUR 2011, 496 (501).

472 Metzner, Die Auswirkungen der Urheberrechtsnovelle 2003 auf Online-Übermittlung und -zugriff im Urheberrecht, 2010, S. 145.

473 Fangerow/Schulz, GRUR 2010, 677 (680).

Dem Nutzer steht indessen die Möglichkeit offen, über den Internetbrowser einen Rückgriff auf die Konfiguration des Caches zu nehmen, sodass bei der Verwendung des Adobe Flash Plugins das automatische Löschen des Caches deaktiviert werden kann. Dessen ungeachtet haben die technischen Ausführungen in der Einleitung dieser Untersuchung offenbart, dass ein Zugriff auf die vorübergehenden Speicherungen über das Auslesen des Cache-Verzeichnisses des Internetbrowsers möglich ist. Unter Zugrundelegung der Dateigröße kann die Datei des Streamings ausfindig gemacht und an einen beliebigen Ort der Festplatte dauerhaft kopiert werden.[474] Die Vervielfältigungen erfolgen in beiden Szenarien zu dem Zweck, dauerhaft verfügbar zu sein, und sind dann in keinem Fall mehr als vorübergehend i. S. d. § 44a Nr. 2 UrhG zu verstehen.[475] Es liegt eine auf Dauer angelegte körperliche Fixierung vor, und eine Privilegierung ist evident zu versagen.

Im Hinblick auf die im Regelfall vorliegenden vorübergehenden Vervielfältigungen im Rahmen des Caches wird in der Literatur diskutiert, ob eine vorübergehende Vervielfältigung nicht deshalb entfallen soll, da dem Nutzer über den Cache der jeweiligen Technologie eine konkrete Kontrolle zuzusprechen ist, die es ihm hypothetisch ermöglicht, das automatische Löschen vollständig zu deaktivieren. Dies würde dem Nutzer die Möglichkeit eröffnen, zeitlich unbegrenzt auf die abgelegten Dateien zuzugreifen. Ob ein tatsächlicher Rückgriff vorläge, bei dem nach den vorbenannten Ausführungen die Privilegierung ohnehin evident zu versagen wäre, sei nicht entscheidend.[476]

In Bezug auf das Merkmal der vorübergehenden Vervielfältigung ist gleichwohl zu bedenken, dass eine begleitende Vervielfältigung lediglich die automatisch erfolgende Löschung und die im Rahmen des technischen Vorgangs stattfindende Speicherung voraussetzt. Das Merkmal der vorübergehenden Speicherung ist unabhängig von einer hypothetischen, während des technischen Vorgangs bestehenden Zugriffsmöglichkeit erfüllt. Daneben muss innerhalb der Norm des § 44a UrhG trennscharf zwischen den jeweiligen Voraussetzungen differenziert werden. Bei der Frage, inwieweit die Vervielfältigung vorübergehend erfolgt, ist es nach den skizzierten Voraussetzungen schlichtweg irrelevant, inwieweit hier eine Umgehung bzw. ein dauerhafter Rückgriff auf die begleitenden Vervielfältigungen erfolgen könnte. Soweit sich aus einem Rückgriff auf den Cache zusätzliche Nutzungsmöglichkeiten ergeben, erscheint diese Frage vornehmlich im Rahmen der eigenen wirtschaftlichen Bedeutung relevant zu

---

474 Vgl. S. 15 ff.

475 Dreyer, in: Dreyer/Kotthoff/Meckel, UrhG, 2. Aufl. (2009), § 44a Rdnr. 5 ff.; Bernhöft, Die urheberrechtliche Zulässigkeit der digitalen Aufzeichnung einer Sendung, 2009, S. 216.

476 Radmann, ZUM 2010, 387 (390).

werden.[477] Der Nutzer wird sich zudem im Regelfall nicht bewusst sein, welche Dateien aktuell überhaupt in dem Cache seines Internetbrowsers gespeichert sind. Dann von einer Verfügungsgewalt des Nutzers über diese Dateien zu sprechen, kann dem Merkmal der begleitend erfolgenden Speicherungen nicht mehr gerecht werden.

Dieses Argument muss auch für den Fall greifen, wenn der Nutzer bei der Verwendung des Adobe Flash Plugins seinen Internetbrowser nie beendet und damit stetig auf das zwischengespeicherte Filmwerk zurückgreifen kann.[478] Muss der dauerhaften Erhaltung des Browserfensters zunächst bereits jegliche Praktikabilität abgesprochen werden, erfolgt die Speicherung auch in diesem Fall begleitend im Hinblick auf die ablaufenden technischen Vorgänge. Auch wird in diesem Fall nach Erreichung der maximalen Speicherkapazität des Caches die bereits vorhandene Vervielfältigung überschrieben und damit gelöscht. Es ist weiterhin von einer begleitenden – und damit vorübergehenden – Vervielfältigung auszugehen.

Abschließend ist bei der Verwendung der skizzierten Technologien im Regelfall von einer vorübergehenden Vervielfältigung i. S. d. 44a Nr. 2 UrhG auszugehen.

bb. Integraler und wesentlicher Bestandteil des technischen Verfahrens

Diese vorübergehenden Vervielfältigungen müssten zudem als integraler und wesentlicher Bestandteil des technischen Verfahrens des Streamings zu erachten sein. Die Speicherungen erfolgen beim Streaming im Hinblick auf die möglichst unterbrechungsfreie Wiedergabe. Ein darüber hinaus gehender Zweck ist den Vervielfältigungen nicht immanent, sodass sich diese im gegebenen Fall unter die Voraussetzung subsumieren lassen müssen.[479]

cc. Keine eigene wirtschaftliche Bedeutung

Zusätzlich darf den Vervielfältigungen keine eigene wirtschaftliche Bedeutung zukommen. Dieser Voraussetzung ist der Grundgedanke immanent, dass nur solche Vervielfältigungen zu privilegieren und von den ausschließlichen Ver-

---

477 Vgl. S. 111.

478 Radmann, ZUM 2010, 387 (390). Daneben erscheint das erneute Starten des Streams praktikabler und naheliegender. Der spezifische Rückgriff auf die Konfiguration des Browsers oder die zwischengespeicherten Inhalte im Cache mag dem technisch versierten Nutzer freistehen. Ob der Nutzer diesen technischen Umweg aber wirklich wählt, wenn andere Bezugsquelle wie Filesharing oder One-Click-Hoster vorhanden sind, über die ein direkter, einfacher und ggf. qualitativ hochwertigerer Bezug der Videodatei möglich ist, erscheint fraglich.

479 Fangerow/Schulz, GRUR 2010, 677 (680); Radmann, ZUM 2010, 387 (390); Hullen, ITRB 2008, 230 (232); Mitsdörffer/Gutfleisch, MMR 2009, 731 (733).

wertungsrechten des Urhebers auszunehmen sind, die keine übermäßige Beeinträchtigung der Partizipations- und Kontrollinteressen mit sich bringen. Eine übermäßige Beeinträchtigung in diesem Sinne ist anzunehmen, wenn dem Nutzer durch die ephemere Vervielfältigung eine neue und eigenständige Nutzungsmöglichkeit eröffnet wird.[480]

(1) Funktionalität

Ansatzpunkt für die Annahme einer eigenen wirtschaftlichen Bedeutung könnte die Tatsache sein, dass der Film während des Betrachtens durch die Speicherung beliebig vor- und zurückgespult sowie neu gestartet werden kann.[481] Der Erwägungsgrund 33 der HRL benennt als ausdrücklich zu privilegierende Handlungen allerdings das Browsing. Soweit hiermit das Betrachten der Inhalte von Internetseiten unter Verwendung eines bestimmten Internetprogramms verstanden wird, ist eine der Funktionen dieser Programme, dass in die Benutzeroberfläche Vor- und Zurück-Buttons implementiert sind. Mittels dieser Funktionen kann der Nutzer sodann zu Seiten wechseln, die er bereits im Verlauf der Verwendung des Programms betrachtet hat. Wenn eine ephemere Vervielfältigung dieser Seiten im Rahmen des Browsercaches erfolgt, wird bei diesem Wechsel auf dort gespeicherte Inhalte zur schnelleren Betrachtung zurückgegriffen. Auch wenn das Browsing nach dem Erwägungsgrund 33 lediglich dann zu privilegieren ist, wenn die übrigen Voraussetzungen des Art. 5 Abs. 1 HRL vorliegen, wohnt diesem jedoch der grundsätzliche Gedanke der Privilegierung des Werkgenusses im digitalen Umfeld inne.

Soweit § 44a Nr. 2 UrhG die Rolle zukommen muss, den Werkgenuss im digitalen Umfeld entsprechend zu schützen, kann sich eine solche Privilegierung nicht bereits aus dem Grund verbieten, dass die jeweiligen Technologien bestimmte Bedienungserleichterungen mit sich bringen. Das muss für das Browsing und gleichfalls für das Streaming gelten. Insgesamt würde dies die Schwelle für das Vorliegen einer eigenen wirtschaftlichen Bedeutung, gerade im Kontext zum digitalen Umfeld, unverhältnismäßig absenken. Dieser Aspekt kann daher keine eigene wirtschaftliche Bedeutung begründen.

480 Dreier, in: Dreier/Schulze, UrhG, 3. Aufl. (2008), § 44a Rdnr. 9; v. Welser, in: Wandtke/Bullinger, UrhG, 3. Aufl. (2009), § 44a Rdnr. 21; Mitsdörffer/Gutfleisch, MMR 2009, 731 (733).

481 Radmann, ZUM 2010, 387 (390). Unabhängig von der juristischen Argumentation muss bedacht werden, dass der Autor der vorbenannten Ansicht diese als Justiziar der Constantin Film vertritt – ein börsennotiertes Unternehmen, welches als Filmproduktionsgesellschaft und Filmverleiher in Deutschland auftritt. Ob der Autor eine Ansicht hätte vertreten wollen, die mit den Interessen seines Arbeitsgebers nicht übereinstimmt, mag an dieser Stelle dahinstehen.

(2) Qualität

Weiterer Anknüpfungspunkt im Rahmen der Voraussetzung der eigenen wirtschaftlichen Bedeutung könnte zudem die Qualität der Streamingangebote sein. In der (angeblich) minderwertigen Qualität soll ein Ansatz dafür gesehen werden, den Speicherungen im Rahmen der Verwendung der Streamingfilmportale generell keine eigene wirtschaftliche Bedeutung zuzusprechen.[482]

Nach richtigem Verständnis ist innerhalb der Voraussetzung aber lediglich zu untersuchen, inwieweit Nutzungseffekte erzeugt werden, die über die gesetzlich erlaubte Nutzung hinausgehen. Diese Effekte müssen sich innerhalb der kurzfristigen Speicherung ergeben.[483] Als gesetzlich erlaubte Nutzung ist vorliegend beim Konsumenten der Werkgenuss einzuordnen. In diesem Kontext stellt sich die Frage der Qualität schlichtweg nicht und mag daher auf die Klassifizierung keinen Einfluss haben. Daneben ist die Annahme, dass sich innerhalb der Streamingfilmportale lediglich Filmangebote in minderwertiger Qualität finden lassen, nicht korrekt. In der Einleitung zu dieser Untersuchung wurden umfassend die möglichen Qualitätsstufen in der Bild- und Tondarstellung veranschaulicht.[484] Abhängig von der Verwertungsstufe des Filmwerkes, sind im Rahmen dieser Plattformen sehr unterschiedliche Qualitätsstufen der konkreten Angebote aufzufinden. Auch bei aktuellen Filmwerken ist oftmals eine R5-Bildquelle mit einem MD- oder bereits LD-Ton verfügbar.[485] Zwar mag immer noch eine gewisse Komprimierung innerhalb der Streamingplattformen eingreifen und sich generell zu physischen Medien wie DVD oder Blu-ray ein gewisser Qualitätsunterschied ergeben, insgesamt kann aber nicht von einer minderwertigen Qualität ausgegangen werden.

(3) Unentgeltlichkeit

Abschließend könnte sich die wirtschaftliche Bedeutung vorliegend allerdings daraus ergeben, dass die Verwendung der Streamingplattformen kostenlos ist

---

482 Fangerow/Schulz, GRUR 2010, 677 (681).

483 Loewenheim, in: Schricker/Loewenheim, UrhG, 4. Aufl. (2010), § 44a Rdnr. 10; Spindler, GRUR 2002, 105 (111); Dreier, in: Dreier/Schulze, UrhG, 3. Aufl. (2008), § 44a Rdnr. 9; v. Welser, in: Wandtke/Bullinger, UrhG, 3. Aufl. (2009), § 44a Rdnr. 21.

484 Vgl. S. 18 ff.

485 Beispielsweise startete der Film „Wall Street 2: Geld schläft nie“ in Deutschland am 21. Oktober. Bereits am Montag nach dem Kinostart war in den einschlägigen Kanälen, d. h. insbes. über die Streamingfilmportale und die One-Click-Hoster, ein R5-Release mit einer MD-Tonquelle verfügbar. Soweit der Nutzer sich mit einer englischen Version des Filmwerkes abfinden konnte, war der Ton sogar in DVD-Qualität verfügbar. Hier von einer minderwertigen Qualität zu sprechen, erscheint dem gegebenen Beispiel nicht gerecht zu werden.

und der Urheber daraus keine Vergütung erzielt. Aus der Technologie des Streamings folgt daneben, dass dem Nutzer die Möglichkeit offensteht, das Werk online beliebig oft aufzurufen. Eine dauerhafte Vervielfältigung ist gar nicht mehr erforderlich, sodass die Frage aufzuwerfen ist, inwieweit daher eine wirtschaftliche Bedeutung anzunehmen ist, weil derart die Wahrscheinlichkeit sinkt, dass der Nutzer das Werk entgeltlich erwirbt.

Nach dem *EuGH* ist anzunehmen, dass „die wirtschaftliche Bedeutung in dem Sinne eigenständig sein [muss], dass sie über den wirtschaftlichen Vorteil, der durch den bloßen Empfang einer Sendung mit geschützten Werken entsteht, d. h. über den Vorteil, der sich aus der bloßen Erfassung der Sendung und ihrer visuellen Darstellung ergibt, hinausgeht."[486] Die wirtschaftliche Bedeutung ist damit vorliegend aber nicht aus dem Grund gegeben, dass der Nutzer ein Entgelt spart oder das Werk beliebig oft abrufen kann. Die Unentgeltlichkeit des Konsums führt nicht dazu, dass dem Nutzer ein Vorteil aus der Speicherung entspringt, der nicht bereits vom Merkmal der „rechtmäßigen Nutzungen" i. S. d. § 44a Nr. 2 UrhG, d. h. aufseiten des Konsumenten der Werkgenuss, erfasst werden würde und über diese Nutzung hinausgeht. Ebenso ist es dem Begriff des Werkgenusses immanent, dass das Werk auch beliebig oft abgerufen werden kann. Inwieweit der Nutzer durch den Werkgenuss über die vorübergehenden Vervielfältigungen von einem späteren Kauf absieht, ist nicht relevant, wenn es allein darauf ankommt, ob der Nutzer aus der Speicherung einen Vorteil generiert, der über den des Werkgenusses hinausgeht.

(4) Fazit

Den vorübergehenden Speicherungen kommt demnach aufseiten des Konsumenten keine eigene wirtschaftliche Bedeutung zu.

Soweit nach einer Auffassung die technischen Lösungen zum Betrachten der Streams durch den Rückgriff auf ihre individuelle Konfiguration dem Nutzer die Möglichkeit eröffnen, eine dauerhafte Speicherung vorzunehmen,[487] geht diese Ansicht von unterschiedlichen Annahmen im Sachverhalt aus. In diesem Fall ist bereits von einer dauerhaften Speicherung auszugehen, die über solche Vervielfältigungen hinausgeht, die innerhalb des § 44a Nr. 2 UrhG zu privilegieren wären. Zudem besteht dann – nach den Grundsätzen des *EuGH*[488] – aus der Speicherung ein Vorteil, der nicht über den Werkgenuss zu erfassen ist. In diesem

486 EuGH, GRUR Int 2011, 1063 (1074); Stieper, MMR 2012, 12 (16).

487 Radmann, ZUM 2010, 387 (390). So z. B. beim Mozilla Firefox mittels des Plugins „Firefox Cache Viewer", vgl. https://addons.mozilla.org/de/firefox/addon/2489/; zusätzlich aber ebenso über direkten Rückgriff auf den Ordner des Caches, vgl. S. 15 f.

488 EuGH, GRUR Int 2011, 1063 (1074).

Fall ist eine eigene wirtschaftliche Bedeutung der Speicherung evident anzunehmen.

dd. Rechtmäßige Nutzung

Neben der eigenen wirtschaftlichen Bedeutung ist ebenso die Rechtmäßigkeit der Nutzung zu analysieren. Nach den vorbenannten Ausführungen kann die Rechtmäßigkeit der Nutzung i. S. d. § 44a Nr. 2 UrhG zunächst durch eine Zustimmung der Urheber gegeben sein.[489] Bei den vorliegend relevanten Streamingplattformen ist davon auszugehen, dass die Filmwerke nicht vonseiten der Urheber verfügbar gemacht worden sind.[490] Ein Einverständnis der Urheber liegt nicht vor. Infolgedessen ist eine Privilegierung durch § 44a Nr. 2 UrhG durch eine Zustimmung des Urhebers per se ausgeschlossen.[491] Daneben könnte noch die Erfassung einer anderen Schrankenbestimmung greifen. Soweit hier eine solche in § 53 Abs. 1 UrhG gesehen wird, soll die Prüfung an dieser Stelle dahinstehen und auf den folgenden Teil verwiesen werden,[492] da aus systematischen Gründen hier zunächst die Frage stehen soll, ob das Streaming über § 44a Nr. 2 UrhG zu privilegieren ist. Wie eingehend festgestellt, ist als Nutzung ebenso der Werkgenuss zu verstehen. Der Konsument ermöglicht aber durch die Wiedergabe des Streams, d. h. die Anzeige auf dem Bildschirm und die Hörbarmachung über die Soundkarte des Computers, aber genau einen solchen rezeptiven Werkgenuss. Signifikant für diesen Vorgang ist nämlich, dass bei der Darstellung auf dem Monitor selbst keine reproduktionsfähige, körperliche Festlegung des Werkes erfolgt.[493] Nach überzeugender Ansicht wäre bei Erfassung des Werkgenusses als Nutzung dann vorliegend eine Nutzung i. S. d. § 44a Nr. 2 UrhG gegeben. Da sich beim Werkgenuss die Frage der Rechtmäßigkeit nicht ergibt, ist beim Konsum der Streamingangebote eine Privilegierung im Sinne des § 44a Nr. 2 UrhG gegeben.

---

489 Vgl. S. 73 f.

490 Anderes mag beispielsweise für die Online-Mediatheken der Fernsehsender oder Anbieter wie iTunes gelten. Es ist aber im Hinblick auf die vorliegend konkret relevanten Streamingfilmportale bzw. Streamingplattformen evident davon auszugehen, dass hier vonseiten der Urheber keine eigenen Inhalte eingestellt werden.

491 Hullen, ITRB 2008, 230 (232); Fangerow/Schulz, GRUR 2010, 677 (681).

492 Vgl. S. 139 ff.

493 Dustmann, in: Fromm/Nordemann, UrhG, 10. Aufl. (2008), § 16 Rdnr. 14; Schulze, in: Dreier/Schulze, UrhG, 3. Aufl. (2008), § 16 Rdnr. 13; Metzner, Die Auswirkungen der Urheberrechtsnovelle 2003 auf Online-Übermittlung und -zugriff im Urheberrecht, 2010, S. 58; Fangerow/Schulz, GRUR 2010, 677 (678).

ee. Strafrechtliche Bewertung der Zwischenspeicherungen bei Verwendung eines Internetbrowsers im Kontext zur Kinderpornografie

Die vorliegende Betrachtung hat bereits aufgezeigt, dass die urheberrechtliche Bewertung der relevanten Vorgänge in concreto nicht anhand einer einschlägigen Rechtsprechung erfolgen konnte. Die Erfassung des Werkgenusses im Rahmen des § 44a UrhG und die spezifischen Vorgänge bei ephemeren Vervielfältigungen haben demzufolge die zivilrechtliche Rechtsprechung noch nicht beschäftigt. Wird der Fokus erweitert, offenbart sich, dass zumindest aus strafrechtlicher Sicht eine Bewertung der Zwischenspeicherungen im Arbeitsspeicher und Festplattencache bei Verwendung eines Internetbrowsers durch das *OLG Hamburg* erfolgte.[494]

Im Kontext zur vorliegenden Untersuchung wird nunmehr vertreten, dass dieses Urteil des *OLG Hamburg* „ein deutliches Signal […] für eine urheberrechtliche Einordnung" sei.[495] Es stellt sich die Frage, inwieweit eine Ausstrahlungswirkung auf das Zivilrecht im Allgemeinen bzw. das Urheberrecht im Speziellen anzunehmen ist. Generell hat das strafrechtliche Urteil keine bindende Wirkung für den Zivilrichter,[496] sodass hier allenfalls den gezogenen Grundsätzen eine gewisse Ausstrahlungswirkung auf eine etwaige urheberrechtliche Betrachtung der Streamingplattformen aufseiten des Konsumenten unterstellt werden dürfte.[497] Ausgangspunkt für die spezifische strafrechtliche Bewertung ist der Tatbestand des § 184b Abs. 4 StGB. Danach wird derjenige, der sich den Besitz von kinderpornografischen Schriften verschafft, die ein tatsächliches oder wirklichkeitsnahes Geschehen wiedergeben, mit einer Freiheitsstrafe belegt. Innerhalb der konkreten rechtlichen Bewertung ist damit also zu untersuchen, inwieweit ein Verschaffen des Besitzes gegeben ist.[498] Im Kern der rechtlichen Bewertung des *OLG Hamburg* steht demnach die Frage, inwieweit durch das bewusste und gewollte Aufrufen sowie durch die damit einhergehende Speicherung von Dateien in den Arbeitsspeicher des Computers eine Besitzverschaffung anzunehmen ist.[499]

Im Rahmen der urheberrechtlichen Bewertung sind insbesondere zwei Voraussetzungen bei der etwaigen Privilegierung zu untersuchen: Erstens muss eine vorübergehende Speicherung vorliegen, und zweitens darf dieser keine eigene

494 OLG Hamburg, MMR 2010, 342 (342 ff.).

495 Radmann, ZUM 2010, 387 (392).

496 BGH, ZEV 2005, 307; Gruber, in: MünchKomm-ZPO, 3. Aufl. (2008), § 14 EGZPO Rdnr. 4.

497 Radmann, ZUM 2010, 387 (392).

498 Kühl, in: Kühl, StGB, 26. Aufl. (2007), § 184b Rdnr. 8; Hörnle, in: MünchKomm-StGB, 2005, § 184b Rdnr. 25.

499 OLG Hamburg, MMR 2010, 342 (342 ff.).

wirtschaftliche Bedeutung zukommen. Im Mittelpunkt der strafrechtlichen Bewertung steht hingegen vor allem, inwieweit der Nutzer eine Herrschaftsgewalt über die zwischengespeicherten Daten erlangt. Für die urheberrechtliche Betrachtung ist dabei irrelevant, ob die Speicherung in einem Festplattencache oder dem Arbeitsspeicher erfolgt. Soweit bei beiden eine spezifische Flüchtigkeit gegeben ist und der Nutzer nicht gesondert auf diese zugreift, um eine eigene wirtschaftliche Bedeutung zu erzeugen, ist in der Schrankenbestimmung allein noch die Frage der rechtmäßigen Nutzung zu untersuchen. Eine Besitzverschaffung im strafrechtlichen Sinne ist dafür unerheblich.

Im Ergebnis kann daher bereits aufgrund der Tatsache, dass die Wirkung des strafrechtlichen Urteils für den Zivilrichter obsolet ist, hier keinerlei Einfluss auf die urheberrechtliche Bewertung festgestellt werden. Nach den vorbenannten Ausführungen bietet sich nicht einmal eine gewisse Ausstrahlungswirkung der jeweiligen Argumentation an. Keinesfalls kann also der Entscheidung gar eine Signalwirkung für das Urheberrecht entnommen werden.[500] Entscheidend im Rahmen der vorliegenden Betrachtung kann folglich nach wie vor lediglich eine exakte inhaltliche Bestimmung der Schranke des § 44a Nr. 2 UrhG bzw. Art. 5 Abs. 1 HRL sein.

ff. Drei-Stufen-Test

Der Prüfung der Voraussetzungen des § 44a Nr. 2 UrhG hat sich daher sodann in den Fällen des Drei-Stufen-Tests anzuschließen,[501] in denen nicht bereits die Privilegierung aufgrund des Regelungsgehalts der Schrankenbestimmung selbst versagt worden ist. Dem Drei-Stufen-Test könnte hier dann spezifisch die Rolle zukommen, das erzielte Auslegungsergebnis des § 44a Nr. 2 UrhG zu begrenzen und die auf der HRL beruhenden Normen vor sich ändernden technischen Umständen zu bewahren, die im Einzelfall zu einer Privilegierung führen, die über den vom Gesetzgeber bezweckten Schutz hinausgehen würden.[502]

(1) Keine Beeinträchtigung der normalen Verwertung

Zunächst ist zu untersuchen, inwieweit die wirtschaftliche Auswertung des Werkes durch den Urheber betroffen ist. Ausgangspunkt ist, ob die Nutzung der Streamingfilmportale durch den Konsumenten zu einer herkömmlichen aner-

500 So aber: Radmann, ZUM 2010, 387 (392).

501 Vgl. S. 101 ff.

502 Zur grundsätzlichen Funktion des Drei-Stufen-Tests sei daher noch auf die weiteren Ausführungen im einleitenden Teil der Schrankenbestimmung des § 44a UrhG verwiesen, vgl. S. 101 ff.

kannten Nutzung des Werkes in eine unmittelbare Konkurrenz tritt.[503] In Abgrenzung zur Voraussetzung der eigenen wirtschaftlichen Bedeutung im Rahmen des § 44a Nr. 2 UrhG, die lediglich darauf abstellt, inwieweit ein Nutzungseffekt durch die ephemeren Vervielfältigungen eintritt, der über den Werkgenuss hinausgeht,[504] ist innerhalb des Drei-Stufen-Tests erforderlich, dass die Nutzung aufseiten des Konsumenten in Konkurrenz zur regulären Auswertung des Werkes tritt. Damit ist nach überzeugender Ansicht eine Beeinträchtigung des ökonomischen Kerns erforderlich, die vorliegt, wenn die im Fokus stehende Nutzung zu einer herkömmlichen und anerkannten Nutzung des Werkes in eine unmittelbare Konkurrenz tritt. Danach ist eine Beeinträchtigung der normalen Auswertung erst dann anzunehmen, wenn dem Rechteinhaber eine Einnahmequelle genommen wird, die innerhalb der Gesamtverwertung eines Werkes ein erhebliches Gewicht besitzt.[505]

Konkret wäre eine Beeinträchtigung der normalen Verwertung dann anzunehmen, wenn die Verwendung der Streamingfilmportale zu einer anerkannten Nutzung des Werkes in unmittelbare Konkurrenz treten und der daraus ergebenen Nutzung erhebliches Gewicht zukommen würde. Grundsätzlich ist in der Verwendung der Streamingfilmportale z. B. ein Substitut zum Konsum des Films im Kino, auf DVD, im Fernsehen/Pay-TV oder über Online-Videotheken zu sehen. Damit könnte eine Privilegierung des (digitalen) Werkgenusses, die unabhängig von einer Zustimmung des Urhebers gegeben wäre, dazu führen, dass sich die Urheber einer Konkurrenz ausgesetzt sehen könnten, die ihre Verwertung über die regulären Vertriebskanäle erheblich beschränkt.

Allerdings wird im Kontext zum Streaming nun darauf hingewiesen, dass deswegen keine Beeinträchtigung der normalen Verwertung festgestellt werden könne, da sich die Qualität der Filmwerke in den Streamingfilmportalen von der Qualität unterscheidet, die über Originalaufnahmen, sei es im Kino, auf DVD oder in Online-Videotheken,[506] zu beziehen ist.[507] Es wurde indessen festgehalten, in welchen Qualitätsstufen und in welcher Geschwindigkeit Filmwerke über

---

503 Senftleben, CR 2003, 914 (916 ff.); Bornkamm, in: Ahrens/Erdmann (Hrsg.), Festschrift für Willi Erdmann, 2002, S. 29 (46).

504 Loewenheim, in: Schricker/Loewenheim, UrhG, 4. Aufl. (2010), § 44a Rdnr. 10.

505 Bornkamm, in: Ahrens/Erdmann (Hrsg.), Festschrift für Willi Erdmann, 2002, S. 29 (46); Poeppel, Die Neuordnung der urheberrechtlichen Schranken im digitalen Umfeld, 2005, S. 116 ff.; Meschede, Der Schutz digitaler Musik- und Filmwerke vor privater Vervielfältigung nach den zwei Gesetzen zur Regelung des Urheberrechts in der Informationsgesellschaft, 2007, S. 157; Senftleben, GRUR Int 2004, 200 (209).

506 Allenfalls bei den Online-Videotheken kann bei Verfügbarkeit einer stark komprimierten Qualität eine Vergleichbarkeit zu den Streamingfilmportalen angenommen werden.

507 Fangerow/Schulz, GRUR 2010, 677 (682).

die Streamingplattformen dem Konsumenten zur Verfügung stehen. Gleichwohl ein Teil, v. a. im Rahmen der TS-Releases, über eine minderwertige Bild- und/oder Tonqualität verfügt, ist eine große Anzahl, auch aktueller Kinofilme, in akzeptabler bis sehr guter Qualität über die Streamingfilmportale zu beziehen. Die Annahme, hier würde (noch) keine Konkurrenz zu den regulären Verwertungskanälen der Urheber geschaffen werden, geht fehl.

Diese Konkurrenz müsste den ökonomischen Kern der herkömmlichen Nutzung(en) betreffen. Beispielhaft wird anhand des Films „Zeiten ändern dich" angeführt, dass dieser laut der auf kino.to angezeigten Statistik innerhalb von drei Wochen nach dem Kinostart 8 Millionen Mal abgerufen worden sein soll. Dies soll als Erklärung dafür gelten, dass der Film nach einem erfolgreichen Start am ersten Wochenende sodann dramatisch weniger Besucherzahlen zu verzeichnen hatte.[508] Zu bedenken ist dabei zunächst, dass gerade in den ersten Wochen nach Start solche Filmwerke, die nicht international starten, oftmals lediglich als TS-Releases zur Verfügung stehen. Es erscheint fraglich, sodann auf Grundlage der dargestellten Statistik auf kino.to und der Tatsache, dass nur eine minderwertige Bildqualität verfügbar ist, davon auszugehen, dass diese Nutzerzahl durch den Konsum über Plattformen wie kino.to den Besuch des Kinos verhindern. Gleichwohl ist anzuerkennen, dass dadurch die spätere Verwertung im Rahmen des Verleihs oder des Verkaufs betroffen ist. Es muss bedacht werden, dass trotz des Komforts, den der heimische Filmkonsum ergibt, hier bei Filmwerken, die tatsächlich im Interesse des Konsumenten stehen, kein Substitut insofern gesehen werden kann, als der Genuss im Kino in optimaler Bildqualität sich merklich vom Konsum vor dem heimischen Computer unterscheidet.[509] Es kann daher also nicht davon ausgegangen werden, dass die Nutzung vor dem Computer unmittelbar mit dem Konsum im Kino in Konkurrenz steht. Davon ausgeschlossen bleiben sicher solche Nutzer, die das Werk ohnehin nicht im Kino angesehen hätten. Dem pauschalen Hinweis, dass durch die Streamingfilmportale die reguläre Verwertung praktisch unmöglich gemacht wird, da sich hier kein konkurrenzfähiges Modell für die Urheber ergeben würde,[510] kann zudem nicht die entscheidende Bedeutung innerhalb der Voraussetzung des Drei-Stufen-Tests zugesprochen werden, da diese Annahme ohne Begründung auskommt. Insbesondere eröffnet sich den Urhebern nach wie vor über das Kino und die reguläre Verwertung eine Chance der Konkurrenz. Auch wenn dann selbstverständlich jede Form der Nutzung Kosten erzeugt, während der Streamingkonsum kostenlos ermöglicht wird, bleibt es den Urhebern in allerletzter

508 Radmann, ZUM 2010, 387.

509 Fangerow/Schulz, GRUR 2010, 677 (682).

510 Radmann, ZUM 2010, 387 (392).

Konsequenz immer noch belassen, sich dem Wettbewerb nicht über den Preis, sondern vielmehr im Hinblick auf Aktualität, Qualität und Komfort der Angebote zu stellen.

Darüber hinaus muss berücksichtigt werden, dass die Freistellung des Werkgenusses eben nicht nur den Interessen der Konsumenten der Streamingfilmportale zugutekommt. Unmittelbar verbunden ist damit eine grundsätzliche Privilegierung aller Konsumenten, die sich im digitalen Bereich dem Werkgenuss hingegeben.[511] Der Schutz des digitalen Werkgenusses muss aber als eine Grundsatzentscheidung gesehen werden, die nach der derzeitigen Rechtslage, insbesondere im Kontext zur HRL, keine Differenzierung dahin gehend erlaubt, bestimmte Arten des Werkgenusses von einer Privilegierungswirkung auszuschließen. Schlussendlich ist damit zwar durch die Privilegierung des digitalen Werkgenusses im konkreten Kontext zu den Streamingfilmportalen eine gewisse Konkurrenz zur herkömmlichen Verwertung festzustellen. Auch ist damit ein gewisser Umsatzverlust der Filmindustrie zu verzeichnen. Gleichwohl kann nicht hinreichend belegt werden, dass dieser Nutzung ein solches Gewicht zugesprochen werden muss, wonach der ökonomische Kern derart betroffen ist, dass von erheblichen Umsatzeinbußen auszugehen ist.

Es liegt folglich derzeit keine übermäßige Beeinträchtigung der normalen Verwertung im Sinne des Drei-Stufen-Tests vor.

Innerhalb des Urheberrechts gilt der Grundsatz, dass den Werknutzer die Beweislast für das Vorliegen der Gegebenheiten trifft, aus denen eine Privilegierung der Vervielfältigungshandlungen folgt.[512] Demzufolge trifft den Nutzer die Beweislast dafür, dass die Voraussetzungen des § 44a Nr. 2 UrhG vorliegen. Der Drei-Stufen-Test ist nach den vorbenannten Ausführungen im Anschluss daran zu prüfen, daher also auch den rechtfertigenden Gründen aufseiten des Nutzers zuzuordnen. Im Hinblick auf die Beeinträchtigung der normalen Verwertung erscheint es gleichwohl sachgerecht, hier die Beweislast aufseiten des Urhebers zu verorten, da nur dieser solche Beweis erbringen kann, die seiner Sphäre zugeschrieben werden müssen. Allein dieser kann belegen, ob durch Nutzungshandlungen seine wirtschaftliche Auswertung des Werkes betroffen ist und ob dabei bereits der ökonomische Kern tangiert ist.

(2) Unzumutbare Beeinträchtigung der Interessen des Urhebers

Abschließend darf jedoch innerhalb des Drei-Stufen-Tests keine unzumutbare Beeinträchtigung der Interessen des Urhebers zu konstatieren sein. Anknüp-

511 Vgl. hierzu insbesondere die Ausführungen zum Schutz des digitalen Werkgenusses im Kontext zum Browsing, S. 90 f.

512 Flechsig, GRUR 1993, 532 (535); Lütje, in: Möhring/Nicolini, UrhG, 2. Aufl. (2000), § 97 Rdnr. 293.

fungspunkt für eine Beeinträchtigung ist dabei jedes ökonomische und ideelle Interesse des Urhebers. Eine Beeinträchtigung für sich genügt indes noch nicht, sondern dieser muss das Merkmal der Unzumutbarkeit zukommen.[513]

Es ist zunächst die grundlegende Frage zu klären, welche Interessen aufseiten des Urhebers auf ihre etwaige Verletzung hin zu prüfen sind. Der Urheber hat zunächst ein Interesse daran, seine Verwertungskaskade[514] selbstbestimmt zu gestalten und umfassend an der wirtschaftlichen Verwertung seines Werkes zu partizipieren. Dies ist zunächst als ökonomisches Interesse im vorgenannten Sinne einzuordnen. Damit einher gehen solche ideellen Interessen, welche die Darstellung des Werkes in angemessener Qualität und der grundsätzlichen Bestimmung, in welcher Form das Werk dem Konsumenten zur Verfügung gestellt wird, beinhalten. Eine Beeinträchtigung ist anzunehmen, wenn abstrakt der Eintritt eines Verlusts zu verzeichnen ist,[515] also bereits dann, wenn die vorbenannten ökonomischen und ideellen Interessen überhaupt tangiert sind. Jedenfalls ein spezifischer Teil der potenziellen Konsumenten der konkreten Filmwerke wird durch die Möglichkeit der Nutzung der Streamingfilmportale von der Partizipation an der skizzierten Verwertung durch die Urheber absehen. Damit wird das ökonomische Interesse, unabhängig von einer konkreten Bezifferung, eindeutig beeinträchtigt.[516] Gleiches muss bezüglich des ideellen Interesses gelten, da die konkreten Angebote gänzlich der Verfügungsgewalt der Urheber in Bezug auf die Verfügbarkeit und die Qualität entzogen sind.

Der vorbezeichnete Verlust ist im Wortsinn dann als unzumutbar einzuordnen, soweit er unverhältnismäßig ist. Wenn vonseiten der Nutzer ein Eingriff erfolgt, muss dieser in der Abwägung als angemessen erachtet werden.[517] Der Unzumutbarkeitsprüfung ist in diesem Zusammenhang die Funktion zuzuschreiben, die widerstreitenden Interessen konkret zu einem schonenden Ausgleich zu bringen, womit der Drei-Stufen-Test an dieser Stelle seine Rolle dahin gehend ausspielen kann, einer Aussöhnung der gegensätzlichen Positionen zu dienen.[518] Innerhalb der spezifischen Unzumutbarkeit der Beeinträchtigung der Interessen ist dabei zunächst die Frage aufzuwerfen, welche Interessen für den Konsumen-

---

513 Vgl. S. 107 f.

514 Vgl. Fn. 69.

515 Senftleben, Copyright, Limitations and the Three-Step Test, 2004, S. 235.

516 Bornkamm, in: Ahrens/Erdmann (Hrsg.), Festschrift für Willi Erdmann, 2002, S. 29 (47); Senftleben, GRUR Int 2004, 200 (210); Radmann, ZUM 2010, 387 (392).

517 Senftleben, Copyright, Limitations and the Three-Step Test, 2004, S. 235.

518 Senftleben, GRUR Int 2004, 200 (200 f.); Senftleben, GRUR Int 2004, 200 (211); Fangerow/Schulz, GRUR 2010, 677 (681 f.); Bornkamm, in: Ahrens/Erdmann (Hrsg.), Festschrift für Willi Erdmann, 2002, S. 29 (47); Frotz, in: Dittrich (Hrsg.), Festschrift 50 Jahre Urheberrechtsgesetz, 1986, S. 119 (126 f.).

ten streiten sollen. Ausschlaggebend für die Bestimmung dieser Interessen ist jedoch, ob hier abstrakt der Werkgenuss und das skizzierte Interesse des Urhebers gegenübergestellt werden sollen[519] oder stattdessen eine konkrete Betrachtung mit Fokus auf die Nutzung der jeweiligen Streamingfilmportale vorzunehmen ist.[520]

Das Grundprinzip des Werkgenusses wurde in dieser Arbeit bereits umfassend erläutert.[521] Erfolgt eine Abwägung mit den vorbenannten Interessen des Urhebers, ist die grundsätzliche Entscheidung des Gesetzgebers bzgl. des Werkgenusses innerhalb des Drei-Stufen-Tests nicht infrage zu stellen. Dies auch insbesondere aufgrund der Tatsache, dass gerade mit der Möglichkeit der Werknutzung im Rahmen des Werkgenusses das Interesse der Allgemeinheit entsprechend berücksichtigt wird.[522] Auch für das digitale Umfeld ergibt sich die Annahme, dass eine Restriktion des Werkgenusses zwar durch den Einsatz von DRM-Systemen grundsätzlich dahin gehend denkbar wäre, den Konsum je Tag auf eine bestimmte Anzahl zu beschränken, aber dennoch davon auszugehen ist, dass die derzeit bekannten DRM-Systeme zu umgehen sind.[523]

Eine Freistellung des Werkgenusses ist folglich auch im Hinblick auf das Merkmal der unzumutbaren Beeinträchtigung der Interessen des Urhebers weiterhin angezeigt. Gleichwohl kann das Stufensystem der mittelbaren Erfassung des Endverbrauchers nicht dazu herangezogen werden kann,[524] um diese Annahme zu unterstreichen, wurde doch bereits innerhalb der Auslegung des § 44a Nr. 2 UrhG eingehend belegt, inwieweit dieses System bei der vorliegenden Art der Nutzung nicht greifen kann.[525] Dennoch dient dieses Stufensystem natürlich als Grundlage der Ausgangsüberlegung, dass der Werkgenuss selbst im Rahmen des Urheberrechts freizustellen ist. Soweit dieser Argumentation noch hinzugefügt wird, dass den ephemeren Vervielfältigungen der Streamingfilmportale solche gegenüberstehen, die beim Konsum einer gekauften DVD entstehen und sich hier schon per se die Annahme einer Verletzung berechtigter Interessen verbietet,[526] werden in der Sache ungleiche Sachverhalte herangezogen, um eine generelle Privilegierung zu konstatieren. Würde doch spezifisch bereits

519 Fangerow/Schulz, GRUR 2010, 677 (682).

520 Radmann, ZUM 2010, 387 (391).

521 Vgl. S. 75 ff.

522 Engels, Die verfassungsrechtlichen Grundlagen der Privatkopie, 2006, S. 72.

523 Pleister/Ruttig, MMR 2003, 763 (763 ff.); LG Frankfurt, ZUM 2006, 881. Daneben findet sich im Internet unter dem Suchgriff „DRM entfernen" eine Vielzahl an Tools und Anleitungen, mit denen der Schutz von DRM-Systemen aufgehoben werden kann.

524 Fangerow/Schulz, GRUR 2010, 677 (682).

525 Vgl. S. 86 ff.

526 Fangerow/Schulz, GRUR 2010, 677 (682).

die Schrankenregelung unabhängig von der Erfassung des Werkgenusses eingreifen, da sich hier eine Zustimmung des Urhebers zum Abspielen der DVD und der damit einhergehenden ephemeren Vervielfältigungen aufdrängen muss. Auch generell erscheint ein Vergleich zwischen einer gekauften DVD, bei welcher dem Urheber eine Vergütung zukommt, und solchen Streamingdiensten, die ohne die Zustimmung und Partizipation der Urheber erfolgen, innerhalb der Frage der Verletzung berechtigter Interessen der Urheber fehlzugehen.

Einziger Ansatzpunkt für eine abweichende Beurteilung scheint lediglich zu sein, inwieweit sich im Vergleich zum analogen Werkgenuss im digitalen Kontext eine intensivere Nutzung ergibt, die sich sodann in der konkreten Interessenabwägung zuungunsten des Konsumenten auswirken könnte. Hierzu ist ein Rückgriff auf eine Differenzierung denkbar, die im Kontext zu analogen und digitalen Pressespiegeln angewendet wurde. Dabei wurde festgestellt, dass die elektronischen Pressespiegel, je nach Art der verwendeten Dateiformate, eine systematische Suche sowie eine kumulative Speicherung ermöglichen, sich deutlich leichter verbreiten lassen und dass die jeweiligen Inhalte einfacher zu manipulieren seien. Der Digitalisierung komme hier daher die Rolle zu, eine Nutzungsmöglichkeit, sowohl qualitativ als auch quantitativ, zu schaffen, die weit über eine solche hinausgeht, wie sie im analogen Umfeld vorzufinden sei.[527] Konkret auf die Abgrenzung zwischen digitalem und analogem Werkgenuss bezogen, muss allerdings festgestellt werden, dass der digitale Werkgenuss per se keine besondere Speicherung ermöglicht. Ein Rückgriff, der eine Manipulation oder Weitergabe des konkreten Angebotes gestattet, ist zunächst nicht anzunehmen. Allenfalls wenn sich der Nutzer – entgegen des Standardprozederes – Zugriff auf die ephemeren Vervielfältigungen verschafft, ist eine solche intensivere Nutzung – in Abgrenzung zum analogen Werkgenuss – möglich. In diesen Fällen wäre aber ohnehin die Freistellung durch § 44a Nr. 2 UrhG zu versagen. Allein in der Tatsache, dass der digitale Werkgenuss spezifische Erleichterungen bei der Bedienung ermöglicht – so z. B. bei der Steuerung eines Filmwerkes –, ist kein qualitativer Vorteil zum analogen Werkgenuss zu sehen. Denn es besteht stets die Möglichkeit, wenngleich auch langsamer und weniger suchgenau, ein Buch umzublättern oder ein Tonband vor- und zurückzuspielen. Soweit also die konkrete Bedienung des Mediums ausgeblendet wird, ist die Rezeption des Werkes im analogen und digitalen Kontext identisch. Die Definition des Werkgenusses stellt aber lediglich entscheidend darauf ab, dass eine rezeptive Aufnahme des Werkes erfolgt.[528] Insgesamt ist damit der digitale Werkgenuss nicht merklich vom analogen Werkgenuss zu unterscheiden. Eine intensi-

527 Katzenberger, GRUR Int 2004, 739 (739).

528 Vgl. S. 75 f.

vere Nutzung, die eine abweichende Abwägung bedeuten würde, ist nicht ersichtlich.

Daneben bietet sich aber als zu berücksichtigendes Interesse des Konsumenten die konkrete Nutzung der jeweiligen Plattformen an.[529] Wenn hierfür streiten soll, dass dem Konsumenten ein abstraktes Recht an der geistigen Auseinandersetzung mit kulturellen Gütern zusteht, welches sich dann in der Nutzung der Streamingfilmportale niederschlagen und die Abwägung zugunsten des Konsumenten entscheiden soll, muss darauf hingewiesen werden, dass dieses Informationsinteresse aus Art. 5 Abs. 1 GG zwar besteht, indes nie mit einem kostenlosen Zugang gleichzusetzen ist.[530]

Spezifisch haben sich der Gesetzgeber und der *BGH* mit der dritten Stufe des Drei-Stufen-Tests im Kontext zur Privatkopie auseinandergesetzt. Diese Erwägungen sollen vorliegend veranschaulicht und sodann auf Ansatzpunkte hin untersucht werden, die auf die vorliegende Abwägung übertragen werden könnten. 1965 stellte der Gesetzgeber im Kontext zur Normierung der Privatkopie fest, dass ein Verbot der privaten Vervielfältigungen aufgrund der faktischen Unmöglichkeit der Ahndung von Vorgängen im Bereich der Privatsphäre in der Praxis nicht durchgesetzt werden könne.[531] Denn eine wirksame Überprüfung wäre nur dann möglich, wenn sich die Kontrolleure der privaten Verwertungsgesellschaften mit Zugangsrechten zu den privaten Wohnungen ausgestattet sehen würden.[532] Tatsächlich könnten daher Übertretungen des Verbots nur durch Denunziation oder Zufall bekannt werden. Aus rechtspolitischen Gründen nahm der Gesetzgeber mithin davon Abstand, ein Verbot auszusprechen.[533] Um eine unzumutbare Beeinträchtigung der Interessen des Urhebers auszuschließen, wurde aber sodann den Urhebern eine Vergütung eingeräumt, um den ökonomischen Kern der Interessen der Urheber zu wahren.[534] Dazu heißt es konkret: „Es

529 Radmann, ZUM 2010, 387 (392).

530 BT-Drucks. 16/1828, S. 20; Wandtke, in: Wandtke/Bullinger, UrhG, 3. Aufl. (2009), Einleitung Rdnr. 44; Poeppel, Die Neuordnung der urheberrechtlichen Schranken im digitalen Umfeld, 2005, S. 147; Engels, Die verfassungsrechtlichen Grundlagen der Privatkopie, 2006, S. 156; Runge, GRUR Int 2007, 130 (134 f.); Stieper, Rechtfertigung, Rechtsnatur und Disponibilität der Schranken des Urheberrechts, 2009, S. 55.

531 Engels, Die verfassungsrechtlichen Grundlagen der Privatkopie, 2006, S. 23.

532 Zur spezifischen Prüfung der ggf. betroffenen Grundrechte aus Art. 13, 14, 5 Abs. 1 S. 1 GG: Engels, Die verfassungsrechtlichen Grundlagen der Privatkopie, 2006, S. 83 ff.

533 BT-Drucks. 4/27, S. 71; Engels, Die verfassungsrechtlichen Grundlagen der Privatkopie, 2006, S. 23 f.

534 Senftleben, Copyright, Limitations and the Three-Step Test, 2004, S. 237; Poeppel, Die Neuordnung der urheberrechtlichen Schranken im digitalen Umfeld, 2005, S. 119. Nach Erwägungsgrund 35 HRL ist hier jedoch lediglich ein „gerechter Ausgleich“ notwendig;

ist hier eine Grundsatzentscheidung durch den Gesetzgeber zu treffen: Entscheidet man sich für die uneingeschränkte Vervielfältigungsfreiheit in der Privatsphäre, so ist dieser Schritt später kaum rückgängig zu machen, da sich dann die Allgemeinheit an diesen Zustand gewöhnt hat. Führt man dagegen jetzt die Vergütungspflicht ein, so ist zu erwarten, daß sich allmählich auf breiterer Basis das Rechtsbewußtsein bildet, daß dem Urheber für die Nutzung seines Werkes auch im privaten Bereich ein angemessenes Entgelt gebührt."[535] Eine kostenfreie Nutzung des Werkes würde schließlich ebenso den Grundsatz der angemessenen Beteiligung des Urhebers konterkarieren.[536]

Innerhalb des Drei-Stufen-Tests ist anerkannt, dass eine unzumutbare Beeinträchtigung durch einen angemessenen Vergütungsanspruch des Urhebers ausgeglichen werden kann.[537] Diese Erwägungen bilden sodann die Grundlage für die Entscheidung des *BGH* zu einem Kopienversanddienst: „Für dieses Ergebnis [Anm.: d. h. die konkrete Freistellung] ist allerdings tragend, daß im Hinblick auf die technische und wirtschaftliche Entwicklung der letzten Jahre nunmehr ein gesetzlicher Anspruch der Urheber auf eine angemessene Vergütung für diese Werknutzung anzuerkennen ist."[538] Die konkret erfolgende Freistellung wird spezifisch innerhalb der Prüfung der Unzumutbarkeit der Beeinträchtigung dadurch erreicht, dass im Rahmen einer Analogie ein Vergütungsanspruch statuiert wird. De lege lata ist in der Schrankenbestimmung des § 44a Nr. 2 UrhG kein Vergütungsanspruch angelegt. Auch die HRL und der einschlägige Erwägungsgrund nehmen auf einen solchen Anspruch keinen Bezug. Der *BGH* bringt in der zitierten Entscheidung § 54a UrhG in Anwendung, der auf die im konkreten Fall einschlägige Schrankenregelung des § 53 UrhG grundsätzlich ohnehin Anwendung findet. Dies ist im Hinblick auf den § 44a UrhG nicht der Fall. Da sich eine Privilegierung zudem nicht auf der Grundlage der Privatkopie ergeben soll, kann die Analogie im Sinne des *BGH* daher nicht konstruiert werden.

Interessant scheint allerdings, dass der Gesetzgeber für eine Freistellung der Privatkopie spezifisch auf die praktische Durchsetzung eines etwaigen Verbots Bezug nimmt. Die Übertragung dieser Erwägungen auf die vorliegende Betrachtung zeigt auf, dass ebenso die Nutzung der Streamingfilmportale im Privaten nicht kontrolliert werden kann. Im Gegensatz zum Filesharing ist keine einfache technische Zugriffsmöglichkeit vonseiten der Rechteinhaber auf die etwaige

---

vgl. Bornkamm, in: Ahrens/Erdmann (Hrsg.), Festschrift für Willi Erdmann, 2002, S. 29 (47).

535 BT-Drucks. 4/27, S. 71 f.; Grassmuck, ZUM 2005, 104 (105).

536 Engels, Die verfassungsrechtlichen Grundlagen der Privatkopie, 2006, S. 72.

537 Vgl. S. 107 f.

538 BGH, MMR 1999, 665 (668).

Verwendung dieser Dienste denkbar.[539] Die Annahme, dass ein Verbot der Nutzung der Streamingfilmportale bzw. Streamingplattformen letztlich nicht durchzusetzen wäre, erschiene daher naheliegend. Gleichwohl kann aber im Umkehrschluss auch nicht angenommen werden, dass ein Verbot, welches nicht durchgesetzt werden könnte, nicht dennoch einige Bürger zu einem entsprechenden Handeln motivieren könnte.

Das Festhalten am Erfordernis der Ausgleichszahlung zum Zwecke der Kompensation könnte einer erforderlichen Differenzierung zwischen den dauerhaften Vervielfältigungen im Rahmen der Privatkopie (§ 53 UrhG) und der (bloß) ephemeren Vervielfältigungen auf der Grundlage des § 44a UrhG nicht gerecht werden. Denn bei der Freistellung durch § 53 Abs. 1 UrhG ist zu bedenken, dass durch die Vergegenständlichung des Werkes dem Einzelnen ermöglicht wird, das Vervielfältigungsstück sowohl als Grundlage für weitere Vervielfältigungen zu verwenden, als auch, es beliebig oft zum Zwecke des Werkgenusses zu benutzen.[540] Bei den ephemeren Vervielfältigungen eröffnet sich dem Konsumenten aus der konkreten Speicherung zunächst nur die Möglichkeit des einmaligen Werkgenusses, wenngleich auch mit der Möglichkeit des Vor- und Zurückspringens und einer Vollbilddarstellung. Für einen darüber hinaus gehenden Werkgenuss ist ein erneuter Ablauf des konkreten technischen Prozederes notwendig. Dem Nutzer eröffnet sich aus der vorübergehenden Speicherung selbst keine über diesen einmaligen Werkgenuss hinausgehende Möglichkeit, das Werk weiterzugeben oder dauerhaft in seiner Verfügungsgewalt zu halten. Dies ergibt sich lediglich bei solchen technischen Eingriffen, bei denen bereits grundsätzlich die Privilegierung aus § 44a Nr. 2 UrhG zu versagen ist. Von ihrer Intensität her stehen die ephemeren Vervielfältigungen daher hinter solchen zurück, die als Kompensation ausdrücklich eine Vergütung erfordern. Zusätzlich kommt diesen primär die Rolle zu, dem Interesse der Allgemeinheit an der Werknutzung zu dienen. Soweit also die ephemeren hinter den dauerhaften Vervielfältigungen in ihrer Qualität zurückbleiben, könnte ohne Ausgleichszahlungen eine unzumutbare Beeinträchtigung der Interessen des Urhebers lediglich aufgrund praktischer Erwägung, d. h. der faktischen Unmöglichkeit der Kontrolle der Verletzung von Urheberrechten im privaten Kontext, ausgeschlossen werden.

Die spezifische Unzumutbarkeit könnte sodann zusätzlich aufgrund einer Anreizfunktion der Plattformen abgelehnt werden.[541] Es könnte die Überlegung

539 Vgl. S. 9.

540 Engels, Die verfassungsrechtlichen Grundlagen der Privatkopie, 2006, S. 97.

541 So, wenngleich auch im Hinblick auf Datenbanken, zum Beispiel: OLG Hamburg, Urteil v. 18.08.2010 – 5 U 62/09, juris Tz. 71. Zudem der BGH in seiner Paperboy-Entscheidung bzgl. der Wiedergabe von Satzteilen: BGH, NJW 2003, 3406 (3410). Zu

angestellt werden, dass eine Verletzung der berechtigten Interessen ausscheidet, weil die Nutzer durch die Verwendung der Streamingfilmportale dazu motiviert werden, weitere Medieninhalte oder das dort betrachtete Medienangebot im Kino oder auf DVD zu konsumieren und dann auch zu bezahlen. Den Urhebern könnten damit über die Plattformen Kunden zugeführt werden. Bei den Streamingfilmportalen werden aber nicht lediglich Ausschnitte einzelner Filmwerke verfügbar gemacht, die dann den eigentlichen Werkgenuss im Rahmen eines Angebots der Urheber nötig machen. Stattdessen wird das Werk selbst vollständig, wenn auch mitunter in nicht optimaler Qualität, zum Abruf bereitgehalten. Der Anreiz könnte sich aber dennoch dahin gehend ergeben, dass nun zum einen mit Qualitätseinbußen gerechnet werden muss, zum anderen aber der Konsum des Films lediglich am Computer erfolgen kann, sodass sich dies nicht als Substitut zu einem Kinobesuch einordnen lassen kann.

Denn es wäre durchaus denkbar, dass der Konsument Gefallen an dem konkreten Filmwerk findet und dann den qualitativ hochwertigeren Konsum über den Kauf einer DVD, den Besuch einer Videothek oder eines Kinos sucht. Beispielsweise kann dem einmaligen Genuss einer Folge einer Serie der Erwerb der vollständigen Staffel auf DVD folgen. Etwaig kann der Konsument durch diese Nutzung zudem generell zu einem Medienkonsum angeregt werden, der nicht nur ausschließlich über Streamingfilmportale abläuft und so ggf. den Urhebern unmittelbar zugutekommt.[542] Denn bei der Verwendung dieser Plattformen ist sehr wohl zwischen den Nutzerkreisen zu unterscheiden, die sich die finanziellen Mittel für die skizzierte Nutzung lediglich sparen wollen, und solchen, die diese Mittel schlichtweg nicht verfügbar haben. Erstbenanntem Kreis steht die skizzierte Möglichkeit durchaus offen.

Allerdings ist diese Anreizfunktion doch insofern infrage zu stellen, als die Filmwerke schließlich vollständig und in zunehmend besserer Qualität verfügbar gemacht werden. Dem skizzierten Anreiz, nach einer einzelnen Folge einer Serie die gesamte Staffel auf DVD zu erwerben, kann genauso folgen, die gesamte

---

einer Studie der Gfk, wonach viele Nutzer angaben, „die Streaming-Seiten als eine Art Vorschau zu verwenden", vgl. Klopp, Studie über Kino.to-Nutzer bleibt unter Verschluss, 18.07.2011.

542 Mit ähnlichen Ausführungen, spezifisch jedoch zu Software und Musik: Krömer/Sen, No copy, 2006, S. 233 ff. Konkret führt der Autor am Beispiel des Liedes „Schnappi, das kleine Krokodil" auf, dass dessen Erfolg erst durch die kostenlose Verbreitung als MP3 über das Internet initiiert wurde. Als sodann eine Musiksingle veröffentlicht wurde, konnte die Musikindustrie dennoch einen Erfolg verzeichnen, obwohl das Lied weiterhin kostenlos über das Internet verfügbar war. Der Autor zitiert dazu Spiegel Online vom 17.01.2005: „Die Musikindustrie wird sich eine andere Ausrede einfallen lassen müssen", vgl. Unger, Vom Nil in die Charts, 17.01.2005.

Serie zu Nullkosten über das Streamingfilmportal zu konsumieren. Gleichzeitig ist die Vollständigkeit des Angebots dieser Portale auch darauf ausgelegt, den gesamten Medienkonsum über diese Streamingfilmportale erfolgen zu lassen. Eine Anreizfunktion kann diesem Handeln nicht entnommen und so lediglich ggf. als Begleiteffekt verstanden werden. Ebenso zeichnet sich ab, dass immer mehr Konsumenten nicht mehr den Werkgenuss vor dem Fernseher suchen, sondern die zeitlich unabhängige Nutzung am heimischen Computer wählen, die sich inzwischen ohne Weiteres an den Fernseher anschließen lassen. Für diese Nutzerkreise treten die Plattformen noch deutlicher in einen unmittelbaren Wettbewerb zur eigentlichen Verwertung durch die Urheber.[543]

Gänzlich unberücksichtigt lässt die bisherige Betrachtung jedoch, ob der Konsument und die für ihn streitenden Interessen dazu führen, dass dieser als schutzbedürftig einzuordnen ist. In der Norm des § 44a Nr. 2 UrhG ist eine Schutzbedürftigkeit generell nicht Teil der spezifischen Voraussetzungen, allerdings könnte dieser Aspekt zumindest in der hier relevanten Abwägungen gewichtet werden. Der Werkgenuss selbst wird nicht unmittelbar von diesem Schutzgedanken getragen. Nach den vorbenannten Ausführungen greifen hier vor allem praktische Erwägungen. Gleichwohl ist es irrelevant, ob als Vorlage für den Genuss ein Werkstück verwendet wird, das im Einklang mit dem Regelwerk des UrhG erstellt worden ist. Ein spezifischer Ansatzpunkt für eine Ausgestaltung einer Schutzbedürftigkeit kann in § 53 Abs. 1 UrhG gesehen werden, der die Versagung der Privilegierung unter anderem von der Frage abhängig macht, inwiefern es *offensichtlich* ist, dass eine rechtswidrig hergestellte oder öffentlich zugänglich gemachte Vorlage verwendet wird. Mit der Implementierung der Voraussetzung der Offensichtlichkeit wird insofern den Interessen der konkreten Nutzer in einer Form Rechnung getragen, als jedenfalls auch auf die Sphäre des konkreten Nutzers abgestellt wird.[544]

Bei der Nutzung der Technologie des Streamings ist aber nicht nur an Plattformen wie das inzwischen vom Netz genommene kino.to zu denken. Vielfältige Videoplattformen – so z. B. Youtube – bieten dem Konsumenten auf der Grundlage der Flash-Technologie den Konsum von Filmwerken an, die von den Nutzern und sogar den Urhebern auf die Plattform geladen wurden. Die Beeinträchtigung der Interessen der Urheber, soweit ohne deren Zustimmung Filmwerke auf dieser Plattform zugänglich gemacht werden, würde dann konkret zu einer unzumutbaren Beeinträchtigung der Interessen des Urhebers bei dieser spezifi-

543 Gleiches könnte in der Entscheidung zum Kopienversand bei dem Verhältnis zwischen Bibliotheken und den Urhebern angenommen werden, vgl. Senftleben, Copyright, Limitations and the Three-Step Test, 2004, S. 241.

544 Zu der exakten Ausformung dieses Merkmals vgl. S. 144 ff.

schen Nutzung führen. Es muss indes anerkannt werden, dass sich auf dieser Plattform Angebote finden, die von den Urhebern selbst zugänglich gemacht worden sind. Dem einzelnen Nutzer kann allerdings nicht zugemutet werden, diese Differenzierung bei jedem verfügbaren Filmwerk vorzunehmen. Würde sodann aber über den Drei-Stufen-Test konkret eine Privilegierung im Rahmen des § 44a Nr. 2 UrhG versagt werden, wäre der konkret erfolgende Werkgenuss nicht freigestellt. Wie konstatiert worden ist, kann im Hinblick auf die beim Streaming erfolgenden vorübergehenden Vervielfältigungen nicht grundsätzlich von einer Auffangwirkung der Schranke des § 53 Abs. 1 UrhG ausgegangen werden.[545]

So schützenswert das Interesse des Urhebers an der Verwertung seines Werkes erscheint, und so grundsätzlich das Prinzip der tunlichst angemessenen Beteiligung des Urhebers an der wirtschaftlichen Verwertung seines Werkes im Urheberrecht verankert ist – gegen diese Interessen ist die skizzierte Schutzbedürftigkeit des Konsumenten daher stets aufrechtzuerhalten, da ansonsten der Werkgenuss insgesamt ad absurdum geführt wird. Konkret ist dabei zwar anzuerkennen, dass es ähnliche Plattformen wie das vom Netz genommene kino.to gibt, bei denen sich dem Konsumenten eher der Eindruck aufdrängen muss, dass diese Angebote nicht von den Rechteinhabern stammen bzw. mit deren Zustimmung erfolgen. Indes ist diese konkrete Nutzungsart nur eine von vielen, auf die sich die Privilegierungswirkung des digitalen Werkgenusses erstreckt.

Nach einer Ansicht soll diese Schutzbedürftigkeit des Konsumenten aber de lege lata bereits in einer Parallelbewertung erfolgen, innerhalb der aus § 53 Abs. 1 UrhG die Voraussetzung der offensichtlich rechtswidrig hergestellten oder öffentlich zugänglich gemachten Vorlage als im Urheberrecht allgemein geltender Rechtsgedanke auf die Schrankenregelung des § 44a Nr. 2 UrhG übertragen wird.[546] Allein im Hinblick darauf, dass Art. 5 Abs. 1 HRL für die Mitgliedstaaten in seinem Regelungsgehalt zwingend umzusetzen war und dieser de lege lata kein Merkmal der rechtswidrig hergestellten oder öffentlich zugänglich gemachten Vorlage beinhaltet, erscheint dieser Ansatz als nicht begründbar. Erwägungsgrund 33 der HRL stellt lediglich darauf ab, dass eine rechtmäßige Nutzung vonseiten des Konsumenten erfolgen muss. Inwieweit die Nutzung für den Konsument damit offensichtlich rechtmäßig ist, wird damit nicht vorausgesetzt. Ebenso, inwieweit die Nutzung auf einer offensichtlich rechtswidrig hergestellten oder öffentlich zugänglich gemachten Vorlage beruht. Daneben ist die Voraussetzung der offensichtlich rechtswidrig hergestellten oder öffentlich zugänglich gemachten Vorlage auch durch den deutschen Gesetzgeber

545 Vgl. S. 90 ff.

546 Busch, GRUR 2011, 496 (502 f.).

selbstständig in die Regelung des § 53 Abs. 1 UrhG übernommen worden. Die HRL sah ein solches Merkmal nicht vor. Zudem knüpft der Gesetzgeber generell den Werkgenuss nicht an die Rechtmäßigkeit der verwendeten Vorlage an.[547] Gleichwohl dieser Gedanke damit de lege lata nicht denkbar ist, bietet dieser de lege ferenda durchaus einen Ansatzpunkt für eine abgestufte Berücksichtigung des Schutzes der Interessen des Urhebers und der grundsätzlichen Schutzbedürftigkeit des Konsumenten im vorbenannten Sinn.[548]

Insgesamt ist der Werkgenuss nach dieser Untersuchung nicht als unzumutbare Beeinträchtigung einzuordnen. Allerdings könnte die vorliegende Betrachtung auch konkret auf die jeweils erfolgenden Nutzungshandlungen und nicht abstrakt auf den Werkgenuss abstellen. Dabei müsst hinterfragt werden, wie diese Differenzierung in der Gesamtabwägung zu berücksichtigen wäre. In der bereits benannten Entscheidung des *BGH* zu einem Versanddienst für Kopien hat das Gericht innerhalb der Prüfung des Drei-Stufen-Tests nicht nur die Privatkopie, sondern spezifisch die Nutzung im Rahmen des Dienstes, der auf die Freistellung durch die Regelung des § 53 UrhG rekurrierte, in den Fokus seiner Betrachtung gestellt. Damit wird folgerichtig auf die konkreten wirtschaftlichen Nachteile der fraglichen Nutzung abgestellt.[549] Das würde für die vorliegende Betrachtung bedeuten, dass die konkrete Nutzung der Streamingfilmportale innerhalb der Prüfung der unzumutbaren Beeinträchtigung der Interessen der Urheber zu bewerten wäre – und nicht nur der abstrakte Werkgenuss. Dem steht indes gegenüber, dass die dritte Stufe eine Interessenabwägung vornehmen soll, bei der im Rahmen einer Gesamtbetrachtung alle Nutzungshandlungen Berücksichtigung finden sollen, die faktisch mit der konkreten Schranke ermöglicht werden.[550] Dies erscheint durchaus überzeugend, da ebenso der *BGH* mit seiner Analogie und der spezifischen Prüfung die Herstellung der Zumutbarkeit im Sinne des Drei-Stufen-Tests erreichen wollte. Wäre die konkrete Nutzung ohne finanziellen Ausgleich geblieben, hätte dies schlichtweg dazu geführt, dass die Schrankenbestimmung als solche – in der Gesamtbetrachtung aller faktisch denkbaren Nutzungshandlungen – nicht mehr einem gerechten Ausgleich der widerstreitenden Interessen gedient hätte.

Die vorliegende Betrachtung hat daher innerhalb der Gesamtabwägung sowohl den Werkgenuss als auch die spezifisch daraus resultierende konkrete Nutzung der Streamingfilmportale bzw. Streamingplattformen zu berücksichtigen. In der Gesamtbetrachtung sind durch die Erfassung des Werkgenusses (und das

---

547 Stieper, MMR 2012, 12 (15).

548 Vgl. S. 157 ff.

549 BGH, MMR 1999, 665 (670 f.); Bornkamm, in: Ahrens/Erdmann (Hrsg.), Festschrift für Willi Erdmann, 2002, S. 29 (47).

550 Findeisen, Die Auslegung urheberrechtlicher Schrankenbestimmungen, 2005, S. 119.

in der Regel im digitalen Kontext funktionierende Stufensystem der mittelbaren Erfassung des Endverbrauchers) über die Schrankenbestimmung des § 44a Nr. 2 UrhG zu viele Anwendungsszenarien denkbar, bei denen nicht ansatzweise die Schwelle der Unzumutbarkeit erreicht wird. Generell ist zudem besonders zu gewichten, dass es die Besonderheiten der dauerhaften Vervielfältigungen zwar rechtfertigen, innerhalb des Drei-Stufen-Tests eine Ausgleichszahlung zur Kompensation anzuerkennen, dies aber nicht auf die bloß vorübergehenden Vervielfältigungen auszuweiten ist.[551] Hier sind die qualitativen und quantitativen Besonderheiten der ephemeren Speicherungen zu berücksichtigten, die mit der Ermöglichung des Werkgenusses weit hinter denen einer dauerhaften Speicherung zurückbleiben. Es erscheint mithin als angemessen, die Interessen der Urheber hier spezifisch zurückstehen zu lassen und den Vorgang ausschließlich im Verhältnis zwischen den Urhebern und den Betreibern der Streamingfilmportale bzw. Streamingplattformen zu lösen.[552] Die Elastizität, die dem Drei-Stufen-Test entnommen wird,[553] kann sodann spezifisch ihre Rolle ausspielen, nicht nur mit Restriktionen auf wandelnde technische Verhältnisse zu reagieren, sondern ebenso in diesem Zusammenhang Prinzipien, wie den Werkgenuss, auch im digitalen Kontext zu privilegieren. Dafür streitet der, bereits aus dem Filesharing bekannte, Pyramideneffekt, nach dem die zentrale Vermittlung der Ursprung aller weiteren Nutzungsvorgänge ist. Bezüglich des Streamings ist zudem zu beachten, dass dem Werkgenuss aufseiten des Konsumenten keine weitere Stufe im Sinne des Pyramideneffekts folgen kann, da dem Konsumenten keine Verfügungsgewalt über das konkrete Filmwerk zukommt. Die unmittelbare Gefahr der Streamingfilmportale bzw. Streamingplattformen entsteht daher nicht aus dem Konsum, sondern aus der vorgelagerten Vermittlung.

Wenn nach überzeugender Ansicht aber der Werkgenuss von der Regelung des § 44a Nr. 2 UrhG erfasst würde, würde eine Restriktion über den Drei-Stufen-Test dem erklärten Willen des Gesetzgebers widersprechen. Eine unzumutbare Beeinträchtigung der Interessen des Urhebers kann daher nicht angenommen werden.

(3) Fazit

Unter Berücksichtigung des Drei-Stufen-Tests ist mithin festzustellen, dass konkret keine Beeinträchtigung der normalen Auswertung des Werkes hinreichend

551 Senftleben, Copyright, Limitations and the Three-Step Test, 2004, S. 276.

552 So im Ergebnis: Wiegand, Die Geräteabgabe als Lösungsmodell im Bereich der privaten Vervielfältigung von digitalen Musik- und Filmwerken aus US-amerikanischer und deutscher Sicht, 2003, S. 218. Allerdings spezifisch für die Benutzung von Internetradios.

553 Frotz, in: Dittrich (Hrsg.), Festschrift 50 Jahre Urheberrechtsgesetz, 1986, S. 119 (130).

zu belegen ist. Auch eine unzumutbare Verletzung berechtigter Interessen des Urhebers kann nach den vorbenannten Ausführungen nicht angenommen werden. Soweit sich diese Voraussetzungen als Ausfluss einer Verhältnismäßigkeitsprüfung verstanden sehen sollen,[554] ist bei der Versagung einer Restriktion über den Drei-Stufen-Test sodann festzuhalten, dass die konkrete Freistellung zudem als geeignet, erforderlich und angemessen zu erachten ist. Im Ergebnis führt die Anwendung des Drei-Stufen-Tests sonach nicht dazu, eine Privilegierung der Nutzung der Streamingfilmportale aufseiten des Konsumenten zu versagen.[555]

gg. Zusammenfassung

Die beim Konsumenten während des Streamings auftretenden ephemeren Vervielfältigungen werden nach überzeugender Ansicht de lege lata von der Schrankenregelung des § 44a Nr. 2 UrhG erfasst. Dies wird nicht durch den Drei-Stufen-Test ausgeschlossen. Ein Eingriff in das ausschließliche Vervielfältigungsrecht des Urhebers ist anzunehmen, aber über die Schrankenbestimmung privilegiert. Als irrelevant wirkt sich dabei die Tatsache aus, dass der Konsument insofern nicht als schützenswert zu erachten ist, als er sich ggf. der Illegalität des konkreten Angebots bewusst ist.[556] Auf dieses Merkmal kommt es im Rahmen des § 44a Nr. 2 UrhG nicht an. Soweit der Drei-Stufen-Test hierauf Bezug nimmt, ist nach überzeugender Auslegung im konkreten Anwendungsbereich dennoch die Freistellung nicht zu versagen. Entscheidend ist, dass der Werkgenuss im Fokus der Handlung des Konsumenten steht und kein Rückgriff auf den Cache oder die Konfiguration der verwendeten Technologie erfolgt. Von einer manuellen Konfiguration, insbesondere im Hinblick auf kumulative dauerhafte Speicherungen bei Verwendung des DivX Webplayers, sollte der Konsument absehen, soweit er sich auf die Schrankenprivilegierung berufen möchte.

4. Zwischenergebnis

Insgesamt sind mithin sowohl die Nutzungsvorgänge aufseiten des Konsumenten als auch etwaige Vervielfältigungen bei den Access- und Service-Providern durch die Schrankenregelung des § 44a UrhG freigestellt.

---

554 Senftleben, Copyright, Limitations and the Three-Step Test, 2004, S. 210. Vgl. zusätzlich S. 109.

555 Im Ergebnis bestätigend: Fangerow/Schulz, GRUR 2010, 677 (681). Wenngleich hier im Rahmen der dritten Stufe lediglich auf den Werkgenuss und nicht auf die konkrete Auswirkung der Nutzung der Streamingfilmportale abgestellt wird.

556 Radmann, ZUM 2010, 387 (392).

II. Vervielfältigungen zum privaten Gebrauch, § 53 UrhG

Neben der Schrankenbestimmung des § 44a UrhG könnte eine Privilegierung für Vervielfältigungen zum privaten Gebrauch gem. § 53 UrhG in Betracht kommen. Wie der Wortlaut bereits impliziert, ist ein Eingreifen dieser Privilegierung zumindest nur bei solchen Nutzungsvorgängen denkbar, die eine Vervielfältigung i. S. d. § 16 UrhG zur Folge haben. In Abgrenzung zur Schrankenbestimmung des § 44a UrhG sind innerhalb dieser Norm nicht nur vorübergehende Vervielfältigungen erfasst, sondern über eine Flüchtigkeit hinaus privilegiert § 53 UrhG dauerhafte Speicherungen. Damit geht der Regelungsgehalt zwar durchaus über das erforderliche Maß bei regulärer Nutzung der Streamingfilmportale bzw. Streamingplattformen hinaus, könnte aber gleichwohl die ephemeren und etwaigen dauerhaften Speicherungen privilegieren.

1. Grundlagen und Normengenese

Mit der Regelung des § 53 UrhG soll das grundsätzlich sehr weit gefasste Vervielfältigungsrecht des § 16 UrhG in solchen Fällen wieder eingeschränkt werden, bei denen das Verbotsrecht unangemessen oder nicht praktikabel wäre. § 53 UrhG stellt eine gesetzliche Lizenz dar, die das Verbotsrecht des Urhebers entfallen lässt. Es soll nicht für jede Art der Nutzung – dies unter besonderer Berücksichtigung des Interesses der Allgemeinheit – nötig sein, eine Erlaubnis durch den Urheber einholen zu müssen. Daneben soll durch die Vorschrift ein unkomplizierter Zugang zu vorhandenen Informationen gewährleistet werden.[557]

§ 54 UrhG bringt indes ein System der indirekten Vergütung der Urheber durch Abgaben mit sich, sodass der Entfall das Verbotsrechts an einen Vergütungsanspruch des Urhebers gekoppelt ist.[558] Dieser Anspruch, auf den vorab nicht verzichtet werden kann, wird nicht durch die vorherige Einräumung einer Lizenz durch den Urheber zur Entstehung gebracht, sondern stattdessen vom Gesetzgeber eingeräumt. Nach dem Willen des Gesetzgebers ist der Anspruch auf Vergütung nicht als Surrogat für das aufgehobene Verbotsrecht zu verste-

557 Dreier, in: Dreier/Schulze, UrhG, 3. Aufl. (2008), § 53 Rdnr. 1; Lettl, Urheberrecht, 2008, S. 183 f.; Wenzel/Burkhardt, Urheberrecht für die Praxis, 5. Aufl. (2009), S. 137; Liepe, Die Vervielfältigung zum privaten Gebrauch im deutschen und US-amerikanischen Urheberrecht unter besonderer Berücksichtigung der privaten Vervielfältigung kopiergeschützter Audio-CDs, 2006, S. 67; Lenz/Würtenberger, NVwZ 2010, 168 (168 ff.).

558 Dreier, in: Dreier/Schulze, UrhG, 3. Aufl. (2008), § 53 Rdnr. 1.

hen, sondern vielmehr wird er als Relikt zum positiven Nutzungsrecht angesehen.[559]

§ 53 UrhG gliedert sich in insgesamt sieben Absätze auf, die zum einen unter spezifischen Voraussetzungen Ausnahmen vom ausschließlichen Vervielfältigungsrecht des Urhebers schaffen (Abs. 1 bis 3), zum anderen die Schrankenbestimmung aber auch wieder einschränken (Abs. 4 bis 7). Insbesondere für die vorliegende Betrachtung relevant, werden durch den Abs. 1 der Norm einzelne private Vervielfältigungen durch natürliche Personen und auf beliebigen Trägern als privilegiert eingeordnet. Voraussetzung dafür ist allerdings, dass diese weder mittelbar noch unmittelbar Erwerbszwecken dienen und zur Vervielfältigung keine offensichtlich rechtswidrig hergestellte oder öffentlich zugänglich gemachte Vorlage verwendet wird. Mit den folgenden Absätzen werden Vervielfältigungen zum eigenen Gebrauch (Abs. 2) sowie zum Unterrichts- und Prüfungsgebrauch (Abs. 3) privilegiert.[560]

a. Historische Grundlagen

Der Gesetzgeber war 1965 mit der Macht des Faktischen konfrontiert,[561] da es nicht praktikabel und im Lichte des Grundrechts auf Unverletzlichkeit der Wohnung, woraus resultierte, dass die Einhaltung des Vervielfältigungsverbots im Privaten nicht überwacht werden konnte, unangemessen erschien, die Durchsetzung des Verbots von Privatkopien im privaten Bereich zu verfolgen und durchzusetzen.[562] Diese Durchsetzung war zudem technisch limitiert, als kein Kopierschutz verfügbar war, der den privaten Nutzer von einer Kopie abhalten konnte. Gewissermaßen spiegelt sich in diesen Aspekten ein gewisses Marktversagen wider, da die Rechteinhaber diesen Vorgänge nicht mehr Herr werden konnten. Auf Grundlage dieser Problematik entschied sich der Gesetzgeber dazu, das ausschließliche Vervielfältigungsrecht des Urhebers einzuschränken – dies spezifisch unter Berücksichtigung der Gemeinwohlbindung des Eigentums. Im Gegenzug wurde daran jedoch eine Vergütung für Geräte und Speichermedien ge-

559 Dreyer, in: Dreyer/Kotthoff/Meckel, UrhG, 2. Aufl. (2009), Vor §§ 44a ff. Rdnr. 35.

560 Liepe, Die Vervielfältigung zum privaten Gebrauch im deutschen und US-amerikanischen Urheberrecht unter besonderer Berücksichtigung der privaten Vervielfältigung kopiergeschützter Audio-CDs, 2006, S. 67.

561 Wiegand, Die Geräteabgabe als Lösungsmodell im Bereich der privaten Vervielfältigung von digitalen Musik- und Filmwerken aus US-amerikanischer und deutscher Sicht, 2003, S. 203.

562 Lüft, in: Wandtke/Bullinger, UrhG, 3. Aufl. (2009), § 53 Rdnr. 12; Metzner, Die Auswirkungen der Urheberrechtsnovelle 2003 auf Online-Übermittlung und -zugriff im Urheberrecht, 2010, S. 91; Schenk, Die digitale Privatkopie, 2006, S. 15.

koppelt und die Schrankenbestimmung als gesetzliche Lizenz ausgeformt.[563] In der Gesetzesbegründung wurde daneben eine andere Lösung diskutiert: die uneingeschränkte Vervielfältigungsfreiheit. Allerdings bestand nach Ansicht des Gesetzgebers dabei die Gefahr, dass sich die Allgemeinheit an einen solchen Zustand gewöhnen würde und eine Abkehr in der Zukunft nicht mehr durchzusetzen sei. Bei der Einführung einer Vergütung sah der Gesetzgeber hingegen die Chance, dass sich stattdessen im privaten Bereich ein Rechtsbewusstsein dahin gehend entwickeln würde, dass der Urheber auch im privaten Bereich angemessen an der Nutzung seines Werkes beteiligt werden muss.[564]

b. Anpassungen

§ 53 UrhG wurde zunächst im Rahmen der Novellierungen des Urheberrechts 2003 überarbeitet,[565] durch welche die Umsetzung der Richtlinie 2001/29/EG zur Harmonisierung bestimmter Aspekte des Urheberrechts und der verwandten Schutzrechte in der Informationsgesellschaft erfolgte.[566] Dabei wurden zum einen die Vorgaben aus Art. 5 Abs. 2 und Abs. 3 der Richtlinie eingearbeitet, wodurch nunmehr z. B. im Rahmen des § 53 Abs. 1 UrhG klargestellt ist, dass die Kopien weder unmittelbar noch mittelbar Erwerbszwecken dienen dürfen (Art. 5 Abs. 2 lit. c.). Gleichermaßen – wenn auch ohne Vorgabe durch die Richtlinie – wurde ergänzt, dass zur Anfertigung keine offensichtlich rechtswidrig hergestellte Vorlage verwendet werden darf. Zusätzlich erfolgte eine Klarstellung dahin gehend, dass ebenso digitale Vervielfältigungen von der Schrankenregelung erfasst werden.[567]

---

563 Dreier, in: Dreier/Schulze, UrhG, 3. Aufl. (2008), § 53 Rdnr. 1 f.; Poeppel, Die Neuordnung der urheberrechtlichen Schranken im digitalen Umfeld, 2005, S. 265; Maracke, Die Entstehung des Urheberrechtsgesetzes von 1965, 2003, S. 492 ff.; Wiegand, Die Geräteabgabe als Lösungsmodell im Bereich der privaten Vervielfältigung von digitalen Musik- und Filmwerken aus US-amerikanischer und deutscher Sicht, 2003, S. 204; Dreier, in: Dreier/Schulze, UrhG, 3. Aufl. (2008), § 53 Rdnr. 1; Leinemann, Die Sozialbindung des "geistigen Eigentums", 1998, S. 93; Metzner, Die Auswirkungen der Urheberrechtsnovelle 2003 auf Online-Übermittlung und -zugriff im Urheberrecht, 2010, S. 91; Lettl, Urheberrecht, 2008, S. 184.

564 BT-Drucks. 4/270, S. 31 f.

565 Lüft, in: Wandtke/Bullinger, UrhG, 3. Aufl. (2009), § 53 Rdnr. 9.

566 BT-Drucks. 15/38, S. 1; Lüft, in: Wandtke/Bullinger, UrhG, 3. Aufl. (2009), § 53 Rdnr. 9; Schippan, ZUM 2003, 678 (678 ff.); Reinbothe, ZUM 2002, 43 (49 f.).

567 Lettl, Urheberrecht, 2008, S. 183; Lüft, in: Wandtke/Bullinger, UrhG, 3. Aufl. (2009), § 53 Rdnr. 9; Dreier, in: Dreier/Schulze, UrhG, 3. Aufl. (2008), § 53 Rdnr. 3; Engels, Die verfassungsrechtlichen Grundlagen der Privatkopie, 2006, S. 43; Hucko, Zweiter Korb, 2007, S. 7 f.; Schippan, ZUM 2003, 378 (382 f.); v. Olenhuse, ZRP 2003, 232 (234); Hucko, Zweiter Korb, 2007, S. 129.

Letztmalig wurde die Norm 2007 durch das „Zweite Gesetz zur Regelung des Urheberrechts in der Informationsgesellschaft", in Kraft getreten am 01.01.2008, angepasst. Damit wurde die zustimmungsfreie Zulässigkeit einer Kopie, insbesondere im digitalen Kontext, – trotz Forderungen vonseiten der Interessenverbände – aufrechterhalten, in Details jedoch weiter eingeschränkt. Seit dieser Überarbeitung ist Voraussetzung für die Privilegierung nach Abs. 1, dass keine offensichtlich rechtswidrig hergestellte *oder öffentlich zugänglich* gemachte Kopie als Vorlage verwendet wird.[568] Zielsetzung dieser Änderung war, dass auch die Nutzung des Filesharings tatbestandlich von der Regelung erfasst wird. Für den Nutzer muss dann offensichtlich sein, dass das im Rahmen des Filesharings angebotene Werk rechtswidrig im Internet zur Verfügung gestellt wird.[569]

2. Verfassungsmäßigkeit

2009 wurde in einer Verfassungsbeschwerde von Unternehmen aus der Musikindustrie und Tonträgerherstellern die Verfassungsmäßigkeit der Schranke des § 53 Abs. 1 UrhG infrage gestellt. Dabei wurde durch die Kläger angegriffen, dass die Schranke insofern nicht mit Art. 14 GG in Einklang zu bringen sei, als private und digitale Kopien ohne hinreichende Einschränkungen als zulässig erachtet werden. Gleichwohl die Klage aus formellen Gründen nicht zur Entscheidung angenommen wurde, stellten die Richter innerhalb des Nichtannahmebeschlusses fest, dass der Gesetzgeber bereits 2003 bei der Novellierung im Rahmen des Ersten Korbes die etwaigen Umsatzeinbußen der Musikindustrie berücksichtigt habe. Damit verdeutlicht das *BVerfG* unabhängig von den vorgebrachten formellen Gründen, dass es eine Verfassungswidrigkeit der Privilegierung der Privatkopie nicht in Betracht zieht. Allerdings wird innerhalb der Begründung die Frage offengelassen, inwieweit hinsichtlich der stärkeren Verbreitung von digitalen Privatkopien der Gesetzgeber zukünftig gezwungen sein könnte, die Schrankenbestimmung des § 53 Abs. 1 UrhG einzuschränken.[570]

---

568 Dreier, in: Dreier/Schulze, UrhG, 3. Aufl. (2008), § 53 Rdnr. 11; Lüft, in: Wandtke/Bullinger, UrhG, 3. Aufl. (2009), § 53 Rdnr. 16; Röhl/Bosch, NJOZ 2008, 1197 (1205); Zypries, MMR 2007, 545; Nolte, CR 2006, 254 (254 f.); Lehmann, in: Hilty/Nordemann/Drexl (Hrsg.), Schutz von Kreativität und Wettbewerb, 2009, S. 168 (171). Vgl. zur Diskussion um ein generelles Verbot der digitalen Privatkopie insbesondere: Poeppel, Die Neuordnung der urheberrechtlichen Schranken im digitalen Umfeld, 2005, S. 273 ff. Dieser hält ein Verbot im Ergebnis für nicht geboten.

569 Santangelo, Der urheberrechtliche Schutz digitaler Werke, 2011, S. 47.

570 BVerfG, ZUM 2010, 45; Lenz/Würtenberger, NVwZ 2010, 168 (168 ff.).

3. Voraussetzungen

§ 53 Abs. 2 UrhG gestattet zunächst Vervielfältigungen, die für einen sonstigen eigenen Gebrauch vorgenommen werden und dabei zum Beispiel von wissenschaftlichen Zwecken geprägt sind. Die Norm des § 53 Abs. 3 UrhG zielt hingegen auf Vervielfältigungen ab, die für den Schulunterricht oder Prüfungszwecke erfolgen. Generell ist von einem Eingreifen dieser beiden Regelungen im Gesamtkontext der vorliegenden Betrachtung nicht auszugehen. Zwar sind Szenarien denkbar, bei denen Schul- oder Prüfungszwecke im Sinne des § 53 Abs. 3 UrhG oder wissenschaftliche Zwecke nach § 53 Abs. 2 UrhG im Fokus der Nutzungshandlungen des jeweiligen Protagonisten stehen, dennoch wird dies die Ausnahme sein. Im Hinblick auf die vorliegende Betrachtung können daher die Bestimmungen der Abs. 2 bis 3 außer Acht gelassen werden, da sich der Konsument, der zu Privatzwecken und ohne wissenschaftlichen oder schulischen Hintergrund handelt, auf diese nicht berufen kann.

§ 53 Abs. 1 UrhG greift ein, soweit die Vervielfältigungen zu privaten Zwecken erfolgen, weder unmittelbar noch mittelbar Erwerbszwecken dienen und für die Vervielfältigung keine offensichtlich rechtswidrig hergestellte oder öffentlich zugänglich gemachte Vorlage verwendet wird.

a. Privater Gebrauch

Zunächst muss ein privater Gebrauch i. S. d. § 53 Abs. 1 UrhG gegeben sein. Bereits der Wortlaut der Norm stellt klar, dass dieser gegeben ist, soweit weder unmittelbar noch mittelbar Erwerbszwecke verfolgt werden. Dadurch werden gem. § 53 Abs. 1 UrhG nur solche Vervielfältigungen privilegiert, die im außerberuflichen und außerwirtschaftlichen Bereich mit dem Ziel der Befriedigung persönlicher Bedürfnisse vorgenommen werden.[571] Im Gegensatz dazu ist eine Privilegierung bereits dann ausgeschlossen, sobald berufliche oder erwerbswirtschaftliche Zwecke vorliegen. Gleiches muss gelten, soweit die Vervielfältigung nicht ausschließlich, aber zugleich einer beruflichen Tätigkeit dient.[572] Ein privater Gebrauch kommt lediglich bei natürlichen Personen in Betracht, sodass die Privilegierung bei juristischen Personen nicht gegeben sein kann.[573]

---

571 BGH, GRUR 1978, 474 (475); Lüft, in: Wandtke/Bullinger, UrhG, 3. Aufl. (2009), § 53 Rdnr. 21; Nordemann, in: Fromm/Nordemann, UrhG, 10. Aufl. (2008), § 53 Rdnr. 6; Wenzel/Burkhardt, Urheberrecht für die Praxis, 5. Aufl. (2009), S. 137; Lüft, in: Wandtke/Bullinger, UrhG, 3. Aufl. (2009), § 53 Rdnr. 21.

572 Dreier, in: Dreier/Schulze, UrhG, 3. Aufl. (2008), § 53 Rdnr. 10; Poll/Braun, ZUM 2004, 266 (268 f.).

573 Lüft, in: Wandtke/Bullinger, UrhG, 3. Aufl. (2009), § 53 Rdnr. 21.

b. *Einzelne Vervielfältigungsstücke auf beliebigen Trägern*

Da die Vervielfältigung auf beliebigen Trägern erfolgen darf, sind zum einen analoge, daneben aber auch digitale Zielmedien erfasst.[574] Generell sind folglich die hier relevanten digitalen Zielmedien wie Festplatten (sei es im Rahmen des Festplattencaches des Internetbrowsers oder im bewussten Ablegen der Datei in einem Ordner auf der Computer- bzw. Serverfestplatte) und der Arbeitsspeicher des Computers erfasst, wobei diese nur dafür herangezogen werden dürfen, um einzelne Vervielfältigungsstücke – nach Ansicht der Rechtsprechung greift eine Beschränkung auf maximal sieben Exemplare,[575] in der Literatur wird aber angenommen, dass hierfür keine feste Zahl heranzuziehen ist, sondern vielmehr so viele Vervielfältigungen von der Schrankenbestimmung gedeckt sind, wie sie zur Deckung des persönlichen Bereichs erforderlich sind[576] – zum Zwecke der Privatkopie anzulegen.

c. *Keine offensichtlich rechtswidrig hergestellte oder öffentlich zugänglich gemachte Vorlage*

Die wesentliche Limitierung der Schrankenbestimmung des § 53 Abs. 1 UrhG besteht darin, dass als Vorlage für die private Kopie keine offensichtlich rechtswidrig hergestellte oder öffentlich zugänglich gemachte Vorlage verwendet wird.[577] In der Normgenese war diese Voraussetzung von besonderer Diskussion begleitet.[578] Ausgangspunkt war, dass z. T. gefordert wurde, lediglich das isolierte Merkmal der Rechtswidrigkeit in den Gesetzestext aufzunehmen. Inwieweit dies für die zu privilegierende Person offensichtlich war, sollte nicht von Belang sein. Kritisiert wurde dabei aber, dass eine praktische Inanspruchnahme der Schrankenbestimmung stark eingeschränkt werden würde. Als Kompromiss wurde schließlich der Zusatz der Offensichtlichkeit in den Gesetzestext aufgenommen.[579]

574 Dreier, in: Dreier/Schulze, UrhG, 3. Aufl. (2008), § 53 Rdnr. 8.

575 Lüft, in: Wandtke/Bullinger, UrhG, 3. Aufl. (2009), § 53 Rdnr. 13; Dreier, in: Dreier/Schulze, UrhG, 3. Aufl. (2008), § 53 Rdnr. 9; BGH, GRUR 1978, 474 (474 ff.).

576 Dreier, in: Dreier/Schulze, UrhG, 3. Aufl. (2008), § 53 Rdnr. 9; Nippe, GRUR Int 1995, 202 (202 ff.).

577 Loewenheim, in: Fechner (Hrsg.), Die Privatkopie, 2007, S. 8 (15); Meschede, Der Schutz digitaler Musik- und Filmwerke vor privater Vervielfältigung nach den zwei Gesetzen zur Regelung des Urheberrechts in der Informationsgesellschaft, 2007, S. 84; Nordemann, in: Fromm/Nordemann, UrhG, 10. Aufl. (2008), § 53 Rdnr. 14.

578 Lüft, in: Wandtke/Bullinger, UrhG, 3. Aufl. (2009), § 53 Rdnr. 16.

579 Lüft, in: Wandtke/Bullinger, UrhG, 3. Aufl. (2009), § 53 Rdnr. 16. Dabei wurde zunächst im Rahmen des Ersten Korbes lediglich an die Herstellung der Vorlage angeknüpft. Insbesondere durch die verstärkt festzustellende Nutzung von Filesharing-Netzen wurde schließlich im Zuge des Zweiten Korbes zusätzlich die Zugänglichma-

Für die Prüfung ergibt sich bzgl. des Merkmals der offensichtlich rechtswidrig hergestellten oder öffentlich zugänglich gemachten Vorlage zunächst die Frage, wann eine rechtswidrig herstellte oder öffentlich zugänglich gemachte Vorlage anzunehmen ist. Dies ist der Fall, wenn ein Eingriff in die Schutzrechte des Urhebers bei Herstellung (§ 16 UrhG) oder öffentlicher Zugänglichmachung (§ 19a UrhG) der Vorlage festzustellen ist und dafür keine Nutzungsrechte eingeräumt worden sind, keine Schrankenregelung gem. §§ 45 ff. UrhG eingreift, keine Einwilligung des Rechteinhabers vorliegt oder keine anderen Rechtsfertigungsgründe festgestellt werden können.[580]

Daneben ist darauf abzustellen, inwieweit diese Rechtswidrigkeit als offensichtlich im Sinne des § 53 Abs. 1 UrhG einzuordnen ist. Da diese Ergänzung erst im Zuge des Vermittlungsverfahrens zum Ersten Korb zwischen Bundesrat und Bundestag nachträglich in die Norm aufgenommen wurde, lässt sich den Gesetzesmaterialen zum Ersten Korb keine Begriffserläuterung entnehmen.[581] Diese Aufgabe steht der Rechtsprechung und der rechtswissenschaftlichen Literatur zu,[582] gleichwohl der Gesetzgeber im Zweiten Korb Ausführungen zu den Voraussetzungen der Offensichtlichkeit nachgeholt hat. Dort wird nunmehr innerhalb der Gesetzesbegründung festgehalten, dass mit dem Erfordernis der Offensichtlichkeit ein Kriterium geschaffen werden sollte, das sich auf den jewei-

---

chung der Kopie vom Merkmal der offensichtlichen Rechtswidrigkeit erfasst. Denn bzgl. der Herstellung der Vorlage konnten die Nutzer im Rahmen dieser Netze bisher vorbringen, dass für sie nicht ersichtlich sei, inwieweit eine offensichtliche Rechtswidrigkeit der Herstellung der Vorlage gegeben war. Mit der Novellierung im Rahmen des Zweiten Korbes wurde diese Lücke geschlossen und die Rechtsposition der Urheber gestärkt, vgl. Dreier, in: Dreier/Schulze, UrhG, 3. Aufl. (2008), § 53 Rdnr. 11; Lüft, in: Wandtke/Bullinger, UrhG, 3. Aufl. (2009), § 53 Rdnr. 16; Lüft, in: Wandtke/Bullinger, UrhG, 3. Aufl. (2009), § 53 Rdnr. 6; Hoeren, MMR 2007, 615 (620); Flechsig, ZRP 2006, 145 (146); Loewenheim, in: Fechner (Hrsg.), Die Privatkopie, 2007, S. 8 (15); Lenz/Würtenberger, NVwZ 2010, 168; Röhl/Bosch, NJOZ 2008, 1197 (1205); Zypries, MMR 2007, 545.

580 Liepe, Die Vervielfältigung zum privaten Gebrauch im deutschen und US-amerikanischen Urheberrecht unter besonderer Berücksichtigung der privaten Vervielfältigung kopiergeschützter Audio-CDs, 2006, S. 74; Meschede, Der Schutz digitaler Musik- und Filmwerke vor privater Vervielfältigung nach den zwei Gesetzen zur Regelung des Urheberrechts in der Informationsgesellschaft, 2007, S. 84; Fangerow/Schulz, GRUR 2010, 677 (679).

581 Jani, ZUM 2003, 842 (850).

582 Lüft, in: Wandtke/Bullinger, UrhG, 3. Aufl. (2009), § 53 Rdnr. 16; Liepe, Die Vervielfältigung zum privaten Gebrauch im deutschen und US-amerikanischen Urheberrecht unter besonderer Berücksichtigung der privaten Vervielfältigung kopiergeschützter Audio-CDs, 2006, S. 74; Vianello, CR 2010, 728 (730).

ligen Bildungs- und Kenntnisstand des Nutzers bezieht, der nicht mit unerfüllbaren Prüfpflichten belastet werden soll.[583]

Erfolgt eine Wortlautauslegung der Begrifflichkeit der Offensichtlichkeit, muss festgestellt werden, dass offensichtlich ist, was klar zutage tritt und von jedem ohne weitere Mühe erkannt werden kann.[584] Soweit die Offensichtlichkeit aber von jedem ohne weitere Mühe zu erkennen ist, spricht dies zunächst dafür, das Merkmal in einem objektiven Sinne zu verstehen. Nach einer Ansicht soll es sich auf der Grundlage dieser Wortlautauslegung daher auch ergeben, das Merkmal der Offensichtlichkeit in einem objektiven Sinn zu verstehen. Der Begriff der Offensichtlichkeit deute darauf hin, dass eine vom Einzelfall abstrahierte Betrachtung zu erfolgen habe. Dies führe bei der konkreten Prüfung dazu, die Offensichtlichkeit der Rechtswidrigkeit anhand objektiver Kriterien zu bemessen und die konkreten Vorstellungen des Einzelnen auszuklammern. Danach sei das Tatbestandsmerkmal erfüllt, wenn eine rechtmäßige Herstellung für jedermann vernünftigerweise objektiv aus den Begleitumständen oder der Vorlage nicht angenommen werden könne. Eine bestimmte Nachforschung sei dabei nicht vonnöten.[585] Jedenfalls dann, wenn die Möglichkeit einer rechtmäßigen Anfertigung der Kopie nicht ausgeschlossen werden könne, sei das Tatbestandsmerkmal nicht erfüllt.[586]

Allerdings kann nach dem Wortlaut ebenfalls gelten, dass damit ebenso ein Verständnis dahin gehend gewollt ist, dass es gleichwohl auf den Einzelnen ankommt und es dann darum geht, was für diesen individuell ohne weitere Mühe zu erkennen ist. Der Wortlaut kann folglich nicht allein dafür streiten, das Merkmal in einem objektiven oder subjektiven Sinn zu verstehen.

Systematisch gesehen reiht sich die Norm des § 53 Abs. 1 UrhG in die Schrankenbestimmungen und den sechsten Abschnitt des Urheberrechtsgesetzes ein. Insbesondere im Kontext zu den übrigen Schrankenbestimmungen mag sich hieraus jedoch keine Grundlage für eine Auslegung des Begriffs ergeben, da dort die Begrifflichkeit der Offensichtlichkeit keine Verwendung findet. Inner-

583 BT-Drucks. 16/1828, S. 26; Fangerow/Schulz, GRUR 2010, 677 (680); Nolte, CR 2006, 254 (255).

584 BGH, NJW 1995, 1287 (1288).

585 Reinbacher, GRUR 2008, 394 (399); Nordemann, in: Fromm/Nordemann, UrhG, 10. Aufl. (2008), § 53 Rdnr. 14; Lüft, in: Wandtke/Bullinger, UrhG, 3. Aufl. (2009), § 53 Rdnr. 16; Schenk, Die digitale Privatkopie, 2006, S. 77; Jani, ZUM 2003, 842 (851); Engels, Die verfassungsrechtlichen Grundlagen der Privatkopie, 2006, S. 109 f.; Schenk, Die digitale Privatkopie, 2006, S. 74 ff.; Stieper, MMR 2012, 12 (17).

586 Liepe, Die Vervielfältigung zum privaten Gebrauch im deutschen und US-amerikanischen Urheberrecht unter besonderer Berücksichtigung der privaten Vervielfältigung kopiergeschützter Audio-CDs, 2006, S. 74.

halb des Urheberrechts findet der Begriff aber in § 101a Abs. 3 UrhG Verwendung, wonach das Gericht in Fällen der offensichtlichen Rechtsverletzung im Wege der einstweiligen Verfügung die Erteilung der Auskunft nach § 101a Abs. 1 UrhG anordnen kann. Da es sich bei dieser Regelung aber um eine prozessrechtliche Voraussetzung handelt, können die im Rahmen des § 101a Abs. 1 UrhG geltenden Grundsätze zur Auslegung nicht herangezogen werden.[587] Darüber hinaus findet sich das Merkmal der Offensichtlichkeit in § 8 Abs. 1 Nr. 3 MDStV. Der *BGH* hat diesbezüglich – ganz im Sinne der hier bereits erfolgten Wortlautauslegung – festgehalten, dass bei der Auslegung des Tatbestandsmerkmals „offensichtlich" der Wortsinn entscheidend ist und offensichtlich das sein soll, was klar zutage tritt und dabei von jedem ohne weitere Mühe erkannt werden kann.[588] Vonseiten der objektiven Theorie soll diese Begründung – auch im Hinblick auf eine Einheitlichkeit der Rechtsordnung – auch im Rahmen der Auslegung des § 53 Abs. 1 UrhG herangezogen werden und damit für ein Verständnis im objektiven Sinn streiten.[589] Sicher mag eine Einheitlichkeit der Rechtsordnungen erstrebenswert erscheinen, sie kann indes nicht bedingen, dass es dem Gesetzgeber genommen wird, Begrifflichkeiten – unter Zugrundlegung eines individuellen Zwecks, d. h. hier des Schutzes des gutgläubigen Nutzers – innerhalb seiner Rechtsordnung unterschiedlich zu verstehen.

§ 53 Abs. 1 UrhG beruht auf Art. 5 Abs. 2 und 3 HRL. Dennoch kann im Rahmen einer europarechtskonformen Auslegung das Merkmal nicht näher ausgefüllt werden, da dieses ohne Vorgabe durch die Richtlinie in § 53 Abs. 1 UrhG eingefügt worden ist. Indes kann im Hinblick auf die historische Auslegung der Wille des Gesetzgebers herangezogen werden. In der Gesetzesbegründung heißt es, dass „die öffentliche Zugänglichmachung für den jeweiligen Nutzer nach seinem Bildungs- und Kenntnisstand offensichtlich rechtswidrig sein muss". Damit soll gewährleistet werden, „dass der Verbraucher nicht mit unerfüllbaren Prüfpflichten belastet wird".[590] In diesem Sinne möchte auch die subjektive Theorie das Merkmal der Offensichtlichkeit auslegen und sich auf den Bildungs- und Kenntnisstand des Nutzers beziehen.[591] Dieser Ansatz führt dazu, dass auf den individuellen Nutzer und seinen jeweiligen Kenntnis- und Bildungsstand bzgl. der Klassifizierung des Merkmals der Offen-

587 Jani, ZUM 2003, 842 (850).

588 BGH, NJW 1995, 1287 (1288).

589 BGH, NJW 1995, 1287 (1288); Schenk, Die digitale Privatkopie, 2006, S. 77; Engels, Die verfassungsrechtlichen Grundlagen der Privatkopie, 2006, S. 109.

590 BT-Drucks. 16/1828, S. 26.

591 BT-Drucks. 16/1828, S. 26; Fangerow/Schulz, GRUR 2010, 677 (680); Nolte, CR 2006, 254 (255).

sichtlichkeit abzustellen ist.[592] Allein durch diese Einordnung sei der Grundgedanke durchzusetzen, der einen Schutz des individuellen Nutzers in den Mittelpunkt der konkreten Voraussetzung rückt. Zusätzlich wird infrage gestellt, inwieweit sich der Begriff der Offensichtlichkeit überhaupt losgelöst vom konkreten Fall individualisieren lässt und sich ein Abstellen auf – für alle geltende – Maßstäbe mit den Vorstellungen des Gesetzgebers in Einklang bringen lassen kann.[593] Wird nun aber das Kriterium der Offensichtlichkeit in einem objektiven Sinne verstanden, kann nicht auf den individuellen Bildungsstand des Nutzers eingegangen werden. Indem der Gesetzgeber diese klare Prämisse des Schutzes des konkreten Nutzers aufstellt, würde es dem klar erkennbaren Willen des Gesetzgebers widersprechen, das Merkmal der Offensichtlichkeit dennoch in einem objektiven Sinn zu verstehen.

Im Ergebnis muss dementsprechend von einem subjektiven Verständnis der Voraussetzung der Offensichtlichkeit der Rechtswidrigkeit ausgegangen werden.[594] Die Annahme der Offensichtlichkeit ist dann stets eine reine Frage des Sachverhalts. Nach der Begründung des Gesetzgebers „obliegt es dem Rechtsinhaber zu beweisen, dass die vervielfältigte Vorlage offensichtlich rechtswidrig hergestellt oder unerlaubt öffentlich zugänglich gemacht worden ist".[595]

4. Relevanz im Rahmen des Streamings

Auf Grundlage der zuvor benannten Voraussetzungen des § 53 UrhG ist nunmehr in einem nächsten Schritt zu untersuchen, inwieweit diese bei den relevanten Vorgängen beim Streaming eingreifen. Die Bestimmung des § 53 UrhG greift bei solchen Vorgängen, die mit einer Vervielfältigung i. S. d. § 16 UrhG einhergehen.

---

592 Schenk, Die digitale Privatkopie, 2006, S. 74; Dreier, in: Dreier/Schulze, UrhG, 3. Aufl. (2008), § 53 Rdnr. 12; Fangerow/Schulz, GRUR 2010, 677 (680).

593 Dreier, in: Dreier/Schulze, UrhG, 3. Aufl. (2008), § 53 Rdnr. 12; Liepe, Die Vervielfältigung zum privaten Gebrauch im deutschen und US-amerikanischen Urheberrecht unter besonderer Berücksichtigung der privaten Vervielfältigung kopiergeschützter Audio-CDs, 2006, S. 75; Nordemann, in: Fromm/Nordemann, UrhG, 10. Aufl. (2008), § 53 Rdnr. 14; Meschede, Der Schutz digitaler Musik- und Filmwerke vor privater Vervielfältigung nach den zwei Gesetzen zur Regelung des Urheberrechts in der Informationsgesellschaft, 2007, S. 87 f.

594 Dreier, in: Dreier/Schulze, UrhG, 3. Aufl. (2008), § 53 Rdnr. 12; Lüft, in: Wandtke/Bullinger, UrhG, 3. Aufl. (2009), § 53 Rdnr. 16; Fangerow/Schulz, GRUR 2010, 677 (679 f.).

595 BT-Drucks. 16/1828, S. 26.

a. Erhalt der Datei

Der Uploader muss das Filmwerk vor dem Upload auf das Filmportal in irgendeiner Form auf seinem Computer verfügbar haben. Dafür sind verschiedene Bezugsquellen denkbar.

Wird das Filmwerk über die einschlägigen Onlinekanäle wie One-Click-Hoster oder beispielsweise Filesharing bezogen, ist Anknüpfungspunkt für ein Eingreifen der Schrankenbestimmung die Vervielfältigung bzw. Speicherung auf der Computerfestplatte im Rahmen des Downloadprozesses. Dabei könnte nun die Schrankenbestimmung des § 53 UrhG privilegierend eingreifen. Stets zu beachten ist bei allen etwaig hier im Rahmen des § 53 UrhG zu privilegierenden Handlungen, dass bereits innerhalb der Abgrenzung des analogen zum digitalen Werkgenuss auf die Besonderheit hingewiesen wurde, dass im digitalen Kontext eine Vielzahl spezifischer Vervielfältigungen je Vorgang zu konstatieren ist. Dies ist der Tatsache geschuldet, dass bei – aus Nutzersicht – einfachen Vervielfältigung technisch gesehen tatsächlich nicht nur die einfache Kopie auf der Partition der Festplatte erfolgt, sondern zusätzliche Kopien im RAM und dem Festplattencache. Es sind daher Szenarien denkbar, bei denen die von der Rechtsprechung formulierte Grenze von sieben Kopien überschritten sein könnte,[596] gleichwohl aber auch vertreten wird, dass eine solche Anzahl Kopien zu privilegieren ist, wie sie zur Deckung des persönlichen Bereichs erforderlich sind.[597]

Bereits beim Erhalt der Datei ist damit denkbar, dass diese maximale Anzahl überschritten wird. Dies könnte beispielsweise gegeben sein, soweit die Datei auf der Festplatte – zusätzlich zu den skizzierten Vervielfältigungen im RAM und Festplattencache – auf verschiedenen Partitionen oder externen Datenträgern gespeichert wird. Im Rahmen der vorliegenden Betrachtung soll aber davon ausgegangen werden, dass hier die skizzierte Maximalzahl in einem zu konstruierenden Idealfall unterschritten wird, zumal nach der in der Literatur vertretenden Ansicht ohnehin die Anzahl an Kopien über die Schranke des § 53 UrhG privilegiert wäre, die für den Nutzungsvorgang und der damit verbundenen Deckung des persönlichen Bereichs erforderlich sind.

Entscheidende Bedeutung innerhalb der Privilegierung würde sodann der Frage zu kommen, inwieweit die Rechtswidrigkeit der öffentlichen Zugänglichmachung für den Downloader offensichtlich ist. Nach der hier vertretenen subjektiven Theorie ist dies eine reine Sachverhaltsfrage, die an dieser Stelle nicht ergiebig geprüft werden kann. Im Einzelfall sind die o. g. grundsätzlichen

596 Engels, Die verfassungsrechtlichen Grundlagen der Privatkopie, 2006, S. 100.

597 Dreier, in: Dreier/Schulze, UrhG, 3. Aufl. (2008), § 53 Rdnr. 9; Nippe, GRUR Int 1995, 202 (202 ff.).

Erwägungen zu prüfen,[598] wonach im Hinblick auf den Bezug über Filesharing oder Sharehoster zunächst zu prüfen ist, inwieweit das Werk rechtswidrig öffentlich zugänglich gemacht worden ist.[599] Hinsichtlich der Offensichtlichkeit der Rechtswidrigkeit ist diesbezüglich zu bedenken, dass Anhaltspunkte für eine Rechtswidrigkeit bestehen können, soweit das Filmwerk kostenlos angeboten wird und aktuell noch im Kino oder nur per DVD angeboten wird. Die konkrete Annahme ist daher zwar von den Kriterien des Einzelfalls abhängig, wird aber in der Regel zuungunsten der Person ausfallen, die sich auf eine Privilegierung berufen möchte.

Eine Aufnahme per Videokamera im Kinosaal ist nicht durch § 53 UrhG zu privilegieren, da gem. § 53 Abs. 7 UrhG Aufnahmen von Vorführungen eines Werkes auf Bild- oder Tonträgern lediglich mit der Einwilligung des Berechtigten zulässig sind.[600] Werden von eigenen Vorlagen, beispielsweise einer Videokassette, Kopien erstellt, sind – einen etwaigen Kopierschutz[601] ausgeklammert – von diesen Ausgangsmedien einzelne Vervielfältigungsstücke zu privaten Zwecken durch die Schrankenbestimmung des § 53 Abs. 1 UrhG privilegiert.

b. Onlinestellen

Der darauf folgende Upload geschieht teilweise aus privaten Gründen und zielt auf die Herstellung eines einzelnen Vervielfältigungsstücks ab. Die alles entscheidende Frage im Rahmen der etwaigen Privilegierung lautet dann, inwieweit die Vorlage, die für den Upload herangezogen wird, rechtswidrig hergestellt wurde. Damit ist, soweit ein rechtswidriger Bezug über Filesharing, Sharehoster oder Aufnahme aus dem Kinosaal anzunehmen ist, eine Privilegierung im Kontext zum Upload durch die Schrankenbestimmung des § 53 Abs. 1 UrhG spezifisch zu versagen. Anders müsste die Beurteilung ausfallen, wenn beim Erhalt der Datei eine Privilegierung anzunehmen ist – so also beispielsweise bei der selbstständigen Erstellung der Datei beispielsweise von einer DVD ohne Kopierschutz oder beim Onlinebezug, in dem die Rechtswidrigkeit für den Nutzer nicht offensichtlich war. Soweit hier jedoch konkret eine Privilegierung anzunehmen ist, ist davon lediglich die Vervielfältigung auf dem Zielserver erfasst, eine etwaige öffentliche Zugänglichmachung wird dadurch nicht freigestellt.

598 Vgl. S. 144 f.

599 Davon ist nach den in dieser Untersuchung getroffenen Feststellungen in der Regel auszugehen, vgl. S. 48 ff.

600 Reinbacher, GRUR 2008, 394 (398).

601 Der dann einen Schutz nach § 95a UrhG gegenüber der Schranke der Privatkopie genießen würde; weiterhin ist davon auszugehen, dass fast alle heute erhältlichen optischen Medien über einen solchen Schutz verfügen.

Handelt der Uploader hingegen nicht aus privaten Gründen und zum Zwecke der Erzielung eines Gewinns, ist die Privilegierung über die Schrankenbestimmung des § 53 Abs. 1 UrhG ohnehin bereits zu versagen.

c. Vermitteln

Die Privilegierung der Vermittlung wurde bereits spezifisch im Rahmen des § 44a Nr. 2 UrhG festgestellt. Eine daneben stehende Freistellung aus § 53 UrhG kommt bereits aus dem Grund nicht in Betracht, als die Vervielfältigungen innerhalb eines kommerziellen Dienstes erfolgen und damit keine privaten Zwecke angenommen werden können.

d. Konsum

Zusätzlich zu der bereits festgestellten Privilegierung aus § 44a Nr. 2 UrhG könnte sich eine Freistellung des Konsums aus der Schranke der Privatkopie ergeben.

Fraglich erscheint zunächst, inwieweit ephemere Vervielfältigungen auch unter den Vervielfältigungsbegriff des § 53 Abs. 1 UrhG fallen, d. h., ob eine Vervielfältigung i. S. d. § 53 Abs. 1 UrhG auch automatisiert und ohne weiteres eigenes Zutun des Nutzers überhaupt erstellt werden kann, oder ob hier zwei Vervielfältigungsbegriffe erforderlich sind. Nach dem Wortlaut des § 53 Abs. 1 UrhG sind „einzelne Vervielfältigungen eines Werkes *durch* eine natürliche Person […]" zulässig.[602] Soweit dem Merkmal des „durch" die Rolle zukommen soll, dass die Vervielfältigungen aufseiten des Nutzers bewusst stattfinden, könnte nach der oben aufgeworfenen Ausgangsfrage der Schluss gezogen werden, dass solche Vervielfältigungen, die im Rahmen eines technischen Verfahrens automatisch erzeugt werden, nicht *durch* den Nutzer erzeugt werden. Vielmehr erfolgen diese durch technische Vorgänge, die der Nutzer nur mittelbar steuert, indem er – wie vorliegend – das technische Interface eines Streams aktiviert.

Allerdings kann dem beschriebenen technischen Ablauf ebenso entnommen werden, dass der Nutzer die vorübergehenden Vervielfältigungen durch seine Handlungen jedenfalls mittelbar vornimmt. Diesbezüglich ist zudem zu berücksichtigen, dass die Regelung des § 44a UrhG im Hinblick auf vorübergehende Vervielfältigungen im Zuge der 2001 erlassenen HRL in das deutsche Recht eingeführt worden ist. Ephemere Vervielfältigungen waren technischen Prozessen, wie zum Beispiel Datenverarbeitungsanlagen, aber auch bereits davor im-

602 Auch Art. 5 Abs. 2 lit. b, auf den § 53 Abs. 1 UrhG in Teilen zurückzuführen ist, lautet: „durch eine natürliche Person".

manent,[603] sodass mangels einer Vorschrift des § 44a UrhG dann zur Privilegierung der Rückgriff auf die Schrankenregelung des § 53 Abs. 1 UrhG erforderlich war. Dessen ungeachtet setzt § 53 Abs. 1 UrhG ohne Einschränkungen eine Vervielfältigung i. S. d. § 16 UrhG voraus, dem nach dem eindeutigen Wortlaut dieser Norm auch vorübergehende Vervielfältigungen unterfallen. Weder dem Wortlaut des § 53 Abs. 1 UrhG, der HRL noch den Gesetzesmaterialen ist zu entnehmen, dass § 53 Abs. 1 UrhG nur solche Vervielfältigungen unterfallen sollen, die der Nutzer unmittelbar und selbstständig vorgenommen hat. Zumal zu bedenken ist, dass im Hinblick auf jegliche datenverarbeitungstechnischen Vorgänge die unmittelbare Speicherung stets vonseiten der Technik erfolgt. Im Ergebnis ist daher davon auszugehen, dass auch automatisiert und ohne weiteres eigenes Zutun des Nutzers erstellte vorübergehende Vervielfältigungen durch die Schrankenbestimmung des § 53 Abs. 1 UrhG erfasst sind.[604]

aa. Anzahl der Vervielfältigungsstücke

Beim bloßen Konsum ist in der Regel davon auszugehen, dass dieser weder unmittelbar noch mittelbar Erwerbszwecken dient. Dabei ist an den privaten Nutzer zu denken, der am heimischen Computer das konkrete Streamingangebot betrachtet und damit persönliche Bedürfnisse befriedigt.

Die dabei anfallenden Vervielfältigungen erfolgen auf digitalen Trägermedien – hier Arbeitsspeicher, Festplattencache und/oder der Partition der Festplatte selbst –, müssten aber unter die maximale Anzahl der Vervielfältigungsstücke zu subsumieren sein. Zu der aufgeworfenen Frage, inwieweit der Schranke der Privatkopie eine Schutzwirkung für den digitalen Werkgenuss zukommen mag, wurde festgestellt, dass eine Privilegierung unter den Voraussetzungen des § 53 Abs. 1 UrhG im digitalen Kontext mitunter zu Unwägbarkeiten führen kann. Dies wurde im Rahmen der vorliegenden Untersuchung damit begründet, dass es sich um eine fakultative Regelung im Rahmen der HRL handelt, die nicht zwingend von den nationalen Gesetzgebern umzusetzen ist, zum anderen aber bei den digitalen Speicherungen in der Regel mehrere Vervielfältigungen i. S. d. § 16 UrhG festzustellen sind, sodass ggf. die maximal erlaubte Anzahl der Vervielfältigungsstücke der Privatkopie überschritten werden könnte.[605] Soweit sich die ephemeren Vervielfältigungen vorliegend bereits von der Schran-

603 Gleichwohl vor Anpassung des § 16 UrhG und expliziter Erfassung vorübergehender Vervielfältigungen zumindest umstritten war, inwieweit solche Vervielfältigungen überhaupt durch § 16 UrhG erfasst sind, vgl. S. 40.

604 So im Ergebnis auch: Stieper, MMR 2012, 12 (17); Busch, GRUR 2011, 496 (502); Fangerow/Schulz, GRUR 2010, 677 (679); Radmann, ZUM 2010, 387 (389).

605 Vgl. S. 75 ff.

kenbestimmung des § 44a Nr. 2 UrhG erfasst sehen sollen, kommt einer etwaigen Privilegierung aus § 53 UrhG keine entscheidende Bedeutung mehr zu.

Im Hinblick auf die vollständige Prüfung der einschlägigen Schrankenregelungen soll das Szenario angenommen werden, wonach lediglich der einmalige Abruf eines konkreten Streams erfolgt, der dann lediglich zu Vervielfältigungen im RAM, dem Festplattencache und dem Cache der konkret verwendeten Technologie auf der Partition der Festplatte führt. In diesem Fall wäre die maximale Anzahl der Vervielfältigungsstücke sowohl im Hinblick auf die Rechtsprechung, die eine Beschränkung auf maximal sieben Exemplare annimmt,[606] als auch im Hinblick auf die Literatur, die hierfür keine feste Anzahl heranzieht, sondern vielmehr so viele Vervielfältigungen von der Schrankenbestimmung erfassen möchte, wie sie zur Deckung des persönlichen Bereichs erforderlich sind,[607] nicht überschritten.

bb. Keine offensichtlich rechtswidrig hergestellte oder öffentlich zugänglich gemachte Vorlage

Zudem setzt § 53 Abs. 1 UrhG voraus, dass keine offensichtlich rechtswidrig hergestellte oder öffentlich zugänglich gemachte Vorlage für die ephemeren Vervielfältigungen aufseiten des Konsumenten verwendet worden ist. Auch hier ist erneut festzustellen, dass nach der subjektiven Theorie dies eine reine Sachverhaltsfrage ist, die an dieser Stelle nicht ergiebig geprüft werden kann. Im Einzelfall sind die o. g. grundsätzlichen Erwägungen zu prüfen.[608] Entscheidend ist dann zunächst, inwieweit das Werk rechtswidrig öffentlich zugänglich gemacht worden ist[609] und inwieweit dies für den konkreten Nutzer offensichtlich ist.[610] Anhaltspunkte im Hinblick auf diese Beurteilung könnten sich daraus ergeben, ob auf den Seiten vollständige Top-Ten-Listen in verschiedenen Qualitätsstufen zum kostenlosen Abruf bereitstehen,[611] oder inwieweit die Urheber

606 Lüft, in: Wandtke/Bullinger, UrhG, 3. Aufl. (2009), § 53 Rdnr. 13; Dreier, in: Dreier/Schulze, UrhG, 3. Aufl. (2008), § 53 Rdnr. 9; BGH, GRUR 1978, 474 (474 ff.).

607 Dreier, in: Dreier/Schulze, UrhG, 3. Aufl. (2008), § 53 Rdnr. 9; Nippe, GRUR Int 1995, 202 (202 ff.).

608 Vgl. S. 144 f.

609 Davon ist nach den in dieser Untersuchung getroffenen Feststellungen in der Regel auszugehen, vgl. S. 48 ff.

610 Diesbezüglich kann bereits auf die allgemeinen Erwägungen im Hinblick auf den Uploader verwiesen werden, vgl. S. 149 f.

611 Bei solchen Filmwerken, die bereits in die Verwertung in Form der Kauf-DVD oder der Ausstrahlung im Fernsehen gelangt sind, mag dieses Ergebnis im Detail differenzierter ausfallen. Beispielsweise machen inzwischen Fernsehsender im Rahmen von Online-Mediatheken gesendetes Material verfügbar. Vgl. z. B. die ARD-Mediathek unter http://www.ardmediathek.de/ oder RTL-NOW unter http://rtl-now.rtl.de/.

nicht ohnehin ihre Werke auf kommerziellen On-Demand-Systemen, wie beispielsweise iTunes, zur Verfügung stellen, bei denen der Nutzer für einen Download oder einen Stream ein Entgelt zu entrichten hat. Der Nutzer muss in der Regel daher davon ausgehen, dass der Anbieter nicht berechtigt ist, das konkrete Angebot per Stream kostenlos, unter Übergehung des Urhebers, öffentlich zugänglich zu machen.[612]

5. Zwischenergebnis

Im Hinblick auf das Vorliegen der Schrankenprivilegierung des § 53 Abs. 1 UrhG ergibt sich die Voraussetzung der offensichtlich rechtswidrig hergestellten oder öffentlich zugänglich gemachten Vorlage – nach dem Willen des Gesetzgebers – anhand der subjektiven Theorie, nach der das Merkmal der Offensichtlichkeit für den jeweiligen Nutzer nach seinem Bildungs- und Kenntnisstand zu beurteilen ist. Die Annahme der Offensichtlichkeit ist dann stets eine reine Frage des Sachverhalts, von der die Privilegierung – vorliegend im Hinblick auf den Uploader und den Konsumenten in Betracht zu ziehen – über § 53 Abs. 1 UrhG entscheidend abhängt.

G. Ergebnisse des zweiten Kapitels

Durch das zweite Kapitel sind die spezifischen Nutzungsvorgänge der beteiligten Protagonisten im Rahmen des Streamings einer urheberrechtlichen Bewertung unterzogen worden. Dabei wurde festgestellt, dass durch den Upload in die Rechte aus §§ 16 und 19a UrhG, durch den Vermittler in § 16 UrhG und durch den Konsumenten in § 16 UrhG eingegriffen wird.

Sowohl beim Bereithalten der Streams auf der Streamingplattform als auch bei der Einbindung von Hyperlinks oder Embedded Playern aufseiten der Streamingfilmportale kommt eine relevante Teilnahmehandlung an den später ggf. bestehenden Eingriffen in die Rechte der Urheber vonseiten des Konsumenten in Betracht. Durch die Streamingfilmportale erfolgt – zumindest bei Verwendung von Embedded Playern – zudem ein täterschaftlicher Eingriff in § 19a UrhG. Ferner kommt hinsichtlich des § 19a UrhG auch eine Teilnahmehandlung der Streamingplattformen in Betracht, soweit der Plattform obliegende Prüfpflichten verletzt werden.

Eine Privilegierung der Verwendung von Embedded Playern kann generell ausgeschlossen werden. Vervielfältigungen aufseiten der Vermittler sind durch

612 Reinbacher, GRUR 2008, 394 (400); Jani, ZUM 2003, 842 (853).

§ 44a Nr. 1 UrhG privilegiert. Der Uploader kann auch – von den Umständen des Einzelfalls abhängig – über § 53 Abs. 1 UrhG privilegiert sein.

Nach überzeugender Ansicht ist über § 44a Nr. 2 UrhG der Werkgenuss als Nutzung einzuordnen, sodass sich die Nutzung aufseiten des Konsumenten, soweit kein Rückgriff auf die ephemeren Vervielfältigungen oder die Konfiguration der eingesetzten Technologie erfolgt, hier als privilegiert einordnen lassen muss. Daneben kommt ferner eine Privilegierung aus § 53 Abs. 1 UrhG in Betracht, dies hängt jedoch maßgeblich von den Besonderheiten des jeweiligen Einzelfalls ab.

Drittes Kapitel: Bestandsaufnahme und Gestaltungsmöglichkeiten

Im Rahmen des dritten Kapitels soll unter Berücksichtigung der urheberrechtlichen Bewertung der Nutzungsvorgänge des Streamings des zweiten Kapitels[613] und der im ersten Kapitel getroffenen Feststellungen im Hinblick auf die digitale Mentalität und die Herausforderungen der Informationsgesellschaft[614] erarbeitet werden, ob und inwieweit de lege ferenda der Werkgenuss im digitalen Kontext beschränkt werden könnte.

A. Ausgangslage

Die Beurteilung dieser Frage ist dabei zum einen von der juristischen Vereinbarkeit mit bestehenden Grundsätzen und Regelungen geprägt, wird zum anderen aber auch durch rechtspolitische Erwägungen und das eröffnete Ermessen bestimmt. Dass die Verfügbarkeit vielfältiger Möglichkeiten zum Konsum urheberrechtlich geschützter Werke über kostenlose Kanäle entsprechendes Wohlwollen aufseiten der Nutzer erzeugt, wurde in der Einleitung aufgezeigt.[615] Zusätzlich wurde in der urheberrechtlichen Bewertung der Vorgänge im Rahmen der Streamingfilmportale konstatiert, dass de lege lata eine pauschale Freistellung des digitalen Werkgenusses durch die Schrankenregelung des § 44a Nr. 2 UrhG bzw. Art. 5 Abs. 1 HRL erfolgt. Aktuell ist daher anzudenken, inwieweit de lege ferenda Anpassungen an diesen Regelungen vorgenommen werden können. In diesem Zusammenhang wäre zu beurteilen, inwieweit das Ausmaß der festgestellten Privilegierung den Rechteinhabern zuzumuten ist und welche Gründe dafür und dagegen sprechen könnten, nunmehr im digitalen Kontext eine Restriktion des bisher freizustellenden Vorgangs des Werkgenusses zu empfehlen.

Soweit eine Restriktion des digitalen Werkgenusses positiv beschieden wird, wäre darauf aufbauend eine Wortlautanpassung des § 44a Nr. 2 UrhG zu entwickeln und sodann zu überprüfen, inwieweit dies als verfassungsgemäß zu erachten und mit der Richtlinie zur Harmonisierung bestimmter Aspekte des Urheberrechts und der verwandten Schutzrechte in der Informationsgesellschaft zu vereinbaren wäre. Daneben muss diese Prüfung auch im Hinblick auf völkerrechtliche Verträge erfolgen. Maßgeblich könnte diese Durchsetzung auch von der

613 Vgl. S. 29 ff.
614 Vgl. S. 21 ff.
615 Vgl. S. 1 ff.

Implementierung weiterer rechtlicher und/oder technischer Instrumente abhängen. Diese sollen daher in einem weiteren Schritt analysiert werden, um sodann im Abschluss dazu Stellung nehmen zu können, inwieweit eine Restriktion des digitalen Werkgenusses insgesamt zu empfehlen ist und ob sich zu einer Wortlautanpassung und einer technischen Durchsetzung auch ein Gegenmodell anbieten könnte.

B. Eigener Lösungsvorschlag de lege ferenda

Zunächst sind im Fortgang der Betrachtung das Für und das Wider einer Restriktion des digitalen Werkgenusses zu diskutieren.

I. Differenzierung zwischen analogem und digitalem Werkgenuss

De lege lata ist nach der im Rahmen dieser Arbeit erfolgten Auslegung davon auszugehen, dass sich innerhalb der SRL und DRL ein Paradigmenwechsel in Bezug auf den Werkgenuss dergestalt ergibt, als dieser durch die Richtlinien der vollständigen Kontrolle der Urheber unterworfen wird und somit eine Abkehr vom bisher vorherrschenden Werkgenuss, d. h. der reinen Benutzung eines Werkes ohne Einfluss des Urhebers,[616] darstellt. Es wurde im Rahmen dieser Abhandlung festgestellt, dass sich dieser Paradigmenwechsel im Hinblick auf die HRL nicht ergibt.[617] Gleichwohl muss vorliegend hinterfragt werden, inwieweit sich de lege ferenda unter Berücksichtigung spezifischer Argumentationslinien ein solcher Paradigmenwechsel ergeben könnte. Auch wenn Art. 5 HRL insgesamt als die Summe aller nationalen Beschränkungen bezeichnet wird, welche die Mitgliedstaaten nicht bereit waren aufzugeben,[618] wäre der europäische Gesetzgeber grundsätzlich nicht an der Konstruktion des deutschen Rechts gebunden, den Werkgenuss, insbesondere im digitalen Kontext, ohne Einschränkung von der Einflussmöglichkeit des Urhebers auszuschließen.

Insbesondere wenn eine unterschiedslose Gleichstellung des analogen und digitalen Werkgenusses im Einzelfall dazu führte, dass das Gleichgewicht zwischen den Interessen der Urheber und der Konsumenten nicht mehr hergestellt wäre, müsste im europäischen Rahmen eine abweichende Bestimmung angestrebt werden. Dies ließe sich auch damit begründen, dass der Werkgenuss im

616 Vgl. S. 70 ff.
617 Vgl. S. 75 ff.
618 Jehoram, GRUR Int 2001, 807 (809 f.).

digitalen Kontext gerade an der Schnittstelle zwischen der klassischen Rezeption von Werken im analogen Kontext und dem spezifisch neu zu regelnden Themenbereich der Software und Datenbanken anzuordnen ist. Aus gesetzgeberischer Sicht ist es allenfalls eine Frage der Begründung, in welche dieser Kategorien der digitale Werkgenuss einzuordnen ist und inwieweit sich der aus der Software-Richtlinie für Computerprogramme ergebende Paradigmenwechsel in Bezug auf den Werkgenuss sodann auch im Rahmen der Regelung des Art. 5 Abs. 1 HRL ergeben soll.[619] Dies steht jedenfalls auch abstrakt mit der Rechtsprechung des *BGH* und *EuGH* im Einklang, die für sich zum einen auf einen „effektiven Schutz des geistigen Eigentums" in der Informationsgesellschaft drängt,[620] zum anderen aber auch auf die bestehenden Differenzen zwischen dem analogen und digitalen Kontext hinweist und die grundsätzliche Möglichkeit des unterschiedlichen Nutzungspotenzials herausstellt.[621]

II. Position der Urheber

Die „Gesellschaft zur Verfolgung von Urheberrechtsverletzungen" (GVU) geht bereits de lega lata davon aus, dass über die Schrankenbestimmung des § 44a Nr. 2 UrhG eine Privilegierung des digitalen Werkgenusses vollständig von der Zustimmung der Urheber (bzw. dem Eingreifen einer anderen Schrankenregelung) abhängt.[622] Im Rahmen dieser Untersuchung wurde belegt, dass nach derzeitigem Gesetzesstand aber eine pauschale Freistellung des digitalen Werkgenusses zu erfolgen hat.

Gleichwohl ließe sich dem Vorbringen der GVU jedenfalls entnehmen, dass für die Wahrung eines effektiven Schutzes der Interessen der Urheber eine Restriktion des digitalen Werkgenusses vonnöten ist. Generell ist dieser Ansatzpunkt insofern nicht fernliegend, als dem Konsumenten durch die unterschiedslose Freistellung des digitalen Werkgenusses auch in solchen Fällen eine Privilegierung zugutekommt, in denen offensichtlich ist, dass die Filmwerke nicht mit der Zustimmung der Urheber verfügbar gemacht worden sind. Jedenfalls in diesen Fällen ließe sich ein berechtigtes Interesse, auch von einem rechtspolitischen Standpunkt aus, an der Restriktion des digitalen Werkgenusses annehmen.

---

619 Vgl. S. 81 ff.

620 EuGH, NJW 2008, 743 (744).

621 BGH, MMR 2002, 739 (740); Freiwald, Die private Vervielfältigung im digitalen Kontext am Beispiel des Filesharing, 2004, S. 172 f.

622 GVU, DACH-Branchenforum 2009, 19.11.2009.

III. Position der Konsumenten

Innerhalb der Auslegung des Art. 5 Abs. 1 HRL wurde im Kontext zum Browsing der Schutzgedanke aufgestellt, wonach sich der Konsument in gewissen Situationen der spezifischen Prüfung der Rechtmäßigkeit des aufgerufenen Contents nicht stellen kann.[623] So sind jedenfalls vielfältige Szenarien denkbar, bei denen sich der Nutzer nicht bewusst sein kann, inwieweit die öffentliche Zugänglichmachung im Interesse des Urhebers geschieht und ob sich bzgl. seiner konkreten ephemeren Vervielfältigungen eine (konkludente) Zustimmung des Urhebers ergibt. Diesen Schutzgedanken müsste eine Anpassung der Schrankenregelung daher entsprechend würdigen, um die grundsätzlich bezweckte Freistellung des Browsings im Rahmen der HRL zu erhalten, gleichzeitig aber den Schutz des Urhebers angemessen zu verstärken.

IV. Fehlende Kontrollmöglichkeit

Als ausschlaggebendes Argument für eine Freistellung des Werkgenusses de lege lata diente unter anderem, dass sich dem Urheber derzeit ohnehin keine Kontrollmöglichkeit für den digitalen Werkgenuss ergibt. Auch dem Einsatz von DRM-Systemen konnte hier – insbesondere aus technischen Gründen – keine hinreichende Absicherung entnommen werden.[624] Der Datentransfer ist derzeit insofern nicht zu kontrollieren, als dieser direkt zwischen dem Anbieter der Plattform und dem Konsumenten erfolgt. Weitere technische oder rechtliche Möglichkeiten der tatsächlichen Durchsetzung einer Restriktion sind derzeit nicht gegeben, sodass trotz der etwaigen Einschränkung der Privilegierung des digitalen Werkgenusses im Ergebnis dem Urheber kein erweiterter Schutz zukommen würde.

Bereits bei der Privatkopie hat der Gesetzgeber anerkannt, dass eine Regelung, die rechtlich und tatsächlich nicht durchsetzbar ist, die Autorität und Glaubwürdigkeit der Rechtsordnung unterlaufen würde.[625] In diesem Zusammenhang ist dann auch die Freistellung des analogen Werkgenusses als ein Reflex des Gesetzgebers auf die nicht durchführbare Kontrolle im privaten Raum zu verstehen. Hier konnte aber zumindest noch im Rahmen des Stufensystems der mittelbaren Erfassung des Endverbrauchers eine ausreichende Berücksichtigung der Interessen der Urheber angenommen werden. Im digitalen Kontext ist ein Funktionieren dieses Systems spezifisch einzuschränken,[626] sodass dies iso-

623 Vgl. S. 126 ff.

624 Vgl. S. 75 ff.; Grassmuck, ZUM 2005, 104 (108).

625 Fangerow/Schulz, GRUR 2010, 677 (681).

626 Vgl. S. 86 ff.

liert für sich durchaus eine Restriktion des Werkgenusses im digitalen Kontext begründen könnte. Diesem stehen indes nach wie vor die fehlende Kontrollmöglichkeit und die Tatsache gegenüber, dass sich der Nutzer an die urheberrechtliche Irrelevanz dieses Vorgangs bereits im analogen Kontext gewöhnt hat.

V. Novellierung des § 53 Abs. 1 UrhG im Kontext zum Filesharing

Der Gesetzgeber hat bereits spezifisch den Entwicklungen der Digitalisierung und dem geänderten Nutzungsverhalten innerhalb der Novellierung des § 53 Abs. 1 UrhG Rechnung tragen müssen.[627] Im Rahmen dieser Anpassung der Formulierung der offensichtlich rechtswidrig öffentlich zugänglich gemachten Vorlagen stellt der Gesetzgeber in der Gesetzesbegründung auch ausdrücklich klar, dass damit vor allem „Filesharing in Peer-to-Peer-Tauschbörsen" erfasst werden soll und so „Urheber und Rechteinhaber gegen das Kopieren aus Filesharing-Systemen im Internet erfolgreich vorgehen" können sollen.[628] Dabei ist jedoch die Tatsache zu bedenken, dass den Rechteinhabern im Kontext zum Filesharing über die Abfrage der IP-Adresse der Nutzer ein grundsätzlicher Zugriff auf die Nutzer dieser Systeme gegeben ist. Mit der Client-Software selbst können also systematisch die potenziellen Rechtsverletzer erhoben und über ein Auskunftsverlangen gegenüber dem Access-Provider etwaige Ansprüche gegen die Verletzer geltend gemacht werden.[629] Dieses Instrument bietet sich bei der Verwendung der Streamingfilmportale und einer etwaigen Kontrolle

---

627 Vgl. S. 141 ff.

628 BT-Drucks. 16/1828, S. 26; Loewenheim, in: Schricker/Loewenheim, UrhG, 4. Aufl. (2010), § 53 Rdnr. 20; Loewenheim, in: Loewenheim (Hrsg.), Handbuch des Urheberrechts, 2. Aufl. (2010), § 31 Rdnr. 29.

629 Welp, Die Auskunftspflicht von Access-Providern nach dem Urheberrechtsgesetz, 2009, S. 18 f.; Freiwald, Die private Vervielfältigung im digitalen Kontext am Beispiel des Filesharing, 2004, S. 175 f.; Freiwald, Die private Vervielfältigung im digitalen Kontext am Beispiel des Filesharing, 2004, S. 32. Vgl. dazu die technischen Ausführungen, S. 9. Allerdings ist zu bedenken, dass ein solcher Anspruch häufig ergebnislos verläuft, da die Provider die Verkehrsdaten maximal sieben Tage speichern und der Auskunftsanspruch der Urheber über § 101 UrhG damit regelmäßig zu keinem Erfolg führen wird. Zudem läuft die bisher gängige Praxis, Akteneinsicht in das Ermittlungsverfahren der Staatsanwaltschaft zu nehmen, die von den Access-Providern gem. § 113 TKG i.V.m. §§ 161, 163 StPO Auskunft im Hinblick auf den Anschlussinhaber verlangte, auch insofern ins Leere, als die Staatsanwaltschaften immer mehr dazu übergegangen sind – ohne vorherige Ermittlungen –, die Verfahren gem. § 153 StPO einzustellen. Vgl. dazu umfassend Wehr/Ujica, MMR 2010, 667 (670).

des digitalen Werkgenusses nicht an. Insgesamt zeigte der Gesetzgeber aber auf, dass er spezifisch bereit und in der Lage ist, auf technologische Entwicklung zu reagieren, um den Urhebern ein angemessenes Schutzniveau innerhalb des UrhG zu gewähren.

VI. Wortlautanpassung § 44a Nr. 2 UrhG

Mit der Freistellung des digitalen Werkgenusses wird insbesondere im Kontext zu den Streamingfilmportalen dem Konsumenten ein Vorgang ermöglicht, der ansonsten spezifisch nur über einen in der Regel kostenpflichtigen Weg zu erreichen wäre. Das Stufensystem der mittelbaren Erfassung des Endverbrauchers greift hier nur noch eingeschränkt, der Vermittler ist schwer zu greifen, sodass der Urheber einer Partizipationsmöglichkeit beraubt ist und dieser von der wirtschaftlichen Verwertung seines Werkes ausgeschlossen wird. Dabei resultiert die größere Gefährdung zwar aus der Zurverfügungstellung der Filmwerke und dem tatsächlich realisierten Gewinn aus diesen Plattformen, dennoch sollte sich der Konsument grundsätzlich bewusst sein, dass ein großer Teil der Darstellungen der Streamingangebote ohne Einverständnis des Urhebers erfolgt. Obwohl sich der Konsument zwar generell an das Prinzip des Werkgenusses in einer unbeschränkten Form gewöhnt haben mag, scheint daher konkret eine gewisse Restriktion zur Herstellung des Gleichgewichts ratsam. Allerdings ist bei einer etwaigen Novellierung der Schrankenregelung eine Differenzierung zu solchen Sachenverhalten zu bedenken, bei denen sich der Konsument nicht bewusst ist, dass das konsumierte Filmwerk nicht durch den Urheber oder mit dessen Zustimmung im Internet öffentlich zugänglich gemacht worden ist.

De lege ferenda wäre die Anforderung an die Norm, dass eine Restriktion des digitalen Werkgenusses erfolgt. Dazu ist ein Differenzierungskriterium innerhalb des digitalen Werkgenusses zu entwickeln, das dem Gesetzesanwender veranschaulicht, in welchen Fällen eine Privilegierung weiterhin erfolgt. Diesem Kriterium müssen die Aspekte zugrunde gelegt werden, die in der grundsätzlichen Diskussion zur Restriktion des Werkgenusses ermittelt worden sind. Aufseiten des Konsumenten müsste das Kriterium folglich der besonderen Schutzbedürftigkeit Rechnung tragen. Den Interessen des Urhebers wäre bereits insofern Bedeutung eingeräumt, als überhaupt eine messbare Verbesserung im Vergleich zum Status quo erreicht werden würde.

Im Rahmen der vorliegenden Untersuchung wurde bereits verschiedentlich auf die Novellierung des § 53 UrhG im Kontext zum Filesharing eingegangen. Der Voraussetzung der offensichtlichen Rechtswidrigkeit und der konkreten Prüfung des subjektiven Blickwinkels des jeweiligen Nutzers liegt auch hier eine besondere Schutzbedürftigkeit des Personenkreises des Konsumenten zugrunde. Gleichzeitig wurde aber mit der Wortlautanpassung eine spezifische Einschränkung der Nutzung der Filesharing-Dienste erreicht. Dieser Ansatz könnte auch vorliegend dafür verwendet werden, um eine angemessene Restriktion des Werkgenusses im digitalen Kontext zu erreichen. Damit würde zum einen der Schutz solcher Nutzer erhalten bleiben, denen eine konkrete rechtliche Prüfung des betrachteten Materials nicht möglich ist. Zum anderen dürften sich aber solche Nutzer nicht von der Regelung erfasst sehen, bei denen eine entsprechende Kenntnis bzw. Bösgläubigkeit anzunehmen ist.[630]

Derzeit lautet § 44a UrhG wie folgt:

> § 44a UrhG – Vorübergehende Vervielfältigungshandlungen
>
> Zulässig sind vorübergehende Vervielfältigungshandlungen, die flüchtig oder begleitend sind und einen integralen und wesentlichen Teil eines technischen Verfahrens darstellen und deren alleiniger Zweck es ist,
>
> 1. eine Übertragung in einem Netz zwischen Dritten durch einen Vermittler oder
> 2. eine rechtmäßige Nutzung
>
> eines Werkes oder sonstigen Schutzgegenstands zu ermöglichen, und die keine eigenständige wirtschaftliche Bedeutung haben.

Unter der Berücksichtigung der vorbenannten Erwägungen könnte sich nunmehr eine Änderung wie folgt anbieten:

> § 44a UrhG – Vorübergehende Vervielfältigungshandlungen
>
> Zulässig sind vorübergehende Vervielfältigungshandlungen, die flüchtig oder begleitend sind und einen integralen und wesentlichen Teil eines technischen Verfahrens darstellen und deren alleiniger Zweck es ist,
>
> 1. eine Übertragung in einem Netz zwischen Dritten durch einen Vermittler oder
> 2. eine rechtmäßige Nutzung, soweit dieser keine offensichtlich rechtswidrig hergestellte oder öffentlich zugänglich gemachte Vorlage zugrunde liegt,
>
> eines Werkes oder sonstigen Schutzgegenstands zu ermöglichen, und die keine eigenständige wirtschaftliche Bedeutung haben.

Im Rahmen des dazugehörigen Erwägungsgrundes sollte zusätzlich, um den Auslegungsproblemen des § 53 Abs. 1 UrhG entgegenzutreten, klargestellt werden, dass bei der Bestimmung des Merkmals der Offensichtlichkeit auf den spezifischen Standpunkt des jeweiligen Nutzers abzustellen ist. Allein unter Be-

630 Vgl. Busch, GRUR 2011, 496 (502). Der annimmt, eine solche Auslegung ergebe sich bereits de lege lata im Rahmen einer Auslegung des § 44a Nr. 2 UrhG, vgl. S. 97 ff.

rücksichtigung seines Erfahrungsschatzes und individuellen Bildungsgrades kann ein angemessener Schutz des Konsumenten gewährleistet werden.[631] Als Zeitpunkt für die Bestimmung dieser Voraussetzung muss der Moment herangezogen werden, in welchem dem Nutzer alle Fakten für die konkrete Bewertung offengelegt sind. Falls bis dahin ggf. bereits ephemere Vervielfältigungen erzeugt worden sind, wäre dies insofern irrelevant, als bis zu diesem Zeitpunkt noch die Schrankenbestimmung des § 44a Nr. 2 UrhG greifen müsste.

VII. Verstoß gegen Grundrechte

Diese Wortlautanpassung müsste mit den Normen des Grundgesetzes im Einklang stehen.

1. Urheber

Im Hinblick auf die Urheber könnte durch eine Restriktion des digitalen Werkgenusses bzw. eine weiterbestehende Freistellung des digitalen Werkgenusses ein Eingriff in das Grundrecht des Eigentums der Urheber vorliegen. Das Grundrecht des Eigentums aus Art. 14 Abs. 1 GG findet innerhalb des Urheberrechts insofern Berücksichtigung, als Ausfluss dieses Schutzes der Grundgedanke des Urheberrechts ist, den Urheber tunlichst angemessen an der wirtschaftlichen Verwertung seines Werkes zu beteiligen.[632] Dieses Interesse wird mit solchen Schrankenregelungen beschränkt, die einen zustimmungslosen Konsum des Nutzers ermöglichen und denen dann auch keine Vergütung im Rahmen des Stufensystems der mittelbaren Erfassung des Endverbrauchers zugrunde liegt.[633]

Allerdings ist im Hinblick auf die hier diskutierte Wortlautanpassung zu berücksichtigen, dass diese für den Urheber eine Besserstellung bedeutet. Derzeit ist – unter Berücksichtigung der in dieser Arbeit vollzogenen Auslegung – der digitale Werkgenuss generell freigestellt. Durch die Anpassung wäre der Werkgenuss aber in solchen Fällen nicht mehr freizustellen, in denen sich die Rechtswidrigkeit der öffentlichen Zugänglichmachung für den Nutzer ergibt. Im Umkehrschluss zur generellen Freistellung des digitalen Werkgenusses ist eine Restriktion des Werkgenusses daher generell dazu geeignet, einem etwaigen Einkommensverlust der Rechteinhaber entgegenzusteuern, gleichwohl dies nicht

---

631 Vgl. dazu Ausführungen im Rahmen des § 53 Abs. 1 UrhG, S. 144 ff.

632 Engels, Die verfassungsrechtlichen Grundlagen der Privatkopie, 2006, S. 87; Hofmann, in: Schmidt-Bleibtreu/Hofmann/Hopfauf, GG, 11. Aufl. (2008), Art. 14 Rdnr. 9; Hofmann, in: Schmidt-Bleibtreu/Hofmann/Hopfauf, GG, 11. Aufl. (2008), Art. 14 Rdnr. 15; Kröger, Informationsfreiheit und Urheberrecht, 2002, S. 217.

633 Vgl. S. 86 ff.

damit gleichzusetzen wäre, dass jeder, der dann nicht mehr konsumieren kann, auch gewillt und in der Lage ist, Geld für einen Konsum auszugeben. Da in dieser Wortlautanpassung aber jedenfalls eine weniger belastende Regelung für den Urheber zu sehen ist, muss diese auch mit dem Grundrecht des Urhebers aus Art. 14 Abs. 1 GG im Einklang stehen.

2. Konsumenten

Der Konsument könnte sich im Hinblick auf eine Differenzierung zwischen dem analogen und digitalen Werkgenuss auf den Gleichheitssatz aus Art. 3 Abs. 1 GG berufen. Dem Gesetzgeber muss hinsichtlich der sachlichen Unterscheidung zwischen diesen verschiedenen Arten des Werkgenusses allerdings ein gesetzgeberisches Ermessen zugesprochen werden.[634] Würde der Gesetzgeber die Gesamtheit der Personen, die an der jeweiligen Werkvermittlung partizipieren können, in den Fokus dieses Ermessens stellen, könnte angenommen werden, dass jedenfalls dem digitalen Werkgenuss eine insofern größere Gefahr innewohnt, als ein größerer Personenkreis durch die zentrale Werkvermittlung erreicht wird. Durch eine pauschale Freistellung des digitalen Werkgenusses könnte der Werkvermittlung ohne Zutun und Einverständnis des Urhebers zumindest Auftrieb gegeben werden. Soweit diese Gefahr im digitalen Kontext als erheblicher bewertet werden würde und nicht die grundsätzliche Identität des Werkgenusses als Vorgang selbst in den Vordergrund gestellt wird, könnte der Gesetzgeber dementsprechend im Rahmen eines bestehenden Ermessens nach rechtspolitischen Erwägungen von ungleichen Sachverhalten ausgehen, die sodann eine Ungleichbehandlung im Rahmen des Art. 3 Abs. 1 GG rechtfertigen könnten und die Annahme einer willkürlichen Ungleichbehandlung ausschließen müssten. Diesem wird die vorgeschlagene Wortlautanpassung insofern gerecht, als hier entsprechend zwischen dem digitalen und analogen Werkgenuss differenziert wird. Die Regelung ist aufgrund der ephemeren Vervielfältigungen einzig im digitalen Kontext einschlägig.

Unterstützt werden muss dieses Ergebnis auch davon, dass in der Wortlautanpassung die Interessen der Urheber auch insofern besondere Berücksichtigung finden, als die Wortlautanpassung von einem Schutzgedanken im Sinne des Konsumenten getragen wird. Die vorgeschlagene Wortlautanpassung des § 44a Nr. 2 UrhG führt dazu, dass in offensichtliche Fälle, in denen die Zugänglichmachung nicht durch den Urheber oder zumindest ohne Zustimmung des Urhebers erfolgt, keine Privilegierungswirkung der Schranke eintritt. Im Umkehrschluss wäre aber der Nutzer weiterhin durch die Schrankenregelung privi-

634 Kannengießer, in: Schmidt-Bleibtreu/Hofmann/Hopfauf, GG, 11. Aufl. (2008), Art. 3 Rdnr. 18.

legiert, der sich nicht bewusst ist, dass Inhalte rechtswidrig öffentlich zugänglich gemacht worden sind.

Folglich ist die hier vorgeschlagene Wortlautanpassung auch unter dem Gesichtspunkt des Gleichheitssatzes sowie im Hinblick auf den Konsumenten als verfassungsgemäß zu erachten.

VIII. Europarechtliche Vorgaben und völkerrechtliche Verträge

Daneben ist zu berücksichtigen, dass § 44a UrhG auf Art. 5 Abs. 1 HRL beruht, mithin die Wortlautanpassung den europarechtlichen Vorgaben entsprechen müsste. Im Hinblick auf Art. 5 Abs. 1 HRL, der in dieser Form zwingend für die Mitgliedstaaten umzusetzen war,[635] bietet diese Regelung keinen Raum für die skizzierte Anpassung. Der Erlass einer neuen oder angepassten Richtlinie wäre sonach zwingende Voraussetzung, damit die Wortlautanpassung den europarechtlichen Vorgaben entspricht.

Die Wortlautanpassung müsste aber auch dem Gedanken des Erwägungsgrundes 33 der HRL entsprechen, wonach Browsing und Caching nach der hier getroffenen Feststellung de lege lata pauschal freigestellt werden sollen. Die Anpassung könnte in diesem Kontext gleichwohl zu einer unangemessenen Restriktion des Browsings und des Werkgenusses führen, wenn der Werkgenuss im digitalen Kontext dergestalt beschränkt werden würde, dass der Nutzer Gefahr läuft, bei jeder Verwendung des Internetbrowsers eine nicht privilegierte Vervielfältigung vorzunehmen. Dann wäre von einer unangemessenen Beschränkung des Browsings auszugehen. Das bereits im Rahmen der Verfassungsmäßigkeit eingeführte Argument, wonach der Nutzer durch das Merkmal der Offensichtlichkeit der rechtswidrigen öffentlichen Zugänglichmachung innerhalb der Wortlautanpassung einen besonderen Schutz erfährt, muss aber auch an dieser Stelle Berücksichtigung finden. Geht die HRL bisher von einer generellen Freistellung solcher Handlungen aus, die dem Werkgenuss dienen, ist mit der Wortlautanpassung gleichwohl weiterhin keine unangemessene Restriktion des Werkgenusses verbunden, da kein schutzwürdiges Interesse des Nutzers daran bestehen kann, Werke zu konsumieren, die unter Umgehung der Urheber öffentlich zugänglich gemacht worden sind. Dem grundsätzlichen Schutzgedanken des Erwägungsgrundes 33 der HRL wäre daher auch mit der Wortlautanpassung im hier diskutierten Sinne dennoch Genüge getan.

Die Wortlautanpassung müsste daneben mit den völkerrechtlichen Verträgen im Einklang stehen. Art. 5 Abs. 5 HRL nimmt auf diese bereits insofern Be-

635 Vgl. S. 66 f.

zug, als der Drei-Stufen-Test aufgenommen wurde und damit ein Bestandteil der „WIPO Performances and Phonograms Treaty" und des „Agreement on Trade-Related Aspects of Intellectual Property Rights (TRIPS)", in denen der Drei-Stufen-Test vorab ebenso Einzug genommen hat, in der HRL verankert wurde. Sowohl im Hinblick auf die europarechtlichen Vorgaben und völkerrechtlicher Verträge muss eine Wortlautanpassung aus diesem Grund mit dem Drei-Stufen-Test im Einklang stehen, nach dem Ausnahmen und Beschränkungen der Verwertungsrechte nur dann gerechtfertigt sind, soweit die normale Verwertung des Werkes und die berechtigten Interessen des Urhebers nicht übermäßig beeinträchtigt werden. Im Rahmen dieser Arbeit wurde festgestellt, dass ein Verständnis des Art. 5 Abs. 1 HRL, wonach durch diese Regelung grundsätzlich eine generelle Freistellung des digitalen Werkgenusses erfolgen soll, auch nach dem Drei-Stufen-Test zulässig ist.[636] Im Umkehrschluss muss eine Regelung, die dem Urheber einen weitergehenden Schutz als bisher bietet, auch an dieser Stelle bedingen, dass diese im Einklang mit dem im Rahmen der völkerrechtlichen Verträge relevanten Drei-Stufen-Test steht.

IX. Ergebnis

Die hier eingeführte Wortlautanpassung steht im Einklang mit den einschlägigen Normen des Grundgesetzes und den Anforderungen des Drei-Stufen-Tests. Im Hinblick auf die europarechtlichen Vorgaben ist zu bedenken, dass Art. 5 Abs. 1 HRL derzeit keinen Raum für diese Wortlautanpassung bietet, sodass hier eine konkrete Anpassung notwendig wäre.

Die vorgeschlagene Wortlautanpassung ist damit insofern zu empfehlen, als sich damit der Konsument im Hinblick auf ephemere Vervielfältigungen nicht mehr auf die Schrankenbestimmung des § 44a Nr. 2 UrhG berufen kann, der sich bewusst ist, dass die öffentlich zugänglich gemachten Filmwerke ohne Zustimmung des Urhebers online gestellt worden sind. Bei der Novellierung des § 53 Abs. 1 UrhG hat der Gesetzgeber aber bereits deutlich gemacht, dass eine Regelung, die rechtlich und tatsächlich nicht durchsetzbar ist, die Autorität und Glaubwürdigkeit der Rechtsordnung unterlaufen würde.[637] Eine Restriktion des Werkgenusses im hier skizzierten Sinne erscheint demzufolge insofern nur empfehlenswert, als überhaupt eine Möglichkeit besteht, eine solche Veränderung der Schrankenbestimmung überhaupt gegenüber dem Konsumenten in rechtlicher und tatsächlicher Hinsicht durchzusetzen.

---

636 Vgl. S. 101 ff.

637 Fangerow/Schulz, GRUR 2010, 677 (681).

C. Durchsetzung einer Restriktion des digitalen Werkgenusses

Infrage zu stellen ist demnach, ob die Wortlautanpassung auch durch technische Überwachungen flankiert werden könnte. Dies könnte durch Netzsperren oder die Deep Packet Inspection gewährleistet werden. Zu bedenken ist, dass diese Maßnahmen in jedem Fall im Hinblick auf etwaig damit verbundene Eingriffe in Grundrechte der Konsumenten einer Verhältnismäßigkeitsprüfung standhalten müssen. Dies erscheint mit Blick auf beide Instrumente äußerst zweifelhaft.

Verhältnismäßig wären Netzsperren und die Deep Pack Inspection, wenn diese als geeignet, erforderlich und angemessen zu erwachten wären.[638] Generell-abstrakt steht im Rahmen von Netzsperren die Möglichkeit offen, den Zugang zu solchen Plattformen oder Diensten zu sperren, die einen Werkgenuss ermöglichen, der mit nicht zu privilegierenden ephemeren Vervielfältigungen einhergeht. Als Netzsperren sind Manipulationen an den DNS-Servern (Domain Name System) zu verstehen. Der DNS-Server leitet den Aufruf Klartextadresse (auch: URL; d. h., bspw. http://www.bverfg.de) auf die tatsächlich zu dieser URL gehörenden IP-Adresse des Servers um. Über eine Sperrliste kann durch den DNS-Server im Rahmen der Netzsperren veranlasst werden, dass der Nutzer von der eigentlich aufgerufenen Internetseite auf eine andere Seite umgeleitet wird.[639] Der Gesetzgeber ließ bereits verlauten, dass dieses Regelungsinstrument

---

638 BVerfG, NJW 2000, 55 (57); Baldus, in: Epping/Hillgruber, GG, 2009, Art. 10 Rdnr. 40; Jarass, in: Jarass/Pieroth, GG, 10. Aufl. (2009), Art. 10 Rdnr. 16 ff.

639 LG Hamburg, MMR 2010, 488 (489 f.); VG Düsseldorf, MMR 2005, 794 (799); Schnabel, JZ 2009, 996 (997); Sieber, CR 1997, 581 (593 f.); Sieber/Nolde, Sperrverfügungen im Internet, 2008, S. 85; Sieber, JZ 2009, 653 (654); Stadler, MMR 2009, 581 (581 ff.); Karavas, Digitale Grundrechte, 2007, S. 165; Trenkelbach, Internetfreiheit, 2005, S. 31 f.; Paul, Primärrechtliche Regelungen zur Verantwortlichkeit von Internetprovidern aus strafrechtlicher Sicht, 2005, S. 59 f.; Stadler, MMR 2002, 343 (345); Bäcker, ZUM 2008, 391 (394). Diesbezüglich ist auch auf das Thema der Netzsperren im Hinblick auf Kinderpornografie und das ZugErschwG zu verweisen. Dabei sollte dem Nutzer, soweit er auf eine vom Bundeskriminalamt auf eine Sperrliste gesetzte Internetseite zugreifen möchte, ein Stopp-Schild angezeigt werden. Vgl. Schmitz, in: Hoeren/Sieber (Hrsg.), Handbuch Multimedia-Recht, 21. Aufl. (2009), Teil 16.2 Rdnr. 250; Haug, Internetrecht, 2. Aufl. (2010), S. 167; Marberth-Kubicki, NJW 2009, 1792 (1794 f.); Frey/Rudolph, CR 2009, 644 (645 f.); Stadler, MMR 2009, 581 (581 f.). Zur vorher stattgefundenen Diskussion: Frey, MMR 2009, 221 (221 f.). Auf diese Liste sollten nach dem Willen des Gesetzgebers zum einen Internetseiten gesetzt werden, die selbst das vakante Material enthalten und somit ein Angebot gem. § 184b StGB darstellen, zum anderen aber auch solche Angebote, die lediglich einen Verweis beinhalten. Der Inhalt der Sperrliste sollte sodann mindestens quartalsweise von einem Expertengremium gem. § 9 ZugErschwG stichprobenartig geprüft werden, vgl. Frey/Rudolph, CR

im Kontext zum Urheberrecht nicht angedacht ist.[640] Vonseiten der Rechteinhaber wird gleichwohl die Implementierung zur Verhinderung des Zugangs zu Plattformen wie beispielsweise kino.to angeregt.[641]

Grundsätzlich ließen sich die Netzsperren jedenfalls aus technischer Sicht auch dafür verwenden, um den Zugang zu solchen Internetseiten zu sperren, die beispielsweise aufseiten des Konsumenten einen ggf. nicht privilegierten Werkgenuss ermöglichen würden. Gleichwohl im Rahmen der Geeignetheit irgendeine Förderung der mit dem Instrument verfolgten Zweckerreichung genügt,[642] sind DNS-Sperren in den Fällen ohne Wirkung, in denen auf Nutzerseite die direkte Eingabe der IP-Adresse erfolgt oder die Nutzung eines nicht manipulierten DNS-Servers möglich gemacht wird.[643] Ist das technische Mittel mit diesen ein-

---

2009, 644 (645); Schnabel, JZ 2009, 996. In einer Onlinepetition äußerten schließlich mehr als 134.000 Unterzeichner beim Deutschen Bundestag ihre Bedenken bzgl. des ZugErschwG. Ohnehin war das Gesetz auch in der Entstehungsphase kontrovers diskutiert und daher vorerst bis Ende 2012 befristet, vgl. GVU, DACH-Branchenforum 2009, 19.11.2009; Frey, MMR 2009, 221 (222); Schnabel, JZ 2009, 996 (1001); Schnabel, MMR 2008, 281 (282); Stadler, MMR 2009, 581 (581 f.); Haug, Internetrecht, 2. Aufl. (2010), S. 168. Gleichwohl wurde per Erlass vom 17.02.2010 das ZugErschwG durch das Bundesministerium für Inneres außer Kraft gesetzt. Dies erfolgt mit der Zielsetzung, nun gesetzgeberisch vornehmlich das Löschen solcher Inhalte zu verfolgen, vgl. Rehart, MMR-Aktuell 2010, 303415; Haug, Internetrecht, 2. Aufl. (2010), S. 168; Stadler, MMR 2009, 581 (582). Das ZugErschwG wurde schließlich durch Art. 1 Gesetz zur Aufhebung von Sperrregelungen bei der Bekämpfung von Kinderpornografie in Kommunikationsnetzen vom 22.12.2011 außer Kraft gesetzt.

640 Leutheusser-Schnarrenberger, Berliner Rede zum Urheberrecht, 14.06.2010.

641 GVU, DACH-Branchenforum 2009, 19.11.2009; Frey, MMR 2009, 221 (222); Schnabel, JZ 2009, 996 (1001); Schnabel, MMR 2008, 281 (282); Stadler, MMR 2009, 581 (581 f.); Haug, Internetrecht, 2. Aufl. (2010), S. 168. Zum Versuch, einen Anspruch auf Sperrung auf die immaterialgüterrechtliche Störerhaftung zu stützen, vgl.: LG Hamburg, MMR 2010, 488 (488 ff.); LG Hamburg, ZUM 2009, 587 (587 ff.).

642 BVerfG, NJW 1985, 121 (123); VG Köln, MMR 2005, 399 (402); Jarass, in: Jarass/Pieroth, GG, 10. Aufl. (2009), Art. 10 Rdnr. 18a; Epping, Grundrechte, 4. Aufl. (2010), S. 20; Herzog, Rechtliche Probleme einer Inhaltsbeschränkung im Internet, 2000, S. 196.

643 Marberth-Kubicki, NJW 2009, 1792 (1792 f.); Sieber, CR 1997, 653 (659); Determann, Kommunikationsfreiheit im Internet, 1999, S. 79 f.; Trenkelbach, Internetfreiheit, 2005, S. 39; Herzog, Rechtliche Probleme einer Inhaltsbeschränkung im Internet, 2000, S. 38 f.; Federrath, ZUM 1999, 177 (179 f.); Paul, Primärrechtliche Regelungen zur Verantwortlichkeit von Internetprovidern aus strafrechtlicher Sicht, 2005, S. 62; Sieber/Nolde, Sperrverfügungen im Internet, 2008, S. 186; Sieber, JZ 2009, 653 (654); Haug, Internetrecht, 2. Aufl. (2010), S. 168; Schnabel, JZ 2009, 996 (997). Schnabel beschreibt die Wirksamkeit der Netzsperren auch wie folgt: „Die Effektivität der Sperre kann mit dem Verstecken von Telefonbüchern verglichen werden. Es sind noch ausrei-

fachen Mitteln zu umgehen, kann aber nicht von einer Geeignetheit im Sinne der Verhältnismäßigkeit ausgegangen werden, wenn dadurch nur vereinzelte Nutzer zu einer Einhaltung der Wortlautanpassung des § 44a Nr. 2 UrhG veranlasst werden.[644] Soweit ein solch geringes Maß der Zweckerreichung besteht, ist dies nicht mehr als abstrakte Zweckerreichung im Sinne der Verhältnismäßigkeit und des vom *BVerfG* aufgestellten Maßstabes zu bewerten.[645] Netzsperren können damit nicht als geeignetes Mittel zur Durchsetzung der Wortlautanpassung des § 44a Nr. 2 UrhG erachtet werden.

Die Verhältnismäßigkeit der Netzsperren und der Deep Packet Inspection (kurz: DPI; steht für: tiefgehende Paketanalyse) scheitert zudem an der Angemessenheit dieser Instrumente. Im Gegensatz zu den Netzsperren könnte mit der DPI der konkrete Datenverkehr inhaltlich dahin gehend analysiert werden, inwieweit der nicht privilegierte Werkgenuss spezifischer Filmwerke erfolgt.[646] Mit der DPI wird ein technisches Verfahren beschrieben, mit denen die Netzbetreiber in die Lage versetzt werden, in Echtzeit zu analysieren, welchen Inhalt und Herkunft (z. B. Streaming oder P2P) spezifische Datenpakete aufweisen.[647] Mit dieser Technologie steht den Netzbetreibern abstrakt die Möglichkeit offen, zu erkennen, inwieweit aufseiten des Anschlussinhabers eine Nutzung von Diensten wie Filesharing oder Streaming gegeben ist. Damit verbunden wäre auch eine Analyse dahin gehend, von welchen Internetseiten diese Datenpakete

---

chend andere Telefonbücher verfügbar und gegen Konsumenten, die die Nummer bereits kennen, helfen derartige Sperren ohnehin nicht weiter." Im Hinblick auf die Sperre kinderpornografischer Angebote: Frey, MMR 2009, 221 (222); Sieber/Nolde, Sperrverfügungen im Internet, 2008, S. 178; VG Köln, MMR 2005, 399 (402).

644 Vom VG Köln auch als sog. Normal-Nutzer klassifiziert, die „sich mit den technischen Details niemals auseinander gesetzt haben und die auch die Konfiguration ihrer eigenen Hard- und Software entweder Dritten überlassen oder nach Möglichkeit in dem werksseitig eingestellten Zustand belassen", vgl. VG Köln, MMR 2005, 399 (402). Ähnlich: VG Düsseldorf, MMR 2005, 794 (798).

645 Sieber/Nolde, Sperrverfügungen im Internet, 2008, S. 191; Schnabel, MMR 2008, 281 (284).

646 Schnabel, MMR 2008, 281 (282); Leube, Die Rolle des Staates im Internet, 2004, S. 137 ff.

647 Schrey/Frevert, MMR 2010, 596; Sieber, CR 1997, 653 (660); Paul, Primärrechtliche Regelungen zur Verantwortlichkeit von Internetprovidern aus strafrechtlicher Sicht, 2005, S. 59 f.; Bäcker, ZUM 2008, 391 (395). Vgl. für spezifische technische Ausführungen: Bedner, CR 2010, 339 (339 ff.); Bedner, Rechtmäßigkeit der "Deep Packet Inspection", 2009, S. 4 ff.

gesendet werden.[648] Aufgrund der damit technisch eröffneten Möglichkeiten überrascht es nicht, dass vonseiten der Rechteinhaber eine Implementierung dieses Regelungsinstruments zur Verhinderung von Urheberrechtsverletzungen gefordert wird.[649] Denn durch die DPI könnten Dienste dann entweder vollständig gesperrt werden, die Urheber an die Access-Provider herantreten und für bestimmte Streamingplattformen die Durchleitung untersagen oder auch eine Protokollierung der Nutzung durch die Konsumenten erfolgen.[650]

Bei der DPI und den Netzsperren ist im Rahmen der Prüfung der Angemessenheit mit erheblichen Kollateralschäden zu rechnen. Diese lassen sich dergestalt annehmen, dass nicht bei allen verfügbar gemachten Werken auf Plattformen wie kino.to (bzw. den verlinkten Streamingfilmportalen) ein Verstoß gegen die Rechte der Urheber gegeben ist. Die Zugänglichmachung kann zudem vom Einverständnis des Urhebers erfasst sein oder der urheberrechtliche Schutz nicht oder nicht mehr bestehen. Bei pauschaler Sperrung des generellen Zugangs zu diesen Angeboten wäre stets ein gewisser Streuverlust zu verzeichnen.[651] Auch bei Einsatz der DPI müsste den technischen Maßnahmen eine spezifische Auswahl solcher Werke zugrunde liegen, die nach Ansicht der Urheber nicht mit deren Einverständnis zugänglich gemacht worden sind. Inwieweit sich dann aber die spezifische Zugänglichmachung über die Plattformen nur im Rahmen eines kleinen Personenkreises bewegt und so beispielsweise doch durch eine der bestehenden Schrankenregelungen zu privilegieren wäre, ließe sich damit nur

---

648 Bedner, CR 2010, 339 (339 ff.); Spies, MMR 2006, XXI (XXI ff.); Schrey/Frevert, MMR 2010, 596 (597); Bedner, Rechtmäßigkeit der "Deep Packet Inspection", 2009, S. 1.

649 Schnabel, MMR 2008, 281 (282); Roßnagel/Jandt/Schnabel/Yliniva-Hoffmann, Die Zulässigkeit einer Kulturflatrate nach nationalem und europäischem Recht, 2009, S. 12; Bäcker, ZUM 2008, 391.

650 Bedner, CR 2010, 339 (340 ff.); Bedner, Rechtmäßigkeit der "Deep Packet Inspection", 2009, S. 13 f.; Schnabel, MMR 2008, 281 (282 f.).

651 VG Düsseldorf, MMR 2005, 794 (799); Haug, Internetrecht, 2. Aufl. (2010), S. 168; Marberth-Kubicki, NJW 2009, 1792 (1795); Sieber, CR 1997, 653 (665); Sieber/Nolde, Sperrverfügungen im Internet, 2008, S. 183 ff.; Paul, Primärrechtliche Regelungen zur Verantwortlichkeit von Internetprovidern aus strafrechtlicher Sicht, 2005, S. 60 f.; Stadler, MMR 2002, 343 (345 f.); Schnabel, JZ 2009, 996 (999). Schnabel verweist zudem auf Sperrlisten für kinderpornografische Inhalte in Finnland, bei denen sich herausstellte, dass es sich lediglich bei ein bis vier Prozent der gesperrten Inhalte tatsächlich um solches Material handelte. Dies könnte jedoch aber auch der Tatsache geschuldet sein, dass die Listen schlichtweg veraltet waren. Vgl. darüber hinaus folgende Ausführungen zu der Möglichkeit, dass im Rahmen von DNS-Sperren auch fälschlicherweise (nicht zu sperrende) Subdomains betroffen sind: Sieber/Nolde, Sperrverfügungen im Internet, 2008, S. 182 ff.

schwer bemessen. Ein entsprechender Streuverlust wäre dann auch hier festzustellen. Diese skizzierten Kollateralschäden würden zum einen den Nutzer am Zugang zu solchen Werken hindern, denen ein rechtmäßiger digitaler Werkgenuss auf seiner Seite gegenüberstehen würde, zum anderen aber dem Access-Provider technische Pflichten auferlegen, die weit über das mit den Regelungsinstrument bezweckte Ziel hinausgehen. Gleichzeitig ist davon auszugehen, dass die Anbieter aufgrund des bestehenden wirtschaftlichen Interesses am Betrieb ihrer Portale nach Sperrung der konkreten Angebote Möglichkeiten suchen werden, die Angebote über andere Server oder verschlüsselte Dienste zugänglich zu machen. Etwaige Sperrlisten könnten auch dazu führen, dass im Sinne einer freien Meinungsäußerung weltweit die Spiegelung spezifischer Internetseiten erfolgt und die Inhalte sogar verstärkt aufgerufen werden.[652] Die skizzierten Maßnahmen wären dann weiter in ihrem Wirkungsgrad beschnitten.

Zusätzlich zu diesen generellen Erwägungen zeigt sich spezifisch im Kontext zu der DPI, dass mit § 100a StPO inhaltlich bereits sehr hohe Voraussetzungen an eine Überwachung und Auswertung der Kommunikation gestellt werden. So sind für eine Überwachung der Verdacht einer im Katalog benannten schweren Straftat und eine Anordnung durch einen Richter erforderlich.[653] Im Sinne des *BVerfG* ist sodann auch festgestellt worden, dass die eine Gefahr bedingende Tatsache weniger fundiert sein muss, umso bedeutender das zu schützende Rechtsgut ist. Für eine Telekommunikationsüberwachung muss nach Ansicht des Gerichts daher auch ein überragend wichtig zu schützendes Allgemeinwohlbelang herangezogen werden.[654] Im bloßen Anwählen der konkreten Plattformen ist aber zunächst lediglich eine Vorbereitungshandlung zum dann ggf. urheberrechtswidrigen Werkgenuss zu sehen. Soweit im Kontext der Verfolgung der Kinderpornografie auch dann bereits ein gewichtiges Rechtsgut anzunehmen wäre, ist dies bei der Restriktion des Werkgenusses im digitalen Kontext zur Sicherung der Position der Urheber nicht gegeben. Denn Zielsetzung des Eingriffs in die Grundrechte des Nutzers wäre allein der Schutz eines solchen Geschäftsmodells, dem ein Verkauf verkörperter Werkstücke als wesentli-

652 Sieber, CR 1997, 653 (665 f.).

653 BVerfG, NJW 1971, 275 (275 ff.); Hermes, in: Dreier, GG, 2. Aufl. (2004), Art. 10 Rdnr. 69 ff.; Schnabel, MMR 2008, 281 (285).

654 Puschke/Singelnstein, NJW 2005, 3534 (3537); Haug, Internetrecht, 2. Aufl. (2010), S. 169; Bedner, CR 2010, 339 (343). Gleichzeitig ist nach der Rechtsprechung des BVerfG ohnehin auch die Verlegung der Übermittlungsschwelle auf das Vorfeld einer bloß drohenden Rechtsgutverletzung nur bei gewichtigen Rechtsgütern möglich, vgl. BVerfG, NJW 2000, 55 (66); Jarass, in: Jarass/Pieroth, GG, 10. Aufl. (2009), Art. 10 Rdnr. 18a.

che Quelle des Gewinns zugrunde liegt.[655] Soweit mit der DPI also eine Filterung des gesamten Datenverkehrs im Hinblick auf Urheberrechtsverletzungen vorzunehmen wäre, ließe sich dies mit den aufgestellten Grundsätzen nicht in Einklang bringen.[656]

Im Hinblick auf Netzsperren wurde in § 7 Abs. 2 ZugErschwG aufgezeigt, dass eine Nutzung der mit diesem Gesetz umzusetzenden Sperrinfrastruktur zur Durchsetzung zivilrechtlicher Ansprüche vom Standpunkt des Gesetzgebers ausgeschlossen sein soll. Eine Begründung von Ansprüchen auf Sperrung im Rahmen urheberrechtlicher Ansprüche durch Gerichte sollte damit verhindert werden.[657] Gleichzeitig läuft ein solches Zugangserschwerungsgesetz im Kontext zum Urheberrecht aber auch der aktuellen Zielsetzung des Gesetzgebers entgegen, der bereits im kritischen Bereich der Kinderpornografie vornehmlich primär auf das Löschen der Inhalte setzen möchte.[658] Eine infrage stehende Totalüberwachung der Kommunikation im Internet würde zudem sogar über das Maß der verdachtslosen Protokollierung und Speicherung der Verkehrsdaten bei der Vorratsdatenspeicherung hinausgehen, die zudem nach Ansicht des *BVerfG* auch nur bei dem Verdacht einer schwerwiegenden Straftat angewendet werden dürfte.[659]

Netzsperren und die Deep Packet Inspection können damit abschließend nicht als verhältnismäßige Instrumente verstanden werden, mit denen die skizzierte Restriktion des digitalen Werkgenusses über eine Wortlautanpassung des § 44a Nr. 2 UrhG in einer angemessenen Art und Weise gewährleistet werden könnte.

D. Kulturflatrate

Im direkten Gegensatz zu einer Restriktion der Nutzung und einer verschärften Kontrolle des grundsätzlichen Nutzungsverhaltens ließe sich nun ein gegensätzlicher Ansatz diskutieren, der seinen Ursprung in der Annahme folgender Situation im Urheberrecht hat: „Betrachtet man die Regelungen der Digitalwelt im Urheberrecht, so erscheint es, als würde ein Gartenzaun errichtet, damit die Nachbarskinder die Äpfel nicht klauen, während eine Lawine auf das Haus zu-

655 Schnabel, MMR 2008, 281 (285).

656 Bedner, CR 2010, 339 (343).

657 Frey/Rudolph, CR 2009, 644 (650); Frey, MMR 2009, 221 (222); Haug, Internetrecht, 2. Aufl. (2010), S. 169.

658 Rehart, MMR-Aktuell 2010, 303415; Haug, Internetrecht, 2. Aufl. (2010), S. 168; Stadler, MMR 2009, 581 (582).

659 BVerfG, NJW 2000, 55 (55 ff.); Schnabel, MMR 2008, 281 (285); Hofmann, in: Schmidt-Bleibtreu/Hofmann/Hopfauf, GG, 11. Aufl. (2008), Art. 14 Rdnr. 10c.

rollt."[660] Die heilbringende Lösung für diese Ausgangslage soll es nun sein, dem Konsumenten im Internet völlige Handlungsfreiheit in Bezug auf die Nutzung urheberrechtlicher Werke zu geben, dieses aber wiederum mit der Erhebung einer pauschalen Vergütung zu verbinden. Frei nach dem Motto „Besser den Spatz in der Hand als die Taube auf dem Dach" könnte damit eine Alternative zur vollständigen und verdachtsunabhängigen Überwachung des gesamten Datenverkehrs im Internet geschaffen werden, die gleichwohl aber den Interessen der Urheber genügend Bedeutung einräumen könnte.

I. Grundlagen

Dieses Instrument wird unter dem Schlagwort der Kulturflatrate diskutiert. Die Justizministerin *Leutheusser-Schnarrenberger* skizzierte in ihrer „Berliner-Rede zum Urheberrecht" dieses Instrument sodann auch wie folgt: „Eine Kulturflatrate – die stellen sich einige offenbar so vor, wie eine Internet-GEZ. Jeder Anschlussinhaber ist verpflichtet, einen Pauschalbetrag zu bezahlen, und kann dann sämtliche urheberrechtlich geschützten Netzinhalte nutzen."[661] In der Schaffung einer solchen Abgabe und der pauschalen Freistellung der nichtkommerziellen Nutzung im digitalen Kontext sollen zwei wesentliche Mängel der derzeitigen Rechtsdurchsetzung der Urheber beseitigt werden: Zum einen ist die straf- und zivilrechtliche Verfolgung – insbesondere bei solchen Plattformen, bei denen die Ermittlung des Nutzers nicht erfolgen kann, so also beispielsweise bei One-Click-Hostern – nichtkommerzieller Nutzungen nicht mehr notwendig, zum anderen erhält der Urheber aber gleichwohl eine spezifische (sichere) Vergütung für die Nutzung seines Werkes. Daneben würden sich aber auch Vorteile in der Distribution ergeben, da vonseiten der Rechteinhaber der Einsatz von DRM-Systemen, deren Schutz ja ohnehin fragwürdig erscheint, nicht mehr notwendig wäre und damit auch dem Endnutzer ein flexiblerer Einsatz des konkreten Werkes ermöglicht werden würde.[662] De lege lata ist ein solches Instrument aber zumindest nicht in der Harmonisierungsrichtlinie vorgesehen und auch nicht mit

660 Grassmuck, ZUM 2005, 104 (107).

661 Leutheusser-Schnarrenberger, Berliner Rede zum Urheberrecht, 14.06.2010. Zur Frage, inwieweit eine Pauschale unabhängig von der tatsächlichen Nutzung bestimmt werden kann, vgl.: Leisegang, Kulturflatrate: Der neue Sozialvertrag, 1/2011. Dieser zieht im Ergebnis einen Vergleich zur Rundfunkgebühr, die auch nicht an die tatsächliche Nutzung anknüpft, sondern pauschal erhoben wird.

662 Roßnagel/Jandt/Schnabel, MMR 2010, 8 (9); Runge, GRUR Int 2007, 130 (130 ff.); Dittrich/Spitz, in: Heinrich-Böll-Stiftung (Hrsg.), Copy.Right.Now!, 2010, S. 112; Rösler, GRUR Int 2005, 991 (996); Nümann/Mayer, ZUM 2010, 321 (330).

dieser in Einklang zu bringen.[663] Sollte damit im Ergebnis eine Kulturflatrate empfehlenswert erscheinen, müssten Richtlinien entsprechend erlassen bzw. angepasst werden. Die vorliegende Darstellung soll daher auch nur grundsätzlich untersuchen, inwieweit ein solches Instrument überhaupt in Betracht gezogen werden kann, um so ein Gegenmodell zur Beschränkung des Werkgenuss im digitalen Kontext darzustellen. Etwaige rechtliche Folgefragen, insbesondere im Hinblick auf das Datenschutzrecht, sollen bezüglich der abstrakten und grundsätzlichen Darstellung einer Kulturflatrate ausgeklammert bleiben.

1. Anknüpfungspunkt der Erhebung

Soweit die Kulturflatrate in Form einer gesetzlichen Lizenz ausgestaltet werden würde,[664] wird die Erhebung der Abgabe zumeist dem Verhältnis Provider und Anschlussinhaber zugeordnet. Damit kann zum einen auf ein bereits bestehendes Vertragsverhältnis zurückgegriffen werden, zum anderen aber auch der Anschluss selbst, der als Grundlage für die Nutzung urheberrechtlich geschützter Werke über das Internet zu sehen ist, als Anknüpfungspunkt für die Abgabe gewählt werden.[665] Bezüglich dieser Abgabe wird dann teilweise erwogen, die konkrete Höhe beispielsweise von der Verbindungsgeschwindigkeit abhängig zu machen.[666]

Im Gegensatz dazu wird aber auch erwogen, die Abgabe an solche Geräte anknüpfen zu lassen, die generell zum Kopieren oder der Speicherungen geeignet sind. Auch eine einkommensabhängige Steuer wird teilweise diskutiert.[667]

2. Verteilungsschlüssel

Spezifisch zu bestimmen ist daneben, inwieweit die erhobenen Beiträge an die Urheber verteilt werden sollen und diesem ein gerechter Verteilungsschlüssel zugrunde liegt. Die Kritiker der Kulturflatrate befürchten, dass mit der

663 Grassmuck, ZUM 2005, 104 (108).

664 Runge, GRUR Int 2007, 130 (132).

665 Dittrich/Spitz, in: Heinrich-Böll-Stiftung (Hrsg.), Copy.Right.Now!, 2010, S. 112 (115); Renner, Die Kulturflatrate als dritter Weg, 12.11.2010; Lehmann, in: Hilty/Nordemann/Drexl (Hrsg.), Schutz von Kreativität und Wettbewerb, 2009, S. 168 (173); Fisher, Promises to Keep, 2004, S. 217.

666 Leisegang, Kulturflatrate: Der neue Sozialvertrag, 1/2011; Fisher, Promises to Keep, 2004, S. 219 ff.

667 Lehmann, in: Hilty/Nordemann/Drexl (Hrsg.), Schutz von Kreativität und Wettbewerb, 2009, S. 168 (173); Runge, GRUR Int 2007, 130. Mit spezifischen Ausführungen zur Erhebung und Umlage einer solchen Steuer vgl. Fisher, Promises to Keep, 2004, S. 216 ff.

„Zwangskollektivierung der Rechte" ein Verteilungskampf der Urheber um die Einnahmen zu erwarten ist,[668] und möchten damit der Kulturflatrate bereits grundsätzlich die Möglichkeit zur Anwendung absprechen.

Tatsächlich bietet sich jedoch für die konkrete Verteilung – dann ggf. auch ohne zu befürchtende Verteilungskämpfe – zunächst beispielsweise eine Analyse der tatsächlichen Downloadvorgänge in P2P-Netzwerken an.[669] Im Grundsatz ließen sich auch One-Click-Hoster, insbesondere unter Mitwirkung der Betreiber, entsprechend analysieren. Damit wäre aber jedenfalls dennoch der digitale Werkgenuss aufseiten des Nutzers nicht erfasst. Zusätzlich wird mit dem Downloadvorgang lediglich die einmalige Vervielfältigung in den Verteilungsschlüssel aufgenommen. Inwieweit aufseiten des Nutzers eine qualitative und quantitative Nutzung des konkreten Werkes erfolgt, wird damit vollständig ausgeblendet. Die Messung des einmaligen Downloads ist zudem in gewissem Umfang durch die Urheber zu manipulieren.[670] Gegebenenfalls testet der Nutzer das Film- oder Musikwerk nur kurz an, findet dann an diesem aber keinen Gefallen – dieses Manko gilt aber auch bereits derzeit, da der Kauf einer CD nicht damit verbunden sein muss, das Werk anschließend überhaupt zu verwenden.

Die Defizite dieses Ansatzes erkennend, wird sodann auch ein Verteilungsmodell diskutiert, welches auf die tatsächliche Nutzung rekurriert. Einem solchem System ist allerdings die konkrete Überwachung jedes Geräts immanent, womit dann exakt jede Nutzung eines Werkes zu protokollieren ist. Ausgangspunkt dessen ist, dass jede Datei mit einem DRM-System versehen ist.[671] Der Missbrauch und die Umgehung dieses DRM-Systems sind zwar denkbar, dennoch muss davon ausgegangen werden, dass dem Nutzer kein Interesse an einer solchen Verfälschung der Erhebung zu unterstellen ist. Der pauschale Betrag ist

668 Leutheusser-Schnarrenberger, Berliner Rede zum Urheberrecht, 14.06.2010. Die Bezeichnung der Zwangskollektivierung mag sodann auch begrifflich auf einer Ebene mit der Befürchtung stehen, dass mit der Einführung einer Kulturflatrate ein „Kommunismus im Kulturbetrieb" zu befürchten ist, vgl. Dittrich/Spitz, in: Heinrich-Böll-Stiftung (Hrsg.), Copy.Right.Now!, 2010, S. 112 (113); Leisegang, Kulturflatrate: Der neue Sozialvertrag, 1/2011; Spohn/Hullen, GRUR 2010, 1053 (1057).

669 Roßnagel/Jandt/Schnabel, MMR 2010, 8 (10 f.); Roßnagel/Jandt/Schnabel/Yliniva-Hoffmann, Die Zulässigkeit einer Kulturflatrate nach nationalem und europäischem Recht, 2009, S. 16 f.; Fisher, Promises to Keep, 2004, S. 225.

670 Spohn/Hullen, GRUR 2010, 1053 (1057); Runge, GRUR Int 2007, 130 (135 f.); Roßnagel/Jandt/Schnabel/Yliniva-Hoffmann, Die Zulässigkeit einer Kulturflatrate nach nationalem und europäischem Recht, 2009, S. 17; Fisher, Promises to Keep, 2004, S. 225. Eine Manipulation kann sich aber auch bereits im analogen Umfeld ergeben, vgl. Roßnagel/Jandt/Schnabel, MMR 2010, 8 (10 f.).

671 Dittrich/Spitz, in: Heinrich-Böll-Stiftung (Hrsg.), Copy.Right.Now!, 2010, S. 112 (115 f.); Fisher, Promises to Keep, 2004, S. 224 f.

ohnehin zu erheben – die Verteilung an die Künstler und Urheber, die dann auch tatsächlich genutzt wird, muss dem einzelnen Konsumenten wünschenswert erscheinen. Allerdings gelangt diese Lösung spätestens bei einem mobilen MP3-Player oder dem Genuss nach der physischen Fixierung von MP3-Dateien auf einer CD-ROM an ihre Grenzen. Erst neue Gerätegenerationen könnten eine Überwachung bieten, bestehende Geräte wären davon zunächst ausgeschlossen. Aktuell erscheint auch dieses Modell daher wenig vorzugswürdig.

Umgangen werden könnten diese Kritikpunkte durch eine beispielhafte Erhebung als Grundlage für die Verteilung der erhobenen Pauschale. Eine gewisse Anzahl von Haushalten müsste dabei mit Protokollierungsgeräten oder manuellen Nutzungstagebüchern ausgestattet werden. Indem eine möglichst repräsentative Auswahl an Erhebungshaushalten herangezogen wird, soll dann die Grundlage geschaffen werden, eine verlässliche Nutzung der spezifischen Werke als Bemessungsgrundlage zu verwenden.[672] Gleichwohl dieser Methode immer noch eine spezifische Unschärfe zukommen mag, erscheint diese als einzige Möglichkeit, im Rahmen der Kulturflatrate ansatzweise eine gerechte Verteilung der Abgaben zu ermöglichen.

II. Eingriffe in Grundrechte

Unabhängig von diesen grundsätzlichen Bedenken der konkreten Ausgestaltung würde sich aber ohnehin die Frage stellen, inwieweit ein Eingriff in spezifische Grundrechte anzunehmen ist und inwieweit diese als verhältnismäßig zu erachten sind. Soweit als Verteilungsschlüssel eine beispielhafte Erhebung zugrunde gelegt wird, ist die grundrechtliche Problematik aufseiten des Konsumenten durchaus zu vernachlässigen. Relevanter erscheint eher, inwieweit ein Eingriff in die Grundrechte der Urheber anzunehmen ist.

Generell fungiert das Grundrecht des Eigentums als Grundlage für die vermögenswerten Befugnisse des Urhebers im Sinne des UrhG. Gleichzeitig bildet der grundrechtliche Schutz aus Art. 1 und 2 Abs. 1 GG die Basis für die persönlichkeitsrechtlichen Aspekte des Urheberrechts. Wird dem Urheberrecht demnach die Rolle zugeschrieben, dem Urheber die Beteiligung an der wirtschaftlichen Verwertung seines Werkes zu sichern, ist durch Art. 14 Abs. 1 GG aber nicht schlechthin die Vornahme eines konkreten Geschäftsmodells geschützt. Das *BVerfG* stellte 1972 vielmehr fest, dass die durch die Rechtsordnung geschützten Positionen der Disposition durch den Gesetzgeber unterliegen.[673]

---

672 Fisher, Promises to Keep, 2004, S. 226 ff.

673 BVerfG, NJW 1972, 145 (146); Grassmuck, ZUM 2005, 104 (109); Schnabel, MMR 2008, 281 (284); Roßnagel/Jandt/Schnabel/Yliniva-Hoffmann, Die Zulässigkeit einer

Konkret auf die Kulturflatrate bezogen, würde dies jedenfalls bedeuten, dass zwar der Schutz der Interessen der Urheber dem Gesetzgeber als schützenswerte Position aufgegeben ist, die konkrete Ausgestaltung aber über ausschließliche Rechte und deren rechtliche Durchsetzung oder die Ausgestaltung mittels ausschließlicher Rechte sowie der pauschalen und vergütungspflichtigen Einschränkung dieser Rechtsposition von der Dispositionsfreiheit des Gesetzgebers erfasst sein würde. Das derzeitige System der individuellen Vergütung im Verhältnis Urheber–Nutzer/Konsument wäre damit nicht als unverrückbares Modell vorgegeben. Entscheidend im Rahmen des Art. 14 Abs. 1 GG wäre allein, inwieweit durch die Kulturflatrate eine Erhaltung der Rechtsposition der Urheber bezweckt wird. Soweit dem Urheber mit der Kulturflatrate die individuelle Vereinbarung einer Vergütung genommen ist, muss dieses Modell gleichwohl als Eingriff in das Recht des Urhebers aus Art. 14 Abs. 1 GG qualifiziert werden.[674]

III. Verhältnismäßigkeit der Eingriffe

Der hier erfolgenden Prüfung der Kulturflatrate liegt kein konkreter Gesetzestext zugrunde. Gleichwohl soll eine Verhältnismäßigkeit der mit diesem Modell verbundenen Eingriffe auf der Grundlage der grundsätzlichen Erwägungen zur Kulturflatrate erfolgen. Im Hinblick auf die sich daraus ergebende Prüfung kann sodann im Ergebnis beurteilt werden, inwieweit sich aus der Kulturflatrate die Möglichkeit ergeben kann, in dieser überhaupt ein verfassungskonformes Gegenmodell zur Restriktion des digitalen Werkgenusses zu sehen. Bei der Prüfung der Verhältnismäßigkeit der Eingriffe ist zu untersuchen, inwieweit ein legitimer Zweck verfolgt wird, der als geeignet, erforderlich und angemessen zu erachten ist.

1. Legitimer Zweck

Als legitimer Zweck würde der Kulturflatrate nicht nur die Vereinfachung der Nutzung durch den Konsumenten zugrunde liegen. Insbesondere würde durch dieses Instrument das Interesse des Urhebers an der Beteiligung der wirtschaftlichen Verwertung seines Werkes gesichert werden. Dies zum einen in Bereichen, in denen derzeit keine Verfolgung etwaiger Verletzungen der ausschließlichen Rechte möglich ist oder zum anderen wo diese mitunter mit enormem Aufwand

---

Kulturflatrate nach nationalem und europäischem Recht, 2009, S. 14; Roßnagel/Jandt/Schnabel, MMR 2010, 8 (9); Wieland, in: Dreier, GG, 2. Aufl. (2004), Art. 14 Rdnr. 130; Wieland, in: Dreier, GG, 2. Aufl. (2004), Art. 14 Rdnr. 59.

674 Roßnagel/Jandt/Schnabel/Yliniva-Hoffmann, Die Zulässigkeit einer Kulturflatrate nach nationalem und europäischem Recht, 2009, S. 11.

verbunden sind. Damit würde auch die Problematik eines Gesetzeswerkes ausgeräumt werden, dem es immanent ist, dass eine spezifische Anzahl der Bevölkerung regelmäßig Rechte im Sinne dieser Ordnung verletzt. Eine solche Tatsache wird als kulturell ungesund erachtet,[675] könnte mit einer Kulturflatrate ausgeräumt werden und dem Urheber den verfassungsmäßig gebotenen und angemessenen Schutz seiner Interessen ermöglichen.[676] Insgesamt wären demzufolge mit der Kulturflatrate legitime Zwecke verfolgt.

2. Geeignet

Die Kulturflatrate wäre geeignet, wenn irgendeine Förderung der Zweckerreichung festzustellen ist. Grundsätzlich hat die Kulturflatrate in ihrer Konzeption zur Folge, dass die Urheber für die private Nutzung ihrer Werke über das Internet eine spezifische Vergütung erhalten. Soweit diesem Instrument die Prämisse vorsteht, die eingeschränkte oder unmögliche Verfolgung von Rechtsverletzung zu umgehen, kann eine Förderung des Zwecks erreicht werden, da eine solche Verfolgung schlichtweg unnötig wird. Gleichzeitig wird aber auch der urheberrechtlichen Prämisse Genüge getan, den Urheber an der wirtschaftlichen Verwertung seines Werkes partizipieren zu lassen, sodass die Kulturflatrate als geeignet im Hinblick auf die oben genannte Zweckerreichung zu erachten ist.

3. Erforderlich

Die Kulturflatrate wäre daneben auch erforderlich, soweit kein milderes Mittel mit gleicher Zweckerreichung ersichtlich wäre. Eine Erforderlichkeit in diesem Sinne wird nun im Hinblick auf die Kulturflatrate aus dem Gesichtspunkt bestätigt, dass den Urhebern nach derzeitigem Rechtsstand zwar grundsätzlich ausschließliche Rechte an ihren Werken zugesprochen werden, im Ergebnis aber keine Verfolgung etwaiger Verletzungen in letzter Konsequenz gewährleistet ist. Demzufolge soll die Kulturflatrate im skizzierten Sinne nach einer Ansicht die einzige Möglichkeit darstellen, um den Urheber zumindest wirtschaftlich an der Verwertung seines Werkes zu beteiligen.[677] Während sich dem Konsumenten aus der Kulturflatrate vornehmlich eine Vereinfachung und – je nach gewähltem Vergütungsmodell – eine transaktionsunabhängige Vergütung seines Medienkonsums ergibt,[678] wird andererseits im Rahmen der Erforderlichkeit allerdings

675 Fisher, Promises to Keep, 2004, S. 243.

676 Roßnagel/Jandt/Schnabel, MMR 2010, 8 (10).

677 Roßnagel/Jandt/Schnabel/Yliniva-Hoffmann, Die Zulässigkeit einer Kulturflatrate nach nationalem und europäischem Recht, 2009, S. 16; Roßnagel/Jandt/Schnabel, MMR 2010, 8 (11).

678 Fisher, Promises to Keep, 2004, S. 245.

in den Fokus der Betrachtung die Tatsache gestellt, dass es dem Nutzer gleichwohl derzeit immer noch unbenommen ist, im Rahmen der bestehenden Geschäftsmodelle urheberrechtlich geschützte Werke über die verschiedenen Plattformen zu erwerben. Eine Kulturflatrate wäre mithin insofern nicht erforderlich, als dass dem Kunden tatsächlich Möglichkeiten offenstehen würden, die einen Konsum ohne spezifische Verletzung der Rechte der Urheber ergeben würden. Dem Konsumenten wäre es demnach zuzumuten, sich um eine Lizenz für seine konkrete Nutzung zu bemühen.[679] Dies wäre sodann auch als milderes Mittel zu erachten, da sich diese Möglichkeiten der Verfügungsgewalt der Urheber unterwerfen und diesen nicht ein bestimmtes Modell aufzwingen würde.[680]

Werden die Forderungen der Rechteinhaber nach schärferen Gesetzen und der besseren Durchsetzung der bereits bestehenden Rechte als Indikator herangezogen,[681] könnte eine Situation im Sinne der ersten Ansicht angenommen werden, die sich im Ergebnis als Marktversagen qualifizieren lassen müsste. Gleichwohl die Urheber die pauschale Freistellung regelmäßig kritisieren und eine Novellierung dahin gehend bevorzugen würden, die ihnen mehr Kontrolle über die Vorgänge im Internet gibt und damit weiterhin eine individuelle Ausgestaltung der Nutzung aufseiten der Konsumenten erfolgen kann,[682] ist jedoch zu berücksichtigen, dass eine weitgehende Regulierung des Internets nicht als realistische Möglichkeit offensteht. Die Einführung einer Kulturflatrate als Korrektiv zur Durchsetzung der wirtschaftlichen Interessen der Urheber könnte nach der benannten Ansicht in diesem Sinne mit der Annahme eines Marktversagens daher als geeignetes und mildestes Mittel zu qualifizieren sein.[683] Unbeantwortet bleibt damit aber nach wie vor, inwieweit die Urheber ihre Geschäftsmodelle überhaupt an die Chancen und Möglichkeiten des Vertriebs ihrer Werke über das Internet angepasst haben, mithin also tatsächlich bereits von einem solchen Marktversagen auszugehen ist.

---

679 Runge, GRUR Int 2007, 130 (135).

680 Spohn/Hullen, GRUR 2010, 1053 (1057).

681 Dittrich/Spitz, in: Heinrich-Böll-Stiftung (Hrsg.), Copy.Right.Now!, 2010, S. 112 (113 f.).

682 Bundesverband Musikindustrie, Positionspapier zur Kulturflatrate, 25.01.2010; Renner, Die Kulturflatrate als dritter Weg, 12.11.2010; Richter, Zahnpasta kann nicht zurück in Tube, 04.08.2009; Krempl, Diskussion: Pro und Contra einer Kulturflatrate, 27.08.2009; Bund, Pauschal genießen, 21.06.2009; Leisegang, Kulturflatrate: Der neue Sozialvertrag, 1/2011.

683 Von Leutheusser-Schnarrenberger gleichwohl dann wie folgt bewertet: „Man könnte umgekehrt vor den Urheberrechtsverletzungen im Internet kapitulieren, die Nutzung sämtlicher Netz-Inhalte legalisieren und im Gegenzug eine Kulturflatrate erheben." Vgl. Leutheusser-Schnarrenberger, Berliner Rede zum Urheberrecht, 14.06.2010.

Die Musikindustrie musste im 21. Jahrhundert schmerzlich erfahren, dass die Entwicklung des digitalen Vertriebs von Musik nicht rechtzeitig in die eigenen Geschäftsmodelle implementiert worden ist. Erst in den vergangenen Jahren haben sich Plattformen wie zum Beispiel iTunes etabliert, die ein Modell bieten, welches nach eigenem Bekunden zunehmend das Interesse der Konsumenten findet.[684] Im Kontext zum Download von Musikwerken konnte vom Branchenverband BITKOM gemeldet werden, dass im Jahr 2010 eine Umsatzsteigerung in Deutschland von 35 Prozent zu verzeichnen war. Der gesamt Umsatz stieg damit auf 150 Millionen Euro. Insgesamt wurden in diesem Zuge 69 Millionen einzelne Musikstücke heruntergeladen. Im Vergleich zum Jahr 2007 ist dies als eine Verdoppelung der Downloads zu erachten, was sich ggf. auch mit den stetig sinkenden Preis erklären lassen kann.[685] Gleichwohl wird den kostenpflichtigen Diensten weiterhin die Konkurrenzfähigkeit zu den illegalen und kostenlosen Diensten abgesprochen: „Die Klientel solcher Dienste ist nämlich genau die der offenen Filesharing-Netze, für die Piraterie, solange sie nicht verfolgt wird, immer preisgünstiger ist und mehr bietet, als ein kostenpflichtiger Dienst."[686] Im Kontext zu Filmwerken sieht sich diese These zunächst auch noch bestätigt: Die Online-Vermieter konnten in Deutschland 2010 beispielsweise lediglich einen Umsatz von 21 Millionen Euro verzeichnen. Dies ist zwar als Steigerung um mehr als 50 Prozent zu verstehen, steht aber immer noch im Gegensatz zum erreichten Umsatz von mehr als 260 Millionen Euro durch Verleih in Ladengeschäften.[687] Soweit allerdings im Kontext zum Verleih von Filmwerken eine stetige Umsatzsteigerung ersichtlich wird, zeigt sich, dass die Rechteinhaber zunehmend Modelle für die Konsumenten entwickeln, die von diesen angenommen werden. Es ist daher derzeit insgesamt nicht auszuschließen, dass die Geschäftsmodelle für Filmwerke eine ähnliche Entwicklung verzeichnen werden, wie es bei Musikwerken bisher der Fall war. Besteht Raum für eine solche Entwicklung, kann derzeit aber nicht von einem Marktversagen ausgegangen werden.

Zusätzlich ist die Annahme, wonach bei der Gegenüberstellung eines kostenlosen Angebots zu einem kostenpflichtigen Angebot Ersteres aus der Sicht des Konsumenten vorzugswürdiger erscheinen muss, kritisch zu würdigen. Diese Argumentation verkürzt die Realität der aktuellen Angebote im Internet dahin gehend, dass übersehen wird, inwieweit Abofallen[688] und Werbung für Erotik-

684 Renner, Die Kulturflatrate als dritter Weg, 12.11.2010; Krömer/Sen, No copy, 2006, S. 252 f.

685 BITKOM, Umsatz mit Musik-Downloads jetzt über 150 Millionen Euro, 20.02.2011.

686 Nümann/Mayer, ZUM 2010, 321 (330).

687 Hummel, Videotheken sterben aus, 12.02.2011.

688 Vgl. S. 4 f.

anbieter in den Kontext zu den vorliegend konkret Streams gesetzt werden und im Rahmen des Werkgenusses in Kauf zu nehmen sind. Letztlich müsste der Wettbewerb über den Preis und die Einfachheit der Plattformen dazu führen, dass sich die kostenpflichtigen Plattformen angemessen gegenüber den kostenlosen Plattformen platzieren können. Gegebenenfalls ließen sich diese Geschäftsmodelle auch durch die Implementierung von Werbung kostengünstiger positionieren. Die generelle Akzeptanz wird daneben auch von der Verfügbarkeit von Endgeräten bestimmt werden, mit denen der Konsumenten im Rahmen seines bestehenden Nutzungskonzepts auf diese Dienste zurückgreifen kann. Wenngleich die Entwicklung auch in ihren Anfängen steckt, wurde beispielsweise mit dem Apple TV dem Konsumenten eine Möglichkeit geschaffen, am Fernseher unmittelbar über den iTunes Store kostenpflichtige Videostreams in Anspruch zu nehmen. Von diesem Gerät setzte Apple bereits innerhalb weniger Monate mehr als eine Million Geräte um.[689] Dem Umsatz der kostenpflichtigen Plattformen sollte diese Entwicklung zuträglich sein.

Ein Marktversagen, welches die Geeignetheit der Kulturflatrate bedingen würde, kann damit insgesamt (noch) nicht angenommen werden, da nach den vorbenannten Ausführungen weiteres Potenzial besteht, vonseiten der Urheber Angebote für die kostenpflichtige Nutzung von Filmwerken zu etablieren. Auch wenn die Kritik und der Widerstand der Urheber bzw. Rechteinhaber gegenüber einer Kulturflatrate nicht das ausschlaggebende Argument sein können, sollte es in der gegebenen Situation vorerst noch ihrer Verfügungsgewalt – unter Berücksichtigung der aktuellen Gesetzeslage – unterliegen, Geschäftsmodelle zu entwickeln, die den Zuspruch der Konsumenten suchen und finden. Dass dabei Streuverluste zu verzeichnen sind und weiterhin gewisse Nutzerkreise zu kostenlosen Angeboten greifen, ist als Tatsache anzuerkennen, aber im digitalen Kontext letztlich niemals gänzlich auszuschließen. Ist kein Marktversagen gegeben, kann eine Erforderlichkeit der Kulturflatrate im skizzierten Sinne derzeit nicht angenommen werden. Dies erstreckt sich sowohl auf eine etwaige Restriktion des digitalen Werkgenusses als auch auf die bereits de lege lata bestehenden spezifischen nicht privilegierten Verletzungen der ausschließlichen Rechte der Urheber. Soweit das Urheberrecht nach wie vor als dynamischer Prozess anzusehen ist, der sich den tatsächlichen Gegebenheiten anpassen muss, ist durch den Gesetzgeber gleichwohl stetig zu analysieren, inwieweit ein endgültiges Scheitern der anerkannten Geschäftsmodelle zu verzeichnen ist. Wäre dies im Gegensatz zur gegebenen Situation festzustellen, müsste die Kulturflatrate jedenfalls als

689 Becker, Apple feiert seine zweite Apple-TV-Generation, 21.12.2010.

mögliches Modell diskutiert werden – gleichwohl immer noch wesentliche Fragen unbeantwortet sind.[690]

E. Ergebnisse des dritten Kapitels

Im Abschluss zu diesem Kapitel kann daher festgehalten werden, dass eine etwaige Restriktion des digitalen Werkgenusses nicht über Netzsperren oder Deep Packet Inspection gewährleistet werden kann. Das gegensätzliche Modell der Kulturflatrate ist ebenso noch nicht als verhältnismäßiges Instrument zu erachten, gleichwohl sich die Bewertung der Verhältnismäßigkeit zukünftig insofern ändern könnte, als ein Marktversagen doch noch festzustellen wäre.

Allenfalls denkbar wäre eine moderate Anpassung der Schrankenbestimmung im hier skizzierten Sinne. Aufgrund der fehlenden Möglichkeit der technischen Durchsetzung und Kontrolle wären damit der Glaube und die Hoffnung verbunden, dass der rechtstreue Nutzer bzw. Konsument sich diesen neuen Voraussetzungen im Rahmen der ephemeren Vervielfältigungen auch tatsächlich unterwirft. Bereits im Kontext zur Privatkopie hat der Gesetzgeber aber vielfach aufgezeigt, dass dies allein nicht genügen kann. Eine Restriktion des digitalen Werkgenusses ist daher abschließend nicht zu empfehlen. Die entwickelte Anpassung des Wortlauts des § 44a Nr. 2 UrhG sollte nicht vorgenommen werden.

---

690 Zunächst wird beispielsweise kritisiert, dass die Kulturflatrate lediglich die wirtschaftlichen Interessen der Urheber berücksichtigt, während das Verbotsrecht völlig ausgeblendet wird, vgl. Fisher, Promises to Keep, 2004, S. 240; Leutheusser-Schnarrenberger, Berliner Rede zum Urheberrecht, 14.06.2010. Als umstritten wird daneben die Vereinbarkeit der Kulturflatrate mit dem Drei-Stufen-Test diskutiert, vgl. Runge, GRUR Int 2007, 130 (133 ff.); Grassmuck, ZUM 2005, 104 (108).

Viertes Kapitel: Zusammenfassung und Schlussbemerkung

A. Untersuchungsergebnisse

I. Urheberrechtliche Bewertung der Nutzungsvorgänge des Streamings

- Das deutsche Urheberrecht wird maßgeblich von den europäischen, völkerrechtlichen und verfassungsrechtlichen Vorgaben geprägt. Insbesondere die Richtlinie 2001/29/EG hat auf die vorliegende Untersuchung maßgebliche Auswirkungen.
- War in der Vergangenheit mitunter umstritten, inwieweit auch ephemere Vervielfältigungen von § 16 UrhG erfasst sind, ist dies mit Art. 2 HRL nun endgültig positiv beschieden worden. Infolgedessen sind die vorübergehenden Speicherungen aufseiten des Konsumenten als Eingriff in das ausschließliche Vervielfältigungsrecht des Urhebers aus § 16 UrhG zu werten.
- Aufseiten des Uploaders sind Eingriffe in die Rechte aus §§ 16 und 19a UrhG anzunehmen. Bezüglich der Streamingfilmportale ist bei Verwendung der Embedded Player ein Eingriff in § 19a UrhG festzustellen.
- Durch das Bereithalten der Streams auf den Streamingplattformen und bei der Einbindung von Hyperlinks oder Embedded Player aufseiten der Streamingfilmportale kommt eine relevante Teilnahmehandlung an den Eingriffen in die Rechte der Urheber vonseiten der Konsumenten in Betracht.

II. Rechtfertigung durch die Schrankenbestimmungen des UrhG

- § 44a Nr. 2 UrhG ist auf Grundlage der HRL dahin gehend auszulegen, dass mit der Begrifflichkeit der Nutzung auch der Werkgenuss zu verstehen ist. Für den Werkgenuss ist dabei die Qualifizierung als rechtmäßig irrelevant.
- Demzufolge sind die mit der Nutzung der Streamingfilmportale aufseiten des Konsumenten einhergehenden vorübergehenden Vervielfältigungen i. S. d. § 16 UrhG über die Schrankenbestimmungen zu privilegieren, soweit kein Rückgriff auf die Zwischenspeicherungen erfolgt.

III. Bestandsaufnahme und Gestaltungsmöglichkeiten

- Der digitale Werkgenuss könnte de lege ferenda über die Anpassung des § 44a Nr. 2 UrhG restriktiver freigestellt werden.
- Eine Novellierung des § 44a Nr. 2 UrhG wäre dahin gehend denkbar, dass – entsprechend der Ausgestaltung des § 53 Abs. 1 UrhG – eine rechtsmäßige Nutzung nur gegeben ist, soweit dieser keine offensichtlich rechtswidrig hergestellte oder öffentlich zugänglich gemachte Vorlage zugrunde liegt. Dabei wäre bei der Bestimmung des Merkmals der Offensichtlichkeit auf den spezifischen Standpunkt des jeweiligen Nutzers abzustellen.
- Eine solche Wortlautanpassung wäre verfassungsgemäß und würde mit den völkerrechtlichen Verträgen, insbesondere im Hinblick auf den Drei-Stufen-Test, im Einklang stehen. Europarechtliche Vorgaben müssten angepasst werden.
- Eine Durchsetzung dieser Restriktion des digitalen Werkgenusses über Deep Packet Inspection oder Netzsperren ist nicht verhältnismäßig. Dem gegensätzlichen Modell der Kulturflatrate ist derzeit noch die Erforderlichkeit abzusprechen.
- Eine Restriktion des digitalen Werkgenusses wäre daher allein dem guten Willen des Konsumenten zu unterstellen. Die diskutierte Wortlautanpassung des § 44a Nr. 2 UrhG bzw. Art. 5 Abs. 1 HRL ist damit nicht zu empfehlen.

B. Schlussbemerkung

Die vorliegende Betrachtung hat untersucht, inwieweit der digitale Werkgenuss über die Schrankenregelung des § 44a Nr. 2 UrhG erfasst wird und ephemere Vervielfältigungen im Rahmen des Streamings über diese Regelung zu privilegieren sind. Ganz im Sinne des dieser Abhandlung vorgestellten Zitats[691] wurde analysiert, inwieweit das Urheberrecht dem Wind der Veränderungen, der hier aus den technischen Gegebenheiten folgt, Windmühlen oder Mauern baut. Eine Mauer für die Entwicklungen im Kontext zum Streaming von Filmwerken hätte grundsätzlich in einer entsprechenden Restriktion über die Schrankenregelungen des § 44a Nr. 2 UrhG bestehen können. Dies ist de lege lata durch den deutschen und europäischen Gesetzgeber nicht vorgesehen. Vielmehr ist der digitale Werkgenuss pauschal über die Schranke des § 44a Nr. 2 UrhG freizustellen, soweit kein Rückgriff auf die Speicherungen erfolgt oder hier eine dauerhafte Speicherung angestrebt wird.

691 Vgl. S. 1.

Auch de lege ferenda erscheint der Bau einer solchen Mauer nicht sachgerecht, wären Netzsperren oder die Deep Packet Inspection doch als unverhältnismäßige Mittel zu erachten. Hier ist dem aufgestellten Grundsatz der tunlich angemessenen Beteiligung des Urhebers an der wirtschaftlichen Verwertung seines Werkes eine Grenze gesetzt. Insbesondere kann es auch nicht die Rolle des Gesetzgebers sein, unter Missachtung der Grundrechte des Konsumenten den Rechteinhabern einen allumfassenden Schutz zu bieten. Soweit den Urhebern dadurch gleichwohl spezifische Umsatzverluste aufgebürdet werden, ist dies für sich bedauerlich und grundsätzlich nicht mit der entsprechenden wirtschaftlichen Beteiligung in Einklang zu bringen, gleichzeitig deutet dies aber darauf hin, dass die aktuelle Verwertungskaskade und die Marktkanäle nicht mehr entsprechend der heutigen Bedürfnisse der Konsumenten aufgestellt sind. Auch wenn die Kulturflatrate oft genug als Ausweg aus diesem Dilemma benannt wird und damit eine Zerschlagung des gordischen Knotens, gebildet aus dem Wechselverhältnis aus Urheberrecht und den Entwicklungen im digitalen Umfeld, behauptet wird, ist es an den Rechteinhabern, sich den Herausforderungen der Informationsgesellschaft und der digitalen Mentalität insofern zu stellen, Angebote bzw. Instrumente zu entwickeln, die den Konsumenten bereitwillig zu einer solchen Nutzung veranlassen, die eine wirtschaftliche Beteiligung der Urheber im angemessenen Rahmen ermöglichen und in Qualität sowie Quantität mit den kostenlosen Angeboten konkurrieren können. Die Schaffung solcher Angebote kann aber nicht in die Hände des Gesetzgebers gelegt werden. Hier sind die Urheber gefragt. Oder, um auch wieder den Bezug zum zitierten Sprichwort zu finden: Die Urheber müssen ihre Windmühlen aufstellen und versuchen, am veränderten Nutzungsverhalten der Konsumenten zu partizipieren. Denn im aufkommenden Wind sind nicht nur Bedrohungen, sondern auch neue Chancen zu erkennen.

Schriftenreihe zum Urheber- und Kunstrecht

Herausgegeben von Thomas Hoeren

Band 1 Stefan Baufeld: Kulturgutbeschlagnahmen in bewaffneten Konflikten, ihre Rückabwicklung und der deutsch-russische Streit um die so genannte Beutekunst. 2005.

Band 2 Alexandra Kruczek: Die Bewertung der Kabelweitersenderechte der Sendeunternehmen in Deutschland und den USA. 2005.

Band 3 Larissa Marrder: Verwertung von Filmrechten in der Insolvenz. 2006.

Band 4 Felix Heinz Siegfried: Internationaler Kulturgüterschutz in der Schweiz. Das Bundesgesetz über den internationalen Kulturgütertransfer (Kulturgütertransfergesetz, KGTG). 2006.

Band 5 Karsten Lisch: Das Abstraktionsprinzip im deutschen Urheberrecht. 2007.

Band 6 Thomas Meschede: Der Schutz digitaler Musik- und Filmwerke vor privater Vervielfältigung nach den zwei Gesetzen zur Regelung des Urheberrechts in der Informationsgesellschaft. 2007.

Band 7 Thomas Hoeren / Bernd Holznagel / Thomas Ernstschneider (Hrsg.): Handbuch Kunst und Recht. 2008.

Band 8 Michael Nielen: Interessenausgleich in der Informationsgesellschaft. Die Anpassung der urheberrechtlichen Schrankenregelungen im digitalen Bereich. 2009.

Band 9 Urban von Detten: Kunstausstellung und das Urheberpersönlichkeitsrecht des bildenden Künstlers. 2010.

Band 10 Timo Prengel: Bildzitate von Kunstwerken als Schranke des Urheberrechts und des Eigentums mit Bezügen zum Internationalen Privatrecht. 2011.

Band 11 Christine Altemark: Wahrnehmung von Online-Musikrechten im Europäischen Wirtschaftsraum. Unter besonderer Berücksichtigung des Systems der Rechtewahrnehmung seit der Empfehlung der Kommission vom 18. Oktober 2005. 2011.

Band 12 Donata von Gruben: Das urheberrechtliche Entstellungsverbot im Umgang mit Originalwerken der bildenden Kunst. Unter besonderer Berücksichtigung der Eigenarten zeitgenössischer Kunst. 2013.

Band 13 Kathrin-Lena Kriesel: Einheitlicher europäischer Werkbegriff und Herabsenkung der Anforderungen an die Gestaltungshöhe bei Werken der angewandten Kunst. 2014.

Band 14 Nico Brunotte: Urheberrechtliche Bewertung der Streamingfilmportale. Unter besonderer Berücksichtigung der Schrankenbestimmung zu ephemeren Vervielfältigungen und des digitalen Werkgenusses. 2014.

www.peterlang.com